D1426221

DIEU, L'AMÉRIQUE ET LE MONDE

Aux personnes dans tous les pays et dans toutes les religions qui se battent pour défendre la liberté, construire la paix, faire reculer l'ignorance, lutter contre la pauvreté et promouvoir la justice.

Madeleine Albright
avec Bill Woodward

DIEU, L'AMÉRIQUE ET LE MONDE

Préface de Hubert Védrine
Avant-propos de William J. Clinton

Traduit de l'américain par
Monique Briend-Walker

SALVATOR
103, rue Notre-Dame des Champs
F-75006 Paris

Maquette intérieure : Atlant'Communication
Couverture : Isabelle de Senilhes

Titre original américain :
The Mighty and the Almighty
Sous-titre : *Reflexions on America, God, and World Affairs*

For information, address HarperCollins Publishers,
10 East 53rd Street, New York, NY 10022-5299, USA
ISBN américain : 978-0-06-089257-9

Yves Briend Éditeur S.A.
103, rue Notre-Dame des Champs F-75006 Paris, France

e-mail : salvator.editions@wanadoo.fr
www.editions-salvator.com

ISBN français : 978-2-7067-0574-8
Dépôt légal : août 2008

Préface

Bill Clinton a raison de juger courageuse Madeleine Albright d'aborder sans détour dans ce livre des questions aussi délicates que les rapports entre la politique, la démocratie et la religion, ou la place des valeurs morales dans la politique étrangère américaine. Son livre est inhabituel et passionnant. À titre personnel j'y retrouve avec plaisir l'écho de bien des conversations que nous avons eues sans discontinuer de mai 1997, quand je suis devenu ministre des Affaires étrangères alors qu'elle était déjà Secrétaire d'État, jusqu'à janvier 2000 quand Colin Powell lui succéda après l'élection de George W. Bush. Conversations sur l'actualité, sur la diplomatie, sur nos valeurs, sur l'histoire que nous avons poursuivies depuis lors, à titre intellectuel autant qu'amical.

Il y a en fait deux livres dans l'ouvrage de Madeleine Albright.

Le premier, captivant, qui pourra instruire, intriguer voire susciter le désaccord de certains lecteurs français, porte sur la religion et la politique. Il est marqué par un balancement constant et un paradoxe stimulant. L'ex-Secrétaire d'État, références constitutionnelles et historiques à l'appui, rappelle qu'il y a aux États-Unis, comme en France, séparation entre l'Église et l'État. Très bien. Elle ajoute qu'on ne peut pas ne pas tenir compte pour agir en politique des croyances, convictions et motivations religieuses de la plupart des gens en Amérique, et ailleurs dans le monde. Sans doute, et l'actualité nous le rappelle constamment. Mais, assure-t-elle, exemples à l'appui, la religion comporte une valeur ajoutée morale très importante, et c'est déterminant dans un pays, les États-Unis, qui estime que sa politique est fondée – plus que celle des autres – sur des considérations morales. Bill Clinton insiste, parlant aux responsables politiques : « Il faut approfondir notre foi » ! À ce point, l'affirmation, qui évoque les réflexions de Nicolas Sarkozy sur les missions respectives et les valeurs morales comparées de l'instituteur, du prêtre et du rabbin... peut laisser songeur. En fait les Américains sont républicains... et croyants. Tout cela est très étranger, pour ne pas dire très opposé, aux conceptions françaises. Mais dans le monde actuel, la France (et à un moindre degré l'Europe) est plutôt une exception sur ce plan, tant la religion, ou la religiosité, imprègnent la vie publique sur la plupart des continents, à commencer par le continent américain. On peut être convaincu qu'une laïcité sereine et non sectaire des institutions et des politiques publiques et la non-confusion de la foi et de la politique sont la meilleure solution à la coexistence des diverses croyances et philosophies, et sans doute la seule. Les réflexions de Madeleine Albright méritent néanmoins d'être connues et méditées sans a priori. Ce débat immense déborde bien sûr des limites d'une simple préface. Toutefois ces développements sont surtout l'occasion pour Madeleine Albright, née Tchèque, naturalisée Américaine, passionnément patriote, de reprendre l'hymne à l'Amérique qui inspirait déjà ses précédents ouvrages, comme elle a inspiré son action, et de réaffirmer l'exceptionnalité des États-Unis et leur rôle, à ses yeux irremplaçable. Entre exceptionnalisme assumé et argumenté et messianisme illuminé, Madeleine Albright navigue habilement et fermement, se démarquant clairement des courants extrémistes qui ont inspiré l'Administration Bush, évitant les écueils, ne confondant pas mission et politique. Ces pages nous en apprennent beaucoup sur elle, sur son pays, et sur nous, par comparaison ou contraste.

Ensuite, du chapitre VIII à la fin, Madeleine Albright approfondit l'analyse de la difficile relation islam-Occident – cas d'école exemplaire de la relation religion/politique. Elle déploie toutes ses qualités de pédagogue et d'enseignante de haut vol pour expliquer l'islam à ses lecteurs et les dissuader de le confondre avec l'extrémisme (d'une façon qui en dit long sur les a priori et l'ignorance qu'elle estime devoir combattre). Elle fait une présentation du conflit au Proche-Orient dont l'honnêteté doit être saluée. Elle se livre à une critique radicale, méthodique et argumentée de la politique de l'Administration Bush en Irak et face au terrorisme (son livre est écrit en 2006). Elle fait l'effort louable d'étudier les thèses d'Al-Qaïda, pour mieux les démonter. Elle aborde franchement les questions-clés telles que l'avenir de l'Arabie ; la relation des pays occidentaux et de l'islam – pour conclure par un plaidoyer véhément pour l'adhésion de la Turquie à l'Europe – ; la relation des Arabes et de la démocratie ; la compétition islam/christianisme en Afrique. Seule manque peut-être une analyse aussi approfondie de la société israélienne et des divers courants politiques et religieux qui s'y affrontent.

Sur chaque point elle fait preuve d'une vraie ouverture d'esprit, d'une immense expérience et de connaissances approfondies. Elle n'épargne aucun extrémisme, épingle à plusieurs reprises le caractère insensé et dangereux des positions de la droite religieuse américaine. Ses thèses pourraient être contestées ou discutées sur bien des points mais son honnêteté intellectuelle est évidente, comme ses intentions. Il s'agit certainement de l'analyse la plus complète de la question arabo-musulmane par une personnalité politique américaine de premier plan. Résolument optimiste, elle pense sincèrement qu'une solution devrait et pourrait être trouvée au conflit israélo-palestinien. Qu'il n'y a pas incompatibilité entre monde arabe et démocratie, ni entre islam et valeurs universelles, pour l'essentiel occidentales. Et que l'Amérique reste, sur ce plan comme en général, le meilleur porte-flambeau de la liberté. Néanmoins, elle a beau redire son credo sur le rôle moral des religions, citer abondement des autorités religieuses chrétiennes, musulmanes ou juives libérales et éclairées, elle est amenée à mentionner le plus souvent les religions dans ses analyses politiques comme des sources d'obstacles et de risques à circonvenir, rarement comme des éléments de solution, ce qui me paraît l'expression de la réalité.

Cette réflexion sur la politique étrangère américaine avec son assurance et ses dilemmes par un de ses grands acteurs récents est d'une rare franchise et d'un grand intérêt. Nous manquons cruellement de ce côté-ci de l'Atlantique de réflexions de cette ampleur, à la fois bilan, évaluation critique, propositions. Alors, au moment où les chances d'un partenariat États-Unis-Europe se présentent à nouveau, en 2009, lisons Madeleine Albright. Que ses propos nous convainquent ou qu'ils nous surprennent, elle nous fait réfléchir.

Hubert Védrine
Juillet 2008
Paris

Avant-propos

Pendant son mandat en tant que Secrétaire d'État, le monde a pu découvrir ce que je savais déjà : Madeleine Albright a le courage de ses opinions et ne craint pas d'aborder les questions difficiles. Dans son livre *Dieu, l'Amérique et le monde*, elle s'exprime avec une franchise et une intelligence peu communes sur le rôle international de l'Amérique, sur la religion, les valeurs morales et la situation présente du monde avec toutes ses divisions et ses tensions. À ma connaissance, un tel livre est une première. C'est un ouvrage inattendu, entrepris contre l'avis de ses amis qui exprimaient leur crainte de l'impossibilité de discuter les sujets en question sans se mettre les protagonistes à dos. Pour ma part je suis convaincu que la seule façon de ne pas se faire d'ennemis, c'est de n'approcher personne. Madeleine Albright incarne la marche en avant.

À la suite de notre première conversation sur ce projet, je l'ai appelée pour poursuivre notre discussion, sans savoir où elle se trouvait à ce moment-là. Il s'est avéré qu'elle était à Gdànsk, en Pologne, pour célébrer le vingt-cinquième anniversaire de Solidarnosc, le mouvement démocratique qui mit fin à la Guerre froide et apporta la liberté en Europe de l'Est et en Europe Centrale. Au moment où je l'ai jointe par téléphone, elle se tenait au milieu d'une foule entourée de Vàclav Havel, ancien président de la Tchécoslovaquie, et des deux présidents en exercice de l'Ukraine et de la Pologne. Elle leur a passé le téléphone et j'ai pu avoir une conversation impromptue et fortuite avec ces amis de longue date.

Pendant ce temps, Madeleine déposa une gerbe de fleurs pour commémorer le souvenir de Solidarsnosc puis elle assista à une messe en plein air qui dura trois heures, pour célébrer l'avènement de la liberté. Je l'avais surprise à un moment et dans un lieu où Dieu et la démocratie jouaient le rôle principal. Dans ce livre, le rapport entre les deux est un des thèmes analysés, thème controversé s'il en est en politique.

« Au cœur de la démocratie, il y a l'élément religieux », écrit le poète Walt Whitman. « Toutes les religions, anciennes et nouvelles y tiennent une place. » Il me semble que beaucoup de gens acceptent le premier argument, mais laissent de côté la seconde proposition et, ce faisant, ils privent l'affirmation de son sens. La religion et la démocratie dans leur état propre pur respectent chaque homme et le mettent sur un pied d'égalité : à savoir que chaque être, créé à l'image de Dieu, est né avec certains droits inaliénables. Ces doctrines sont acceptables l'une et l'autre, sans s'exclure mutuellement. Mais le bât blesse dès que l'on met en exergue de la citation de Walt Whitman l'affirmation de la supériorité de notre propre interprétation de l'univers. Avoir la foi, c'est croire en l'existence de la vérité absolue. C'est tout autre chose d'affirmer que des humains, dans leur imperfection, peuvent détenir cette entière vérité, ou que notre idéologie politique est absolue et donc nous permet de punir, dominer ou abuser ceux qui ont des croyances différentes.

La Constitution des États-Unis a apporté une nouvelle donne en créant un gouvernement dans lequel la plus forte volonté n'est pas celle des élus officiels qui eux sont soumis à un système ingénieux d'équilibre des pouvoirs, mais celle du peuple dans son ensemble. Les fondateurs de notre Constitution ont établi et délimité les pouvoirs de ceux qui gouvernent, en plaçant des interdits tels que la création d'une religion d'État ou l'impossibilité de limiter le droit de culte de quiconque. Ces pères fondateurs avaient bien compris les leçons de l'histoire et ils savaient que la concentration du pouvoir politique et du pouvoir religieux au sein d'une même autorité était potentiellement dangereux.

On sait, bien sûr, que l'élément religieux est souvent exploité par ceux qui cherchent à accroître leur pouvoir aux dépens des autres croyances. Dans les Balkans, la rhétorique de Slobodan Milosevic invoquait avec force la défense de l'Europe chrétienne, quand, en réalité, il ne cherchait qu'à exploiter la religion, et à diviser pour régner. Oussama Ben Laden se pose en défenseur de l'islam, mais quand il est prêt à tuer des innocents, y compris des musulmans, il bafoue le message du Coran et il trahit la doctrine de cette religion. Des dirigeants machiavéliques peuvent manipuler la religion en s'en servant comme levier pour soulever un groupe contre un autre non pas dans un motif spirituel, mais uniquement à leurs propres fins politiques.

Doit-on alors exclure entièrement la religion de la vie politique ? Madeleine Albright répond par un non catégorique à cette question. Selon elle, non seulement nous ne devons pas l'exclure, mais si on essayait on ne pourrait qu'aller à l'échec. Si nos convictions religieuses sont vécues comme de véritables convictions, on ne peut pas s'en défaire comme on change de paire de chaussures. Nous portons nos convictions religieuses en nous, où que nous soyons et nous agissons de conserve en tant que croyants aux côtés des athées et des agnostiques. Un Président et une Secrétaire d'État doivent prendre leurs décisions en mesurant à la fois leurs convictions religieuses et l'impact de ces décisions sur les personnes qui vivent une autre croyance. Cependant, comme Madeleine le précise, anticiper cet impact n'est pas une tâche facile.

Au cours de mon voyage officiel en Inde en l'an 2000, des radicaux extrémistes avaient décidé d'assassiner trente-huit Sikhs pour manifester leur profonde hostilité à ma visite. Si je n'avais pas fait ce voyage, les victimes seraient probablement encore en vie. Si je n'avais pas fait ce voyage par crainte de la réaction possible des extrémistes, j'aurais manqué à mes devoirs en tant que Président des États-Unis. En Amérique il faut comprendre que beaucoup de gens se définissent, en partie ou totalement, selon leur rapport à la religion, pour ou contre. C'est dans ce contexte que les dirigeants politiques doivent gouverner.

Et quelle doit être notre réponse devant les actions des imams extrémistes qui entraînent des jeunes désabusés, certains même issus de familles aisées et éduquées, en faisant miroiter la promesse d'un paradis instantané en échange de leur sacrifice par attentat-suicide pour tuer des civils innocents ? On peut essayer de les arrêter, mais on ne les arrêtera pas tous. On peut aussi s'efforcer de les persuader de renoncer à la violence, mais si nos arguments sont sans influence sur leur propre croyance, nos efforts n'aboutiront pas. La meilleure chance de succès est de coopérer avec les musulmans qui rivalisent avec les islamistes extrémistes pour influencer les esprits de ces mêmes jeunes en prêchant le Coran dans son intégrité et sa totalité sans trahir ni détruire son vrai message.

Je suis convaincu que l'on peut arriver à ce but non en édulcorant nos propres valeurs spirituelles mais bien en approfondissant notre foi. Les trois religions issues d'Abraham ont plus de points communs que de différences. Chacune fait appel au respect, à la charité, à l'humilité et à l'amour. Aucune ne détient toute la lumière. Nous devons nous attacher, en tant que leaders, à utiliser ce que ces trois religions ont en commun comme fondement de notre combat contre les forces extrémistes et vaincre le terrorisme. Dès lors que l'on reconnaît la dimension d'humanité dans les autres, il est plus difficile de les peindre comme des démons qu'il faut écraser. Il devient alors plus facile de trouver des compromis si l'on se sent proches que si l'on se considère ennemis. Ce sont nos convictions religieuses qui peuvent nous aider à effacer les marques qui nous divisent. Ce livre de Madeleine Albright est de la plus haute importance car il nous fait prendre conscience que plusieurs années après le 11 septembre, nous venons à peine de nous mettre à la tâche.

William J. Clinton
42e Président des États-Unis
New York, février 2006.

PREMIÈRE PARTIE

DIEU, LA LIBERTÉ ET LES ÉTATS-UNIS

Chapitre 1

Le Tout-Puissant et la puissance américaine

J'avais certes entendu des discours d'inauguration présidentielle auparavant, mais le premier discours dont je me souviens vraiment est celui de John Kennedy en 1961. Mon frère John, qui était alors collégien, jouait de la trompette dans la fanfare de la police de Denver et il avait été invité à participer au défilé d'inauguration. Apparemment tout le monde se souvient de la neige qui était tombée en abondance sur Washington et comment la réverbération du soleil avait aveuglé Robert Frost qui n'avait pu lire le poème qu'il avait composé pour cette occasion. Le nouveau président, tête nue malgré le froid glacial qui rendait sa respiration visible dans l'air, nous demanda de « ne pas demander ». Ce discours passa le flambeau à une nouvelle génération. Je l'ai regardé à la télévision – comme tous les autres discours inauguraux jusqu'en 1993. Cette année-là, et à nouveau quatre ans plus tard, j'ai regardé en personne le Président Clinton faire son discours inaugural sur la terrasse du Capitole des États-Unis. Ses mots prononcés face à la perspective du « Washington Monument » et devant la foule assemblée, donnèrent tout son sens à la fierté que je ressentais d'avoir formé mes vues du monde à la lumière de l'histoire des États-Unis.

***

Le discours inaugural d'un nouveau président américain lui offre l'occasion unique de s'adresser en direct à six milliards d'êtres humains, parmi lesquels quelque trois cent millions de concitoyens. En définissant la vision de son pays, le président en tant que chef suprême, (ou peut-être un jour, la présidente) a la possibilité d'entrer dans l'histoire et de s'y tailler une place spéciale. Le 20 janvier 2005, face à un auditoire assemblé devant le Capitole, le président Bush s'est adressé à l'Amérique et au monde. Dès ses premiers mots, il apparut clairement que lui et ses conseillers proches avaient un programme ambitieux. Il déclara : « La politique des États-Unis consiste à créer et à soutenir les mouvements et les institutions démocratiques dans chaque nation et au sein de chaque culture dans le but ultime d'annihiler la tyrannie dans le monde. » Il poursuivit : « La justice s'absente parfois de l'histoire, mais la liberté, dont la voie est tracée par l'auteur même de l'histoire, elle, ne s'efface jamais. » Et il conclut en disant : « L'Amérique, au seuil de ce siècle, proclame la liberté dans le monde entier à tous ses habitants. » Sur cette lancée, il aurait pu ajouter que, dans la Bible, Dieu avait investi Moïse de la même mission, dans les mêmes termes.

Le discours était de la pure rhétorique à la Bush, dans laquelle ses admirateurs trouvent leur inspiration et ses ennemis puisent toute matière à le mépriser. Cette rhétorique venait tout droit de l'expérience de son premier mandat, au cours duquel il avait assisté à l'attaque la plus mortelle qui ait jamais eu lieu sur le sol américain, suivie d'un engagement militaire sur deux fronts. Ces guerres provoquèrent le déchaînement des passions tant chez les libéraux que chez les républicains et la division de nos alliés de longue date, ainsi que la détérioration de nos rapports avec les Arabes et les sociétés musulmanes. Enfin on trouvait dans son discours l'écho de ses déclarations sur les intentions de l'Amérique qui enthousiasment des millions de personnes, mais que beaucoup considèrent comme dangereuses.

Aux États-Unis, il y a ceux qui jugent le président comme un extrémiste qui mène une politique étrangère « plus que préemptive » pour reprendre les mots d'un commentateur, « théologiquement présomptueuse non seulement unilatérale, mais dangereusement messianique. Non seulement arrogante, mais au bord de l'idolâtrie et blasphématoire ». Les admirateurs de Bush y voient l'inverse : pour eux sa rhétorique répond de façon idéale et héroïque aux périls de notre époque et son leadership s'inscrit dans la lignée des meilleures traditions de l'Amérique.

Ma première réaction, particulièrement quand un président claironne les mérites de la liberté, est d'applaudir. Je suis profondément convaincue que la démocratie est la plus belle invention du genre humain : une forme de gouvernement supérieure à tout autre et génératrice d'espoir. Et je suis tout aussi convaincue de la nécessité pour les États-Unis d'exercer un rôle de leader. Rien ne pourrait m'en dissuader. Dans mon enfance, j'ai vu des soldats américains traverser des océans pour aller sauver l'Europe de la menace totalitaire d'Adolf Hitler. Adolescente, j'ai été accueillie aux États-Unis avec ma famille après avoir fui la Tchécoslovaquie envahie par les communistes. Contrairement à la plupart des gens de ma génération, j'ai grandi dans une démocratie, un privilège pour lequel je serai toujours reconnaissante. Les mots de bienvenue inscrits au pied de la statue de la Liberté à New York ont une résonance toute particulière pour moi et je chéris la pensée que l'Amérique soit un modèle pour les peuples partout dans le monde, surtout pour ceux qui sont privés de liberté dans leur propre pays.

Cependant, pour séduisante qu'elle soit, la rhétorique du président Bush célébrant la liberté ne peut masquer la difficulté réelle de bâtir une vraie démocratie. La liberté politique n'est pas une potion magique que l'on pourrait avaler et elle ne peut pas non plus être imposée de l'extérieur. Selon le président, « la liberté est un don de Dieu, pour chaque personne dans le monde ». Il a confié cette certitude à Bob Woodward en ces termes : « En fait, c'est moi qui ai écrit cette ligne ou qui l'ai dite. Je ne l'ai pas écrite, je l'ai simplement dite dans un discours. Et cette phrase est devenue un slogan en quelque sorte. Et j'y crois. Et je crois aussi en notre devoir de libérer les peuples. Je souhaiterais que nous n'ayons pas à intervenir militairement pour atteindre notre but, mais le fait est que nous avons à accomplir notre devoir. »

Voilà certes de nobles paroles, mais quel en est le sens précis ? Le président affirme que la liberté est un don universel. Mais veut-il dire aussi que Dieu a confié aux États-Unis la mission d'apporter ce don aux peuples ? Une fois cette question posée, une foule d'autres interrogations se pressent à sa suite. Croit-on, aux États-Unis, avoir une relation privilégiée avec Dieu ? Ce pays est-il investi d'une mission divine pour répandre la liberté ? Quel rôle, si rôle il y a, peuvent jouer les convictions religieuses dans les décisions des responsables de la politique étrangère ? Mais, avant même de réfléchir à ces questions, il faut sans doute nous interroger sur la contradiction inhérente que ces questions contiennent puisque la Constitution des États-Unis établit la séparation de l'Église et de l'État. Et l'expérience ne nous a-t-elle pas appris que c'est une erreur de mélanger religion et politique étrangère ? Du moins, c'est ce que je croyais.

Bien que j'aie des racines juives[1], j'ai été élevée dans la religion catholique. J'ai appris le catéchisme dans mon enfance, j'ai prié la Vierge Marie, j'ai même rêvé de devenir prêtre (une jeune fille a le droit de rêver, même si elle est catholique). Donc mon sens moral a été modelé par ce que j'ai appris à l'église et par ce que mes parents m'ont transmis par leur foi et leur exemple. On m'a inculqué la valeur du travail et le devoir de faire toujours de mon mieux. J'ai aussi été éduquée avec le respect des autres et de leurs droits. À Wellesley College[2], l'étude de la Bible d'un point de vue

---

1. Dans mon autobiographie *Madame le secrétaire d'État. Mémoires*, publiée aux Éditions Albin Michel (2003), on trouvera une discussion complète de la découverte de mes racines juives. J'y raconte aussi le choc que j'ai ressenti quand j'ai appris que trois de mes grands-parents et d'autres membres de ma famille avaient péri dans la Shoah.
2. Wellesley College est une université pour femmes. La devise de l'université est « non ministrari sed ministrare » : « Non pas se faire commander mais commander. » Mes amies et moi nous moquions de cette devise en prétendant ironiquement que le vrai sens de cette devise était : « Non pas devenir ministre, mais être la femme d'un ministre. »

historique faisait partie d'un des cours obligatoires en deuxième année de licence. J'ai donc appris la saga de l'ancien peuple d'Israël comme j'ai étudié l'histoire des Grecs et des Romains.

En tant qu'émigrée et fille d'un ancien diplomate tchécoslovaque, j'étais avant tout intéressée par les affaires internationales. Cependant je ne regardais pas les grands problèmes de mon époque à travers le prisme de la religion, que ce fût ma propre religion ou une autre.

Je ne me suis d'ailleurs jamais sentie suffisamment sûre de moi ni de mes connaissances en religion pour me permettre d'imposer des arguments de foi aux personnes de mon entourage. Je ne pensais pas qu'il était de bon ton de parler de mes convictions spirituelles en public. Et cette position était typique de ma génération en milieu étudiant. Tout le monde ne partageait pas ce point de vue aux États-Unis, mais l'universitaire Michael Novak avait raison quand il affirmait au début des années 1960 : « Là où nous en sommes aujourd'hui, le seul mot tabou dans une conversation sérieuse est "Dieu". »

La plupart d'entre nous suivions alors l'étoile de la modernité devenue pour beaucoup synonyme de sécularisation. On s'extasiait moins sur les merveilles bibliques que sur les merveilles technologiques : le premier homme sur la Lune, les découvertes en médecine, le passage à l'énergie nucléaire, la télévision en couleur et l'avènement des ordinateurs. Aux États-Unis, la pièce de théâtre, puis le film, *Héritiers du Vent*, met en scène le triomphe de la science (qui repose sur la théorie de l'évolution), sur l'interprétation littérale de la Genèse, le créationnisme[1]. Quand on pensait à

1. Ce « triomphe de la Science » n'est pas apparu tout d'un coup et rien ne garantit qu'il soit permanent. Ce n'est qu'en 1968 qu'on a pu légalement enseigner la théorie de l'évolution dans tous les États-Unis. Récemment on a pu assister à l'émergence de groupes de pression conduits par des Églises, pour remplacer l'enseignement de la théorie de l'évolution par la théorie du projet divin, appelé « intelligent design ». Je crois comprendre que, l'idée derrière cette théorie de projet divin, c'est que la complexité de la vie est telle qu'elle n'a pu être créée que par une force surnaturelle qui détient toute connaissance. Sans me poser en experte sur le programme à enseigner dans les écoles, je suis formelle sur la distinction claire et nette à faire entre les concepts scientifiques et ceux qui n'en sont pas.

Moïse, l'image de Charlton Heston venait à l'esprit en technicolor. Les valeurs religieuses gardaient leur force, mais ce qui nous excitait c'était les résultats de la recherche dans les laboratoires et ce qui allait s'en suivre. Et nous, Américains, n'étions pas les seuls à partager ces préoccupations pragmatiques. Hors de nos frontières, des marées politiques faisaient monter le socialisme et le nationalisme dans le sillage des libertés acquises en Afrique et en Asie après le départ des puissances coloniales, au moment où des pays indépendants commençaient à se construire.

Au début des années 1980, j'ai rejoint les rangs du corps professoral à l'université de Georgetown à Washington. Ma spécialité était la politique étrangère, un sujet sur lequel Hans Morgenthau, George Kennan et Dean Acheson défendaient des théories dans des termes presqu'exclusivement séculaires. Selon eux, des individus et des groupes pouvaient être identifiés en fonction des pays auxquels ils appartenaient. Les pays avaient des gouvernements et les gouvernements agissaient pour protéger les intérêts de leurs nations. Le rôle de la diplomatie consistait à réconcilier des points de vue différents, au moins pour éviter que des guerres n'éclatent et que le monde n'explose. On comparait volontiers la politique étrangère à un jeu d'échecs : un jeu cérébral entre des partenaires qui s'entendaient sur les règles. Cette compétition était fondée sur une logique et les joueurs parlaient comme des juristes et non comme des prédicateurs. Au début de ma vie d'adulte, il était avantageux pour les leaders des pays de l'Ouest de parler péjorativement du « communisme sans Dieu ». Mais cela mis à part, je ne me souviens d'aucun chef de la diplomatie américaine (pas même le chrétien recommençant Jimmy Carter) qui aurait invoqué le rôle profond de la religion dans sa vision du monde. La religion ne définissait pas les frontières. Elle se plaçait au-dessus de la raison. Elle déchaînait les plus vives passions et historiquement la religion avait fait couler beaucoup de sang. À cette époque, on demandait aux diplomates d'éviter toute forme de conflits et aucun terrain ne semblait plus miné que celui de la religion.

Tels furent les principes qui me guidèrent quand je fus nommée par le président Clinton ambassadrice auprès des Nations Unies puis Secrétaire d'État. Mes collègues partageaient mes vues. En 1993, quand le professeur Samuel Huntington de Harvard prédit que la période qui suivrait la Guerre froide pourrait bien voir naître un conflit des civilisations de nature religieuse, nous avons tout fait pour nous tenir à l'écart de cette théorie. Ce que nous envisagions dans l'avenir était un rapprochement des nations et des régions du monde grâce à des liens démocratiques renforcés, mais nous n'imaginions pas que le monde allait être disloqué par des failles culturelles et religieuses.

Lors de l'irruption de la violence dans les Balkans, nous avons vivement encouragé chaque partie à se concentrer sur les droits des individus et non sur les prérogatives des groupes religieux qui les divisaient. En 1998, après les attaques à la bombe par des terroristes contre les ambassades américaines au Kenya et en Tanzanie, nous avons fait circuler des affiches pour obtenir des informations en échange de récompenses. En grand titre sur ces affiches nous avions écrit : « Il ne s'agit pas de religion. Il ne s'agit pas de politique. Il s'agit de meurtres, purement et simplement. » Au cours des négociations menées à un rythme frénétique par l'Administration Clinton pour poser les fondations d'une paix au Moyen-Orient, le président et moi-même étions très conscients de l'importance religieuse des Lieux saints à Jérusalem. Nous espérions cependant trouver une formule qui puisse, dans les limites du droit, apaiser les émotions enracinées dans le passé. Nous avons communiqué clairement à chaque partie que nous nous attendions à ce que chacune des délégations agisse avec réalisme et accepte les meilleurs termes possibles pour leur camp.

Après tout, n'étions-nous pas entrés dans l'ère moderne ? En 1648, le Traité de paix de Westphalie avait bien mis un terme aux Guerres de religion qui avaient décimé un tiers des populations de l'Europe chrétienne. Les combats épiques entre les chrétiens et les musulmans avaient bien cessé en 1683 quand les Turcs ottomans avaient été arrêtés dans leur avance aux portes de Vienne. Il m'était difficile de croire qu'à l'approche du XXIe siècle, les catholiques et les protestants s'opposaient encore en Irlande du Nord et que les hindous et les musulmans se battaient toujours dans le Sud de l'Asie. Je me rassurais en pensant que ces conflits n'étaient que de reliquats du passé et certainement pas des signes avant-coureurs de nouvelles batailles.

Depuis les attaques du 11 septembre, j'ai pris conscience que c'est sans doute moi qui étais restée figée dans une époque révolue. Comme beaucoup d'autres diplomates de carrière j'ai dû ajuster mes vues sur le monde et accepter ce qui pouvait sembler être une nouvelle réalité, mais qui, en fait avait été présent parmi nous depuis un certain temps. Pendant les années 1990, nous avons assisté à l'avènement de la mondialisation et nous avons fait des pas de géant dans le domaine de la technologie. La révolution de l'informatique transforma nos vies, tant au quotidien qu'au niveau professionnel et nous imposa un nouveau langage. Et cependant, au cours de cette même décennie, un autre courant s'infiltrait avec force : aujourd'hui les mouvements religieux sont omniprésents et ils se portent bien.

En Amérique Centrale et en Amérique du Sud, les mouvements évangéliques protestants gagnent du terrain sur les églises catholiques qui y ont exercé une domination exclusive pendant des siècles. En Chine le pouvoir, mal armé avec sa propre idéologie obsolète, se bat contre le bourgeonnement de mouvements religieux et spirituels pour parer à une menace politique potentielle. L'Inde qui a une tradition séculaire, voit son identité remise en question par les nationalistes hindous. Dans tous les anciens États de l'URSS, les institutions religieuses retrouvent une nouvelle vigueur après des siècles d'oppression. Les orthodoxes religieux en Israël revendiquent une influence grandissante à la Knesset et dans toute la société. Le nationalisme arabe laïque, considéré comme un concept d'avenir pour les sociétés en question, s'est vu supplanté par un islamisme renaissant dont l'influence s'étend au-delà des territoires arabes, de l'Iran au Pakistan, jusqu'en Asie Centrale et en Asie du Sud-Est, voire en Afrique. Le christianisme progresse aussi de façon remarquable en Asie et en Afrique : de ses onze congrégations les plus nombreuses, dix sont établies en Corée du Sud et la onzième est au Nigéria. Et un réveil d'activisme parmi les chrétiens aux États-Unis nous amène à repenser nos démarches politiques et culturelles. Par opposition à la remarque que Michael Novak a pu faire il y a quarante ans, les gens aujourd'hui parlent et discutent de Dieu fréquemment. L'Europe elle-même qui semble encore échapper à ces mouvements religieux, voit cependant le nombre des musulmans pratiquants croître rapidement, et un nouveau pape, qui a pris le nom de Benoît de Nursie, le saint patron du continent européen, ne cache pas ses intentions de réévangéliser sa population chrétienne.

Quelles conclusions peut-on tirer de ces phénomènes ? Que tout cela peut-il signifier pour ceux qui élaborent et mettent en œuvre la politique étrangère des États-Unis ? Comment pouvons-nous, au mieux, faire face aux événements d'un monde où les religions se contredisent totalement sur des points-clé. Comment devons-nous contrer la menace des extrémistes qui agissent au nom de Dieu en voulant imposer leurs vues aux autres ? Nous savons que ce défi remonte à la nuit des temps jusqu'à l'ère païenne et n'est donc pas un phénomène nouveau. Ce qui est nouveau, c'est l'ampleur des préjudices que la violence peut infliger. La technologie a en effet donné une nouvelle dimension aux affrontements. C'est une chose de se battre avec des épées, des chaînes de métal, des catapultes et des béliers. C'en est une autre que de se battre avec des bombes qui visent des civils. Enfin la possibilité qu'un jour une bombe nucléaire soit lancée par des terroristes en sacrifice au Tout-Puissant constitue un cauchemar qui pourrait bien devenir réalité.

Après avoir quitté le gouvernement en 2001, je suis revenue à mes premières amours, et j'ai réintégré l'amphi. À l'université de Georgetown à Washington, j'enseigne un cours par semestre en alternant niveau licence et niveau doctorat. Au début de chaque cours, j'explique à mes étudiants que le but de la politique étrangère est de persuader les autres pays d'accéder à ce que nous voulons. Et à cette fin, un président et son ou sa secrétaire d'État disposent de moyens allant de l'utilisation pure et simple de nos forces armées, au travail patient du va-et-vient diplomatique, sans oublier la simple efficacité de l'argument logique. L'art de la diplomatie consiste à réussir à trouver un accord qui produira les meilleurs résultats. Et cela suppose que nous ayons une intelligence fine de l'enjeu le plus capital pour celui que nous cherchons à influencer. En affaires, cela veut dire : « Connaître son client. » En diplomatie, cela veut dire qu'il faut apprendre à connaître les pays étrangers et leurs cultures. Et de nos jours où les passions religieuses enflamment la planète, il est impératif de connaître les croyances religieuses et les intentions de ceux qui les pratiquent.

Dans les classes où j'enseigne et dans mes discussions avec des collègues et des amis, j'engage la conversation sur l'impact de la religion sur l'actualité. D'abord, c'est la surprise, comme si on n'y avait guère pensé, puis les langues se délient. Alors ma question débouche non pas sur un débat, mais sur une multitude de débats. C'est un test de Rorschach, si je puis dire, qui révèle au grand jour les anxiétés et les préoccupations de ceux qui répondent.

Mes étudiants ont tendance à mettre la religion au niveau de la morale et leurs réponses sont formulées par son biais. Ils veulent savoir pourquoi le monde ne fait quasiment rien pour soulager la pauvreté et la maladie. Pourquoi on reste impuissant devant les génocides, et encore comment venir en aide aux pays sous-développés dans le contexte de la mondialisation. Les attaques du 11 septembre ont suscité chez beaucoup de jeunes Américains un sursaut de patriotisme. Un grand nombre a intégré l'armée ou la CIA. Mais cet élan ne fut qu'un feu de paille pour la plupart. La guerre en Irak a brouillé les cartes et ces jeunes se sont mis à remettre en cause le bien-fondé de la politique étrangère et à se demander si le but de l'Amérique était moins d'exercer son leadership sur le monde que de le dominer. Les étudiants dans mes cours forment un groupe éclectique et partagent des opinions variées. Comme on peut s'y attendre, ils sont très divisés sur les questions du Moyen Orient et ce qui est justice pour les uns est anathème pour les autres.

Mes amis de ma génération, experts en politique étrangère, sont préoccupés par la menace que représentent les extrémistes religieux et surtout par le fait que ceux-ci pourraient avoir accès à des armes de destruction massive. Ils sont aussi très inquiets de voir le fossé qui s'est creusé par les malentendus entre les sociétés à majorité musulmane et les pays occidentaux.

Les leaders arabes à qui j'ai parlé partagent cette inquiétude. Ils sont également inquiets de la propagation d'idées qu'ils jugent fausses et qui portent atteinte à l'islam.

Les théologiens universitaires que j'ai consultés clament avec passion l'urgence qu'il y a pour les leaders politiques à s'instruire sur les diverses religions et à aborder ces religions en tant que facteurs de réconciliation et non comme sources de conflits.

Il n'y a pas que les démocrates à s'inquiéter de l'influence de la droite religieuse sur la politique de la Maison Blanche et du Congrès. De nombreux citoyens politisés expriment leur malaise sur ce sujet. Ce malaise est partagé par de nombreux diplomates étrangers.

Mes propres réactions sont enracinées dans l'éventail de mes identités. Je suis à la fois une fille de la Tchécoslovaquie, une Américaine profondément fière de son pays d'adoption et ancienne Secrétaire d'État. J'ai grandi dans l'admiration de mon héros Tomàs Garrigue Masaryk, l'homme qui fonda la Tchécoslovaquie moderne en 1918. Masaryk avait profondément influencé la pensée de mon père, et à travers ce dernier, la mienne. Contrairement à beaucoup qui pensent que l'humanisme peut suppléer la foi en Dieu, Masaryk voyait une complémentarité dans les deux. À ses yeux, être religieux voulait dire respecter chacun et être charitable. Masaryk ne pensait pas qu'il soit nécessaire de croire en Dieu pour avoir une conduite morale, mais il affirmait que si l'on raisonnait sa foi et la prenait au sérieux, on était plus susceptible d'agir avec droiture. Je partage ses vues. Revendiquer sa religion pour propager la haine et les conflits est un acte de corruption spirituelle sans parler des problèmes que cela crée pour l'Amérique et le monde.

Grandir aux États-Unis m'a rendue optimiste malgré le fait que j'avais été témoin de graves bouleversements, étant enfant. Dans ma jeunesse, je me suis inspirée, toute ironie mise à part, du thème de l'adaptation de Leonard Bernstein de *Candide:* « Tout est pour le mieux dans le meilleur des mondes. » Et au long de mes années au pouvoir, j'ai gardé un regard positif sur le monde. Au sein de l'Administration Clinton, on parlait beaucoup du XXIe siècle et on s'accordait à penser que l'Amérique et d'autres nations étaient à même de trouver une solution à la plupart des problèmes. J'en reste persuadée, mais je crains aussi que nous n'ayons fait de graves erreurs qui auraient pu être évitées.

Certains jours on a du mal à ouvrir un journal. Je crois que le gouvernement des États-Unis a complètement saboté sa réponse au terrorisme international, a porté atteinte à la réputation de l'Amérique, et a remplacé une stratégie pour l'avancement de la liberté par une simple propagande. Je reconnais cependant volontiers la difficulté et la complexité des problèmes auxquels l'Administration Bush a dû faire face. J'ai souvent fait remarquer que ceux qui n'ont jamais tenu les postes les plus élevés au gouvernement ne savent pas à quel point le travail est ardu et que ceux qui ont quitté ces postes ont tendance à oublier trop vite combien leur tâche était rude. On ne peut se permettre de critiquer que si on le fait de façon honnête et en proposant des idées constructives. C'est ce que ce livre veut faire. La première partie analyse la position de l'Amérique dans le monde et le rôle joué par la religion et la morale dans l'orientation de la politique étrangère des États-Unis, tant dans le passé qu'actuellement. La seconde partie est une réflexion sur les rapports embrouillés entre les communautés musulmanes et l'Occident. Dans la troisième partie, j'explique comment je conçois que la religion et la politique étrangère américaines peuvent, au mieux, trouver des terrains d'entente. Ma nature pragmatique me conduit à parler essentiellement en termes de politique concrète, c'est-à-dire à rechercher la meilleure efficacité. Si je me laisse guider par la nature de la religion, mes écrits peuvent être dominés par un thème parallèle, à savoir suivre sa conscience. Mon but ultime est de trouver le point d'intersection de ces deux fils conducteurs et tel devrait être le but des responsables de la politique étrangère d'une nation qui, dès sa création, a cherché à être jugée à la fois sur ses exploits et sur ses idéaux.

Chapitre 2

« Les yeux de tous les peuples sont tournés vers nous »

Dans mon avant-dernière année de lycée, six ans après l'arrivée de ma famille aux États-Unis, j'ai suivi mon premier cours sur l'histoire des États-Unis. Les temps étaient plus simples alors, et le tableau du passé que l'on nous brossa était plus uniforme et plus positif que celui que l'on présente aujourd'hui à beaucoup de jeunes. On nous racontait l'épopée de ces hommes et de ces femmes, épris de liberté, surmontant les obstacles dans une succession de périls qui finissaient toujours bien. Pour moi ces épisodes étaient d'autant plus vivants que nous habitions le Colorado. À l'ouest, les États étaient plus grands que beaucoup de pays européens ; les montagnes étaient si hautes qu'on s'ébahissait à l'idée que les pionniers aient pu les traverser. Je devins passionnée d'histoire. C'est une des raisons pour lesquelles j'aspirais tant à être naturalisée Américaine. Je n'ai pas le souvenir d'avoir passé des heures à étudier la religion aux États-Unis, mais nous avons bien sûr commencé par étudier l'histoire des premiers immigrés européens, ces gens courageux qui avaient entrepris un long et pénible voyage, en quête d'un lieu où ils pourraient pratiquer leur foi librement, sans contrôle aucun du gouvernement.

***

En 1630, John Winthrop, gouverneur de la colonie de la baie du Massachusetts avait écrit dans son journal de bord pendant la traversée en mer que la communauté que lui et des amis puritains allaient établir serait « comme une cité sur la colline vers laquelle les yeux de tous les peuples seraient tournés ».[1]

Les puritains croyaient qu'avec la grâce de Dieu, la nouvelle colonie deviendrait un modèle de vie menée avec droiture et honnêteté. Ils étaient venus dans le Nouveau Monde pour échapper au jugement divin qui s'abattrait sur les Églises corrompues d'Europe, pour échapper à la pauvreté et à la surpopulation de l'Angleterre de l'époque et pour obéir au commandement de Dieu de faire connaître l'Évangile.

Leur société supposait une certaine intelligence de la volonté de Dieu dont ils dépendaient pour recevoir ses grâces. Ils espéraient ardemment jouir des fruits de la terre mais se gardaient bien de trop s'attacher aux biens d'ici-bas. Afin de sauvegarder leur intégrité, ils excluaient ceux dont la pensée ne se conformait pas à la rigidité de leurs idées. Parmi les exclus, il y eut Roger Williams qui défendait ce qu'il appelait « l'âme libre » ou le droit de chacun de pratiquer la religion selon ses propres vues. Cette doctrine répugnait aux puritains pour qui la tolérance était un péché et qui se posaient en justes penseurs et non en libres penseurs. Après avoir été banni du Massachusetts, Williams fonda sa propre colonie à Rhode Island, sous la double enseigne de la liberté religieuse et de la séparation de l'Église et de l'État. Un autre exilé, le révérend Thomas Hooker fonda le Connecticut. Il était célèbre pour ses sermons et son ministère auprès des « âmes meurtries ». Il a joué un rôle particulier dans la promulgation de la première Constitution

1. La phrase de Winthrop est tirée de l'évangile de Matthieu (5, 14) : « Vous êtes la lumière du monde. Une ville située sur une colline ne peut être cachée. » Ce passage était copié d'un sermon, « Modèle de Charité chrétienne », que Winthrop avait prononcé en Angleterre, devant les puritains à bord du bateau, avant de lever l'ancre. Une fois établi dans le Massachusetts, Winthrop était perçu plutôt comme un modéré. Il s'était opposé par exemple à l'idée que certains puritains avaient émise de forcer leurs femmes à porter le voile.

écrite, qui repose sur des principes démocratiques : les Ordres Fondamentaux du Connecticut. Hooker affirmait que les hommes avaient reçu de Dieu le droit de choisir leurs propres chefs et que Dieu les avait chargés de limiter les pouvoirs donnés à toute autorité civile. Il appuyait ses vues sur l'Ancien Testament, déclarant dans un de ses sermons : « Dieu nous a donné la liberté ; servons-nous-en.[1] »

Au moment de la Révolution américaine, les descendants directs des puritains étaient une faible minorité. Des protestants hollandais avaient colonisé New York. William Penn avait établi sa société des Quakers en Pennsylvanie. Le Maryland avait été fondé par des catholiques qui allaient être renversés par des protestants, un épisode rappelant la guerre civile en Angleterre. En Virginie des planteurs avaient pris la tête de la colonie. Paradoxalement, ils étaient bien informés sur les dernières idées du siècle des Lumières en Europe, et ils connaissaient très bien les théories sur les droits universels de l'homme. Malgré cela, ils pratiquaient l'esclavage. L'Amérique qui était déjà à cette époque une terre promise d'immigrants était peuplée d'adhérents à maintes confessions religieuses et sectes. Tirant les leçons des querelles religieuses en Europe et à cause des échos de ces querelles dans leur propre histoire coloniale, les fondateurs des États-Unis suivirent l'exemple de Williams et proclamèrent la liberté religieuse. L'article VI de la nouvelle Constitution américaine stipulait « qu'aucune appartenance religieuse ne sera requise comme condition pour briguer une élection ou obtenir un poste officiel sous la Constitution des États-Unis. » Le « Bill of Rights » ou Déclaration des Droits, allait plus loin en déclarant l'interdiction, d'une part, d'établir une religion

1. Les Ordres Fondamentaux du Connecticut ne séparaient pas l'Église et l'État. En vérité un des buts de la Constitution était de maintenir et de protéger la liberté et la pureté de l'Évangile. Dans son sermon, Hooker faisait référence au Deutéronome, chapitre 1, verset 13 : « Choisissez des hommes sages, et compréhensifs et connus entre vos tribus et je les ferai régner sur vous. » Il interprétait ce passage comme la volonté de Dieu de laisser les hommes choisir leurs propres chefs.

officielle et d'autre part, de porter toute atteinte à la liberté de culte. Ces textes allaient assurer que ni l'État, ni l'Église ne pourrait exercer de contrôle l'un sur l'autre ou se porter préjudice.

On pense souvent aujourd'hui que la séparation de l'Église et de l'État a été établie dans le but d'exclure la religion de l'État, mais en fait c'était l'inverse : le but premier des pères fondateurs des États-Unis était d'écarter la main pesante du gouvernement des affaires de l'Église. Cependant à cette fin, ils pensaient qu'il était nécessaire d'établir une défense réciproque d'ingérence. James Madison, pour sa part, a été fidèle à ce principe quand il a défendu devant le Congrès la séparation de l'Église et de l'État contre ceux qui essayaient de l'abroger. Il vota aussi contre la nomination officielle d'un aumônier au Congrès. En tant que président, il rejeta par son veto un projet de loi qui aurait accordé un statut fédéral à l'Église épiscopalienne, ainsi qu'un autre acte qui aurait accordé des terrains publics à un groupe de baptistes. Après avoir quitté le pouvoir il écrivit : « Il importe que chaque nouveau cas de parfaite séparation entre les affaires ecclésiastiques et les affaires civiles soit clair… et prouve que la religion et le pouvoir temporel protègent d'autant mieux leur propre intégrité qu'ils ne sont pas unis. »

Avant d'entreprendre ma recherche pour cet ouvrage, je n'avais pas beaucoup réfléchi à l'approche philosophique des pères fondateurs sur le chapitre de la religion. Je les jugeais essentiellement en tant que théoriciens politiques, non en tant que théologiens. Et cependant ils eurent une pensée profondément religieuse. Les premiers présidents américains, par exemple, croyaient fermement en Dieu mais ils ne s'immisçaient pas dans les discussions doctrinales de l'Église. Dans son premier discours inaugural, George Washington a reconnu que l'Amérique avait contracté une dette envers Dieu en disant que, à chaque étape de la création de l'Amérique « il semble que nous ayons reçu l'aide de la providence sous une forme ou sous une autre ». Il s'engagea à payer cette dette en garantissant que « notre politique nationale soit établie sur une fondation de principes purs et immuables de moralité privée ». Et encore plus notoire, il établit le modèle à suivre pour les générations futures en défendant de manière scrupuleuse la tolérance religieuse. Washington se défendait d'avoir une préférence de forme religieuse chez ses sujets, qu'ils fussent « mahométans, juifs, chrétiens de toutes sectes ou athées ». Son seul souci était qu'ils soient libres de pratiquer leur culte, d'exprimer leur foi et de choisir leur pensée. En 1790, dans une lettre à une communauté juive de Newport, Washington écrivit en termes rassurants : « Le gouvernement des États-Unis ne souscrit à aucune intolérance bigote et ne prend part à aucun acte de persécution. »

Le second président, John Adams, n'avait que faire du concept de la Trinité ou autres développements en théologie. Il appartenait à la secte unitarienne. Il était important à ses yeux de faire une distinction claire entre le concept de liberté et celui de démocratie : le premier est un don de Dieu, le second est une création de l'homme. Il écrivit : « Bien que la formation du gouvernement américain passe sans doute inaperçue, tant en Europe qu'en Amérique, les détails de sa création pourraient faire l'objet d'une curiosité à l'avenir. Personne ne devra jamais prétendre que les personnes qui participèrent à ce travail aient conversé avec les dieux ou aient été influencées de quelque façon par le ciel. Dans la même mesure que ceux qui travaillent à la construction des navires ou des maisons ou ceux encore qui s'adonnent au commerce ou au travail de la terre, les artisans du gouvernement ne furent conduits que par la raison et les données des sens. »

Thomas Jefferson qui succéda à Adams, avait peu de respect pour le clergé qui à ses yeux était « le plus grand obstacle à l'avancement de la doctrine de Jésus ». Ayant étudié les sciences et la morale, il réécrivit sa propre version des évangiles, en omettant les épisodes de nature miraculeuse tels que la naissance virginale de Jésus et la résurrection. Il est difficile d'imaginer un président contemporain entreprendre une telle œuvre. Jefferson d'ailleurs en paya le prix. Au cours de la campagne pour l'élection présidentielle de 1800, ses ennemis du parti fédéraliste l'ont attaqué sur ses croyances religieuses. Un journaliste hostile posa la question dans un éditorial en ces termes : « Dois-je continuer à croire en DIEU – ET EN UN PRÉSIDENT RELIGIEUX. Ou commettre un blasphème et soutenir Jefferson en devenant athée !!! »

Les fondateurs de l'Amérique étaient conscients du caractère nouveau et extraordinaire de ce qu'ils étaient en train de bâtir, à savoir une forme de gouvernement fondé sur les droits et les responsabilités des individus. Ce concept allait influencer la pensée politique à travers le monde. Comme Winthrop le laissait entendre dans son dessein original, les Américains voulaient établir une société supérieure, dans sa forme de gouvernement et dans sa moralité, aux aristocraties décadentes de l'Europe. Ils se comparaient volontiers aux Israélites de l'Ancien Testament, ce peuple choisi par la providence pour accomplir la volonté divine. Benjamin Franklin proposa que le sceau officiel de cette jeune nation représente les Israélites sauvés lors du passage de la Mer Rouge sous la houlette de Moïse, et les troupes de Pharaon périssant dans les eaux qui se refermaient sur eux.[1]

Thomas Jefferson pensait que le sceau devrait représenter les enfants d'Israël errant dans le désert, « suivant un nuage le jour et une colonne de feu la nuit ». Il était naturel pour les Américains de cette époque d'associer leur liberté à celle conquise par Moïse et leur nouvelle terre d'abondance à la terre promise aux juifs, ainsi que de comparer leur adhésion au principe de l'égalité de tous les hommes, à la création de l'homme à l'image du Dieu d'Abraham.

Pendant la première décennie d'indépendance nationale, cette croyance des Américains que leur pays avait reçu une grâce spéciale de Dieu progressa et s'affermit dans les esprits. En dépit de certains revers économiques et la mise à feu de la Maison Blanche

1. Franklin se posait en grand défenseur de la tolérance religieuse. Il leva des fonds à Philadelphie pour la construction d'un lieu de réunion qui serait mis à la disposition de tout prédicateur de toute confession. « Même si le Mufti de Constantinople devait envoyer un missionnaire nous prêcher la religion de Mohammed, affirmait-t-il, on mettrait une chaire à sa disposition. »

par les Anglais au cours de la Guerre de 1812, les États-Unis prospéraient et affichaient leur dynamisme avec une économie en pleine expansion. L'achat de la Louisiane, l'expédition de Lewis et Clarke, l'annexion du Texas, la ruée vers l'or en Californie, tout poussait continuellement à s'étendre vers l'Ouest. Et dans leur avancée, ils établissaient des institutions démocratiques sur le modèle des institutions de la République. Les valeurs d'autonomie individuelle, de libre entreprise et d'égalité des chances devinrent articles de foi pour la nation américaine. L'esprit d'aventure à l'Ouest était sans doute sauvage, mais il était aussi nourri d'un optimisme qui stimulait les énergies. Après avoir observé les Américains travailler, prier et jouer dans les années 1830, Alexis de Tocqueville écrivit : « L'Amérique est une terre de merveilles, dans laquelle tout est en mouvement de façon permanente et où chaque changement apparaît comme un progrès… Les efforts de l'homme ne se heurtent à aucune limite naturelle. À ses yeux ce qui n'a pas encore été accompli n'est que ce qu'on n'a pas encore tenté. » L'historien George Bancroft, de quelques années l'aîné de Tocqueville, avançait l'argument selon lequel l'expression de la volonté du peuple américain, grâce à la démocratie américaine, était inséparable du dessein de Dieu. « La conquête de l'Ouest » avait pour mission d'étendre l'influence de la civilisation. Le mouvement vers l'Ouest était promu comme accomplissement « du destin révélé » de l'Amérique.[1]

Évidemment personne n'interprétait la volonté divine de la même manière. Certains chefs religieux parmi les autochtones américains mettaient leurs fidèles en garde contre les usages immoraux de l'homme blanc et les exhortaient à revenir à leurs propres coutumes, sous peine de ne recevoir aucune récompense dans l'autre monde. Cela impliquait qu'ils renoncent à l'alcool, aux armes à feu

1. O'Sullivan (dans *Democracy Review*, de juillet 1845) justifiait en ces termes l'appropriation de l'Oregon par l'Amérique : « Par le droit que nous accorde notre destin révélé de nous étendre aux confins de ces terres et de posséder les territoires que la Providence nous a donnés afin d'y expérimenter une forme fédérale et libérée d'autogouvernement, selon la mission qui nous a été confiée. »

et se contentent de leurs arcs à flèches et de rester fidèles aux croyances de leurs ancêtres. « Veste Rouge » était l'un de ces traditionalistes, un chef de la tribu Seneca qui se plaignait en ces termes à un missionnaire zélé qui cherchait à convertir les Indiens : « Mon Frère, tu dis qu'il n'y a qu'une seule voie pour vénérer et servir le Grand Esprit. S'il n'y a qu'une religion, pourquoi est-ce que vous les Blancs êtes si divisés à ce sujet ?... Nous avons aussi une religion... Elle nous enseigne à être reconnaissants pour tous les bienfaits que nous recevons, à rester unis et à nous aimer les uns les autres. Nous n'avons jamais de querelles religieuses. Mon Frère, nous ne voulons pas détruire votre religion ni vous l'enlever. Tout ce que nous demandons, c'est de pratiquer la nôtre. »

Le traitement honteux des Indiens d'Amérique incita certes les esprits éclairés à réfléchir, mais ce fut l'esclavage qui déchira la nation. Défenseurs de l'abolition de l'esclavage et propriétaires d'esclaves défendaient leur cause chacun en invoquant le nom de Dieu. Les Sudistes déclaraient que l'esclavage était permis par la Bible et leurs ennemis considéraient l'esclavage comme une infamie. Le débat au Sénat opposa John Calhoun, un propriétaire d'esclaves de Caroline du Sud à Charles Sumner du Massachusetts, État progressiste à l'époque et encore de nos jours. Au lieu d'essayer de trouver une place pour l'esclavage dans la Déclaration d'Indépendance, Calhoun eut l'audace de remettre en question le principe initial de la fondation des États-Unis. Il déclara avec véhémence : « Tous les hommes ne sont pas créés égaux. Selon la Bible, seuls deux êtres ont été créés, un homme et une femme, et l'un a été déclaré soumis à l'autre. Après eux, tous les hommes sont nés et rien ne nous permet de dire qu'ils sont nés libres ou égaux. » Quant à Sumner, en mai 1856, il prononça à la tribune un discours qui dura deux jours. Faisant allusion à un sénateur esclavagiste, il déclara :

« Quelle ignorance chez ce sénateur ! Il ne se connaît pas plus qu'il ne connaît la puissance de la cause des abolitionnistes qu'il persécute. Il n'est qu'un simple mortel, et il a devant lui un principe immortel. Tout humain qu'il est, il ose se battre contre l'infini et sa chute est inéluctable. Contre lui s'avancent des bataillons promus par des forces plus puissantes que les forces humaines. Je parle de l'invincible, de l'inébranlable puissance du cœur humain. Contre lui se dressent la nature et son élan vital. Contre lui Dieu s'élève. Qu'il s'y mesure ! »

Pendant les décennies d'expansion, de guerre, et de fluctuations économiques, la conviction que Dieu portait un regard bienveillant sur le destin et le parcours de l'Amérique restait une force constante. Cette croyance a continué à être largement partagée aux abords du XXe siècle alors que le pays portait ses ambitions au-delà de l'Ouest désormais conquis, pour atteindre les bords mêmes du Pacifique. En 1898, William McKinley justifia ainsi la conquête des Philippines par son administration devant un groupe de pasteurs baptistes :

« À la vérité je ne voulais pas des Philippines et quand ces territoires nous sont tombés comme un cadeau du ciel, je ne savais quoi en faire… J'en ai perdu le sommeil et j'ai arpenté les salons de la Maison Blanche nuit après nuit sans trouver de repos. Et je n'ai pas honte de vous dire que je me suis mis à genoux pour prier Dieu tout puissant de m'envoyer sa lumière et sa sagesse… Et un soir cette lumière m'est venue… Il ne nous restait plus qu'à prendre tout l'archipel et à éduquer les Philippins, à les civiliser et à les christianiser. »

L'histoire serait fort différente si on avait moins tendance à croire que l'on entend la voix de Dieu de la façon la plus claire quand Il nous dit exactement ce que l'on veut entendre. McKinley aimait à voir la main de Dieu dans l'expansion de la puissance américaine, mais il s'avéra que la victoire décisive et rapide contre les Espagnols fut suivie d'une longue et difficile période pendant laquelle on essayait de s'assurer le contrôle des Philippines. De nombreux Philippins, malgré leur appartenance au christianisme que les Espagnols leur avaient apporté, ont accueilli leur nouveau libérateur non pas à bras ouverts, mais à bras armés. Une rébellion contre l'occupation éclata et dura quatre ans, laissant les Américains stupéfaits. Un des journaux de l'époque écrivit dans son éditorial : « Il paraît étrange que les Philippins, du moins un si grand nombre d'entre eux, s'acharnent tant contre notre souveraineté. Ils doivent pourtant réaliser que nous allons apporter d'importantes améliorations à leur condition… Et cependant ils continuent à se battre. C'est une situation déprimante de tous les points de vue. » Quand la résistance fut vaincue, on dénombrait cent mille morts parmi les indigènes.

Était-ce de l'impérialisme ? Pas aux yeux de ceux qui en étaient responsables. Dans sa campagne pour le poste de vice-président sur le « ticket » de McKinley, Théodore Roosevelt déclara à son auditoire dans l'Utah : « Je n'ai encore jamais rencontré personne qui soit impérialiste dans ce pays. » L'éminent sénateur républicain Henry Cabot Lodge offrait lui-même l'explication suivante : « Je suis convaincu que "l'impérialisme" n'existe pas en soi, mais je suis absolument certain que "l'expansion" est une réalité et que les États-Unis se doivent d'exercer un contrôle sur certaines dépendances lointaines. »

Quel que soit le nom qu'on lui donnait, l'élan missionnaire était imprégné de bien des considérations matérielles. Au début du XXe siècle un jeune sénateur de l'Indiana, Albert Jeremiah Beveridge, devint célèbre pour son discours intitulé « La Marche du Drapeau » qu'il prononça maintes fois en public et au Sénat avec une fougue oratoire mémorable : « Les Philippines seront nôtres à jamais et au-delà de cet archipel s'étendent les marchés illimités de la Chine. Loin de battre en retraite, nous ne laisserons aucune opportunité nous échapper en Orient. Nous ne renoncerons pas à la mission de notre race, choisie par Dieu pour apporter la civilisation du monde. » On pourrait faire beaucoup de commentaires sur Beveridge, mais on ne peut pas l'accuser de manquer d'ambition pour son pays. Il affirmait aussi que : « Les guerres à l'avenir seront en majorité des conflits commerciaux. Le pouvoir qui contrôlera le Pacifique en conséquence est le pouvoir qui dominera le monde. Et en ce qui concerne les Philippines, ce pouvoir sera et restera pour toujours celui de la République américaine. »

De telles prises de position étaient courantes à l'époque et ne peuvent pas nous surprendre. C'était, après tout, l'époque enthousiaste des explorateurs et de l'annexion de territoires. Les

Anglais s'étaient chargés selon Kipling du « fardeau de l'homme blanc » dont le devoir était d'annoncer le christianisme et d'éduquer les peuples du sous-continent indien et d'Afrique. Les Français étaient embarqués dans une « mission civilisatrice » pour étendre les bienfaits de leur culture aux populations d'Arabie et d'Afrique. Les Espagnols, les Belges, les Portugais et les Hollandais tous possédaient des colonies outre-mer. Et donc en s'emparant des Philippines, les États-Unis ne faisaient qu'annoncer leur entrée dans les rangs des superpuissances.

Pour la plupart, les Américains voyaient leur nouvelle situation d'un bon œil, mais certains la trouvaient hypocrite et en porte-à-faux avec la Bible et les idéaux américains. William Jennings Bryan, le candidat démocrate à la présidence en 1900, avait récusé les déclarations de Beveridge : « Si un christianisme authentique consiste à vivre au quotidien selon les enseignements du Christ, qui pourra nous persuader que nous avons reçu l'ordre de civiliser à la dynamite et de convertir au fil de l'épée ?... L'impérialisme n'est pas extrait de la Bible. Le commandement : “Allez enseigner toutes les nations et évangélisez tous les peuples” ne nous est pas donné avec un pistolet Gatling en prime. »

L'historien Charles Francis Adams, petit-fils du second président ironisait en termes méprisants à leur égard :

« Les pasteurs ont tous le monopole du Devoir. Nous avons une Mission, disent-ils, c'est un Appel du Très-Haut. Ils veulent partir au nom de cette Grande Nation américaine offrir les bénédictions de la liberté et de l'évangile aux races inférieures, qui nous attendent, comme elles attendent le Messie. Mais n'oublions pas de nous munir de nos pistolets pour tenir à l'écart ces autres races supérieures, ces loups déguisés en agneaux, qui viendraient les dévorer. Eux les dévoreraient, pas nous ! Oh non jamais ! De telles idées sont « pessimistes ». Où est votre foi dans le peuple américain ? Quelles rengaines ! Elles me tuent ! »

Des ligues anti-impérialistes ont vu le jour dans beaucoup de villes aux États-Unis, mais cette notion de Mission était florissante parce qu'elle était véhiculée au travers d'autres symboles comme la flotte de la marine marchande ou nos navires de guerre. De plus en plus d'Américains épris de zèle religieux se découvraient une vocation pour aller partager leur foi dans des terres lointaines. Au début du XXe siècle des dizaines de milliers de missionnaires américains étaient établis dans des pays étrangers. Ils étaient issus de pratiquement toutes les branches du christianisme, avec une majorité de Mormons, un mouvement qui avait pris naissance aux États-Unis. Dans leurs bagages, les missionnaires apportaient la bonne nouvelle de l'Évangile et l'influence démocratique des valeurs et de la culture américaines. Les missionnaires étaient des experts incontestés sur les us et coutumes de ces pays lointains et ils furent les premiers à étudier les langues étrangères. Les lettres qu'ils envoyaient à leurs communautés en Amérique éveillaient l'intérêt des fidèles de leurs paroisses pour des pays auxquels peu d'Américains avaient prêté attention. Pour la première fois, des gens originaires de New York, du Nevada ou de la Caroline du Nord commencèrent à faire pression sur le gouvernement américain pour défendre les droits de l'homme (afin de protéger les nouveaux convertis), pour favoriser l'avancement de la morale dans le droit commercial (pour pallier l'exploitation des ouvriers) et enfin pour mener une politique étrangère morale (afin de protester contre le trafic d'opium).

Avec les missionnaires arrivaient l'expertise et les ressources pour établir des écoles, des universités, des cliniques et des hôpitaux. Cependant afin de travailler en sécurité, ils avaient besoin de s'assurer de l'assentiment des autorités locales et à ces fins, ils comptaient sur l'aide de leur propre gouvernement.

Des diplomates américains négociaient des traités avec la Chine, le Japon, le Siam ou l'Empire Ottoman, permettant aux missionnaires d'établir une résidence, d'acquérir des propriétés et de convertir les populations. Ce faisant, ces traités prenaient une dimension qui dépassait les domaines économique et spirituel, car les missionnaires transmettaient des concepts non seulement religieux, mais aussi politiques, avec des rapports similaires à ceux d'un gouvernement vis-à-vis de ses administrés.

Un tel exemple exista en Chine en 1912, bien qu'il fut hélas de courte durée, quand le réformateur Sun Yat-Sen fut élu président, mettant un terme à cinq mille ans de règne impérial. Sun, qui avait été éduqué par des missionnaires chrétiens, avait copié ses « Trois Principes du Peuple » sur une phrase du discours de Lincoln à Gettysburg : « Du peuple, par le peuple et pour le peuple. » Bien que le rêve de Sun échoua dans sa tentative de créer une Chine pleinement démocratique, son passage au pouvoir illustra de façon parfaite l'impact que pouvaient avoir la Bible et les idéaux de liberté humaine mis en œuvre de manière conjointe.

La séparation de l'Église et de l'État repose sur une triple impossibilité : pas d'obstacles religieux à l'exercice d'un poste officiel, pas de religion d'État, et pas de restrictions dans le droit de culte. Ces principes sont essentiels pour la démocratie américaine et nous définissent en tant que nation. Espérons qu'ils ne seront jamais remis en cause. En faisant ce vœu, il nous faut reconnaître que la séparation de l'Église et de l'État n'est pas allée jusqu'à faire disparaître Dieu de la vie civique, ni son effigie de nos pièces de monnaie, ni son nom de nos hymnes patriotiques, ni de la rhétorique officielle des États-Unis. Cette réalité reflète à la fois la profondeur du sentiment religieux dans les racines de l'Amérique et une règle universelle dans l'exercice de la politique, à savoir que la religion peut être séparée du gouvernement, mais elle est intimement liée au jugement que l'on porte sur nos dirigeants. Machiavel n'écrivit-il pas en 1505 : « Un prince se doit de paraître incarner la compassion, la foi, l'intégrité, l'humanité et la religion. Et rien n'est plus important que de sembler incarner cette dernière ».[1]

1. C'est bien un signe des temps et de l'état de l'Église catholique sous Machiavel, que le prince qu'il magnifie le plus pour son utilisation brillante du pouvoir soit Cesar Borgia, dont le père était le pape Alexandre VI.

De George Washington au président actuel, un George W. également, chaque président a cru bon de mentionner Dieu dans un contexte ou dans un autre. La plupart ont exprimé leur reconnaissance pour les grâces que l'Amérique a reçues. D'autres ont préconisé que Dieu continuerait à bénir l'Amérique tant que celle-ci poursuivrait une politique juste et morale. Plusieurs présidents ont invité la nation à prier en temps de crise nationale. Certains ont pensé qu'il était nécessaire de discuter de la nature de leur foi en public. Le président Coolidge cita le christianisme de l'Amérique comme preuve de ses bonnes intentions : « Les légions qu'elle envoie sont armées, non de l'épée, mais de la croix. » Et il proclama que le but national pour le pays était la christianisation de l'humanité : « Le haut lieu où elle [l'Amérique] cherche à conduire toute l'humanité sous son allégeance n'est pas de nature humaine, mais d'origine divine. »

Les hommes et non les nations, sont supposés être faits à l'image de Dieu. Mais l'image que l'Amérique a d'elle-même a toujours été influencée par le sentiment, faible ou fort selon les moments, qu'elle est un instrument de Dieu. Et la mise en garde du président Reagan revient en mémoire : « Si vous enlevez la foi en un avenir meilleur, vous ne pouvez pas expliquer l'Amérique, car nous sommes le peuple qui a cru en une terre promise. Nous étions ce peuple choisi par Dieu pour créer un monde meilleur. » Reagan ne spécifia pas comment ce monde meilleur allait être bâti, mais la réponse que le plus grand nombre de leaders américains ont donnée est « la liberté ».

Dans l'évangile du christianisme, le royaume de Dieu est comparé à une graine de moutarde et au levain : de petites choses qui croissent. La même foi est contenue dans les idéaux démocratiques pour ceux qui proposent un évangile américain. Peu de temps avant de mourir, Jefferson écrivit que la démocratie se répandrait dans le monde entier, « tôt ou tard selon les régions, mais finalement partout ». Initialement, les Américains étaient suffisamment confiants dans l'évidence du bien-fondé de la démocratie pour penser que les autres adopteraient ce système de gouvernement sans que les États-Unis aient besoin de les en persuader. Au cours du XIXe siècle le pays était en fait réticent à s'engager de façon significative dans les affaires des autres. George Washington avait mis en garde contre des alliances permanentes et Quincy Adams avait déclaré que l'Amérique devait encourager la démocratie partout mais ne devait défendre que la sienne. Le XXe siècle allait voir apparaître des réalités et des impératifs d'un nouvel ordre. D'abord le charbon, puis le pétrole remplacèrent le vent comme source d'énergie et de ce fait les passages transocéaniques devinrent fréquents. Puis vint l'aviation. Le monde devint de plus en plus petit au fur et à mesure que les intérêts américains s'étendaient. En plus de leur intervention dans les Philippines, les États-Unis se tournèrent vers des pays plus proches de leurs frontières dans le but de protéger leurs intérêts économiques et de favoriser une bonne gouvernance, à Cuba, au Mexique, en Haïti, au Nicaragua, et en République dominicaine. Et le pays se découvrit incapable, malgré des efforts considérables, d'assurer sa sécurité, en restant neutre dans les conflits européens. Face à la nécessité de sortir les Américains du confort de leur salle de séjour, pour les précipiter dans le feu de la guerre, à des milliers de kilomètres au-delà des mers, il était naturel que les leaders américains définissent les enjeux dans les termes les plus sombres.

« Nous nous battrons pour la démocratie », déclara Woodrow Wilson dans son message de guerre en 1917, « pour le droit de ceux qui se soumettent à une autorité pour exprimer leur voix dans leurs propres gouvernements, pour les droits et les libertés des petites nations, pour la victoire universelle du droit. Un tel rassemblement de peuples libres apportera paix et sécurité dans toutes les nations et le monde sera enfin libre. » À la fin de la guerre, il félicita les troupes américaines pour leur victoire : « Ces hommes étaient des croisés. Ils ne sont pas allés au front pour prouver la puissance des États-Unis, mais pour prouver la puissance de la justice et du droit et le monde entier les a acceptés comme des croisés et la valeur de leur exploit a permis au monde de croire en l'Amérique comme il ne croit en aucune autre nation dans le monde moderne. »

Ces affirmations peuvent paraître surévaluées de notre point de vue mais à l'époque, pour beaucoup de petites nations, elles avaient tous les accents de la vérité. Pendant que les dirigeants européens se partageaient le butin d'après-guerre, Wilson se faisait le champion de la démocratie ainsi que du droit pour chaque nation de prendre son propre destin en main. En grande partie grâce à lui, une Tchécoslovaquie moderne est née et s'est dotée d'institutions façonnées sur le modèle américain. Woodrow Wilson faisait figure de héros et il a été présenté comme tel quand j'étais enfant. Héros parce qu'il reflétait les idéaux d'un pays différent de tous les autres, une nation qui détenait un immense pouvoir mais croyait quand même que le monde devait être mené par le droit et non par la force. Wilson était un homme entêté et loin d'être le meilleur politicien. Cependant, il joua un grand rôle pour rehausser l'image de l'Amérique comme flambeau de la liberté et de la justice. Nous avons pris l'habitude de nous moquer de ses plans pour la SDN, mais il nous avait prédit qu'une deuxième guerre mondiale serait inévitable si l'Amérique ne rentrait pas dans la Société des Nations et tragiquement l'histoire lui a donné raison.

La Seconde Guerre mondiale, où deux fronts[1] ont combattu avec héroïsme, suivie de la Guerre froide contre le communisme, a assuré à l'Amérique une place prédominante aux avant-postes de la démocratie. Ce rôle fut évoqué de façon mémorable dans la promesse que John Kennedy fit dans son discours inaugural de « payer n'importe quel prix, de porter n'importe quel fardeau, d'endurer n'importe quelle souffrance, de soutenir tout ami, et de s'opposer à tout ennemi pour assurer le triomphe de la liberté ». Le poème que Robert Frost avait préparé pour la cérémonie mais qu'il n'avait pas pu lire, reconnaissait la mission de l'Amérique :

---

1. Le front du Pacifique et le front européen *(NdE).*

Tel un essaim les races se rassemblent
Nous les voyons aspirant à être souveraines.
Nos pupilles en quelque sorte, pensons-nous
Qui veulent que nous leur apprenions
L'objet de la démocratie.
« Un nouvel ordre pour l'avenir »
Est-ce bien ce que nous leur disions ?
Si rien de tel ne parait à présent,
Ce n'est que la confusion qui fut d'abord la nôtre,
Et donc, avec courage, qu'elles-mêmes y prennent part.

Il y a bien sûr les sceptiques qui disent que toute affirmation d'une mission américaine au nom de la morale ou de la démocratie est insensée, voire dangereuse. À l'étranger on sait fort bien que l'Amérique a de grandes ambitions. Mais il n'est pas admis universellement que les actions des États-Unis relèvent d'intentions plus honorables que celles des autres nations. Les leaders de tous les pays vantent exagérément leurs mérites. On ne s'attend pas à moins. La différence chez les Américains c'est qu'ils ont tendance à croire leur propre rhétorique. Pour les sceptiques donc, l'Amérique n'est pas une exception, ce n'est qu'une nation parmi d'autres, même si elle est plus grande et plus puissante. Les Américains peuvent toujours croire qu'il en est autrement, mais en fait notre pays réagit aux dangers qui surgissent et saisit les occasions qui se présentent avec autant de pragmatisme que les autres. Le but de la politique étrangère de n'importe quel pays est de protéger le bien-être économique de ses citoyens ainsi que d'assurer leur sécurité. Quand nos leaders camouflent de petits intérêts derrière une rhétorique sur des valeurs universelles, ils ne font que refléter leur désir d'apparaître mieux qu'ils ne sont et de perpétuer le mythe que l'Amérique est une nation à part. Sans aller chercher d'exemples plus loin, George Kennan, un des nôtres, a déconseillé à l'Amérique de « se prendre pour le centre d'une politique éclairée ». Il l'a aussi avertie « qu'il est léger, vain et peu enviable de penser qu'elle peut donner des leçons à la majorité du reste du monde ».

Pour ma part, je suis tentée de m'opposer avec perte et fracas à ceux qui n'acceptent pas que l'Amérique est un pays exceptionnel. Je veux leur rappeler la Déclaration d'Indépendance, la Constitution, le « Bill of Rights », le Discours de Gettysburg, le rôle des États-Unis dans les deux guerres mondiales, l'exemple du mélange des races en Amérique et celui d'une démocratie multiethnique, et leur demander à quel autre pays ils peuvent nous comparer. Quelques pays sont aussi grands, certains sont aussi libres, beaucoup ont des qualités remarquables, mais aucun autre pays n'a eu la même influence positive sur l'histoire du monde et aucun n'a été aussi clairement associé à la liberté en offrant autant de chances à celle-ci.

Est-ce que cela veut dire que je fais partie de ceux qui croient que les États-Unis ont pour mission de répandre la liberté sur toute la planète ? Ma réponse est non. Croire que la raison d'être de notre pays a été définie par une puissance extérieure, Dieu, la providence, la nature ou l'histoire, est une idée qui me met très mal à l'aise. En revanche, je crois fermement que l'on est en droit d'attendre beaucoup de ceux qui ont beaucoup reçu. Notre pays, avec l'abondance de ses ressources, est capable d'accomplir des prouesses fabuleuses avec des moyens qu'il est seul à détenir. Nous avons la responsabilité de prendre la tête, mais ce faisant, il serait bon de garder en mémoire la distinction faite par John Adams. La liberté, du moins dans le sens de libre arbitre, est un don reçu de Dieu, donc ce n'est pas à nous de le léguer. Il est moralement neutre. Il peut être utilisé à toute fin, bonne ou mauvaise. Par opposition, la démocratie est une création de l'homme. Elle se donne pour mission de veiller à ce que la liberté soit mise en œuvre dans le respect des droits de tous. En tant que démocratie la plus puissante du monde, l'Amérique doit venir en aide à ceux qui désirent établir et affermir des institutions libres. Mais n'oublions pas que promouvoir la démocratie est une politique et non une mission, et les politiques mises en place doivent être éprouvées sur le terrain ardu de la diplomatie, au moyen d'une politique réaliste et dans le respect des règles internationales. Pour exceptionnelle que soit l'Amérique, on ne peut exiger que des exceptions soient faites en notre faveur. Nous ne sommes pas au-dessus des lois et nous ne sommes pas plus appelés par Dieu à répandre la démocratie que nous ne détenons une mission nationale de propagation de la foi chrétienne. En bref, nous avons le droit de demander que Dieu bénisse l'Amérique, mais nous ne devons jamais considérer cette bénédiction comme un dû.

Chapitre 3

Bonnes intentions, mauvais calculs : le Vietnam et l'Iran

J'ai fait mes études universitaires dans les années 1950, à une période (comme je le dis à mes étudiants) qui se situe quelque part entre la découverte du feu et l'apparition d'un BlackBerry. Pour la majorité des Américains, c'était une époque de clarté morale. Mon père écrivait des livres pour dénoncer les dangers du communisme. J'étais donc à bonne école pour distinguer globalement, et sans mal, les bons et les méchants. Il y eut peu de réactions publiques, tout au moins aux États-Unis, quand le vice-président Nixon déclara : « Dieu est dans notre camp. » Quelques semaines après avoir obtenu ma licence, Nixon interpellait le Premier Secrétaire de l'Union soviétique, l'impétueux Nikita Khrouchtchev, à l'occasion d'une visite à un salon d'électroménager à Moscou. Le vice-président avança l'argument que le système américain était supérieur en faisant remarquer la haute qualité des appareils ménagers fabriqués aux États-Unis. Ce fossé technologique allait avantageusement rivaliser en 1961, avec le fossé moral qui se créa lors de la construction du Mur de Berlin (ou comme les autorités de l'Allemagne de l'Est préféraient l'appeler « Le Mur de Protection Anti-Fasciste »). Contrairement aux communistes, le monde libre n'avait nul besoin d'ériger de barrières pour empêcher ses populations de fuir. Il était évident que l'Occident, avec en tête les États-Unis, sortait vainqueur du combat idéologique.

Puis le Vietnam entra en scène.

L'intervention de l'Amérique dans la guerre du Sud-Est asiatique, du début des années 1960 jusqu'au printemps 1973, brouilla les cartes du jeu qui semblait si simple jusque-là. La nature de ce conflit était telle qu'aucun exploit héroïque accompli par les troupes américaines n'aurait pu produire de victoire militaire. Éviter un effet de domino dans l'expansion du communisme dans cette région, s'avéra complexe à cause du nationalisme et des mentalités anti-impérialistes que des leaders charismatiques, tels Ho Chi Minh au Nord-Vietnam, savaient bien exploiter. Les atouts, comme la confiance et l'optimisme, qui avaient tant contribué à la montée en puissance des États-Unis furent au contraire des handicaps dans la politique menée au Vietnam. Sans expérience de la défaite, les leaders américains furent incapables de comprendre comment ce minuscule pays communiste pouvait mettre en échec la force qu'ils avaient déployée contre lui. Ils ne saisirent pas la sensibilité culturelle de ce peuple, firent confiance à des pseudo-dirigeants corrompus et impopulaires et optèrent pour une stratégie qui enfonça l'Amérique dans une escalade militaire, sans victoire décisive sur le terrain. Devant l'opinion mondiale, la force de l'Amérique devint sa mauvaise étoile. Les récits dramatiques des massacres de Mi-Lai, les images d'enfants vietnamiens fuyant avec terreur les bombes au napalm, transformèrent l'image des États-Unis de champion de la liberté en pouvoir tyrannique.

Je suis frappée de voir à quel point les critiques émises pendant l'ère du Vietnam sont semblables à celles exprimées plus récemment sur un autre type de guerre, comme celle de l'invasion de l'Irak par les États-Unis. En 1965, Hans Morgenthau, dont j'ai étudié les textes reconnus comme références classiques en histoire des relations internationales et en politique étrangère, soulevait déjà à l'époque de sérieuses questions : « Normalement, les actions militaires et les décisions politiques sont fondées sur des données issues des renseignements des services secrets en place – c'est-à-dire sur une analyse objective des faits. À mon grand étonnement, c'est le processus inverse qui fonctionne : on décide d'une nouvelle politique et les services secrets doivent produire les faits qui vont la justifier. » À l'université de Yale, John Kerry, qui avait alors vingt-deux ans, mettait en garde ses camarades de promotion : « L'Amérique court un danger sérieux à jouer tout à la fois les rôles de policier, de procureur général, de juge et de jury et simultanément à s'embourber dans un engagement de plus en plus profond que les autres nations ne comprennent ni n'approuvent. » Morris Udall, un représentant de l'Arizona très respecté au Congrès, résumait fort bien l'opinion de beaucoup en déclarant que le Vietnam était « la mauvaise guerre, sur le mauvais terrain et au mauvais moment ».

Il est indéniable que le conflit divisa l'Amérique. En dépit des déclarations de Richard Nixon qui affirmait que la « majorité silencieuse » des citoyens américains approuvait la guerre, des millions d'autres s'y opposaient, par principe moral. Des personnalités religieuses en proue tels que le chapelain William Sloane Coffin à Yale et le Rabbin Abraham Joshua Heschel du séminaire théologique hébraïque étaient parmi les voix qui s'élevaient dans l'opposition. Martin Luther King condamna la guerre et dénonça le gâchis des ressources qui partaient dans le budget militaire au lieu de servir à combattre la pauvreté. De ce fait, les Noirs, selon lui, portaient une part injuste du fardeau de cette guerre qui, de plus, représentait une violation du principe de non-violence et ciblait des civils vietnamiens innocents. King faisait aussi état du préjudice subi par les États-Unis dans l'opinion internationale : « Chaque jour nouveau qui se lève sur notre engagement dans cette guerre, voit la haine grandir dans le cœur des Vietnamiens et dans celui de tous ceux que les causes humanitaires inspirent. Les amis mêmes de l'Amérique deviennent ses ennemis… L'image de l'Amérique ne sera jamais plus celle de la révolution, de la liberté et de la démocratie, mais celle de la violence et du militarisme. »

Les adversaires de la guerre s'alliaient avec le mouvement des Noirs afro-américains pour la défense des droits civiques. Du haut des chaires des églises, sur les campus universitaires, et dans les manifestations de rue, les orateurs défendaient avec passion ces deux causes. Ces mouvements firent germer d'autres graines de protestation : ainsi, la cause féministe, l'écologie, la faim dans le monde, la dénonciation des ventes d'armes aux dictatures, la lutte en faveur des droits de l'homme ont émergé dans des campagnes de grande ampleur. Loin de rejeter l'idée de la grandeur de l'Amérique, ces mouvements, au contraire, exprimaient l'exigence de vivre à hauteur de ces idéaux. Les protestataires accusaient leurs leaders d'avoir sapé le véritable esprit de l'Amérique, en utilisant une force militaire démesurée, en niant les droits de l'homme dont ils se faisaient les champions, ainsi qu'en méprisant l'opinion internationale. Ces protestataires ont savouré leur vengeance quand la fibre morale, jugée déjà ténue, de l'Administration Nixon fut dénoncée dans le scandale du Watergate qui aboutit à la démission d'abord du vice-président, puis du président Nixon lui-même. Ces mêmes forces adverses applaudirent lorsque l'enquête du Congrès donna la preuve de la complicité de la CIA dans le soutien à des régimes non démocratiques, et dans des assassinats politiques.

L'expérience tragique du Vietnam n'entama pas la détermination de l'Amérique à combattre le communisme, mais elle remit en question les moyens de s'engager dans cette lutte et fit apparaître une demande de plus grande transparence à la tête du gouvernement. Ainsi quand Jimmy Carter, gouverneur peu connu de la Géorgie, annonça sa candidature pour la présidence en 1976, il fit la promesse de ne jamais mentir aux Américains et de leur apporter un gouvernement aussi loyal qu'eux. Ce message arrivait à point, ce qui valut à Jimmy Carter d'être élu. À ma plus grande satisfaction, le nouveau président choisit comme conseiller à la sécurité nationale un de mes anciens professeurs à l'université de Columbia, en la personne de Zbigniew Brzezinski, éminent théoricien en relations internationales. Columbia avait été un des principaux campus contestataires, mais ni Brzezinski ni moi ne faisions partie des rebelles. Nous désapprouvions l'engagement dans la guerre, mais nous ne partagions pas la désinvolture que certains responsables de la contestation affichaient envers les dangers du communisme. Nous étions convaincus du bien-fondé de l'objectif des États-Unis dans la Guerre froide, et nous pensions fermement qu'il était possible de l'atteindre en réévaluant les moyens à employer. Brzezinski m'offrit un poste dans son équipe, et je suis alors entrée au sein d'un gouvernement qui allait s'efforcer de trouver le juste milieu entre deux exigences morales, à savoir un combat effectif contre le communisme et le suivi d'une politique de respect des principes démocratiques et des droits de l'homme.

Nous avions hérité d'un débat qui avait couvé pendant toute la Guerre froide : la question de savoir comment lutter intelligemment contre le communisme. D'un côté il y avait ceux pour qui la fin justifiait pratiquement tous les moyens pour mettre en échec la menace du bloc soviétique. Leur position allait jusqu'à soutenir des dictateurs anticommunistes, préférables, à leurs yeux, aux marxistes révolutionnaires qui, une fois au pouvoir, étoufferaient la liberté et tueraient tout espoir de réforme. Dans l'autre camp, il y avait ceux qui insistaient pour dire que seule l'Amérique pouvait vaincre le communisme en défendant constamment les principes de morale humanitaire. Dans cette optique, l'Amérique n'aurait donc rien à craindre puisqu'elle se placerait du côté des opprimés et les aiderait à améliorer leurs vies. Le gouvernement de Carter mit tout en œuvre pour tirer le meilleur parti de ces deux conceptions, ce qui nécessita de trouver un compromis au sein même de notre équipe. Brzezinski n'avait aucune illusion sur la nature du conflit avec l'Union soviétique. Il n'avait aucune confiance dans le Kremlin et il voulait présenter une armure sans faille, tant dans notre ligne politique que dans nos actions. Carter était beaucoup plus idéaliste. Il voulait présenter au monde une Amérique dont l'image morale serait irréprochable. Un consensus existait cependant sur le principe inviolable du respect des droits de l'homme comme dogme de notre politique étrangère, et nous étions tous d'accord sur le fait que ce dogme avait sans doute le plus de chance de succès dans la lutte anticommuniste.

Quatre mois après sa prise de pouvoir, dans un discours de cérémonie de remise de diplômes à l'université Notre-Dame, le président Carter définit les termes de notre philosophie. Il déclara que sans adhérer à une morale simpliste, l'Amérique avait une telle confiance dans les méthodes démocratiques qu'elle ne se laisserait plus tenter par des tactiques indignes de ses idéaux, tant en politique intérieure qu'extérieure.

Confiants dans notre propre avenir, nous sommes à présent libérés de cette peur irrationnelle du communisme qui nous conduisit, il fut un temps, à nous allier avec n'importe quel dictateur qui souscrivait à cette peur. Pendant de trop longues années, nous nous sommes prêtés à des tactiques contestables fondées sur des principes erronés, qui nous ont éloignés de nos valeurs. Nous avons répliqué au feu par le feu, sans recourir à l'eau qui aurait éteint ce feu. L'échec de notre approche au Vietnam est l'illustration de la pauvreté morale et intellectuelle d'une telle philosophie. Mais notre réflexion sur cet échec nous a permis de retrouver les valeurs et les principes auxquels nous sommes attachés et ce faisant nous avons retrouvé notre confiance perdue.

Le discours du président fut accueilli comme une réelle avancée par les défenseurs des droits de l'homme et les partisans de la paix qui s'étaient engagés politiquement pendant la guerre du Vietnam. Ils virent aussi d'un bon œil la création d'un poste de sous-secrétaire d'État aux droits de l'homme. Puis, à la demande du Congrès, l'Administration commença à préparer des rapports annuels détaillant la situation des droits de l'homme dans les pays qui recevaient de l'aide des États-Unis. On réduisit alors l'aide militaire et les ventes d'armes à des gouvernements considérés comme sympathisants mais qui n'agissaient pas démocratiquement, tels les Philippines, le Salvador, le Guatemala et le Nicaragua. Mais, on fit une exception pour un certain dictateur : le Shah d'Iran.

Mohammed Reza Pahlavi, personnage flamboyant, était l'allié de l'Amérique depuis 1953, l'année où la CIA fomenta un coup d'État pour l'introniser Shah d'Iran et évincer du pouvoir Mossadegh, un premier ministre, élu, mais qui était hostile à l'Occident. Dès le début de son règne, le Shah gouverna en autocrate mais se montra un réformateur passionné. Sa « révolution blanche » qui lança des réformes pour améliorer l'éducation, les infrastructures, la santé publique et les droits de la femme, lui valut les applaudissements de l'Occident. L'Administration Nixon avait promis de vendre à l'Iran toutes les armes non nucléaires qu'elle chercherait à acheter, mais attendait clairement en retour une position anticommuniste sans faille et un régime assurément stable.

Le Shah allait mettre le président Carter à l'épreuve très tôt. Une politique étrangère enracinée uniquement dans les droits de l'homme aurait dû tourner le dos à un tel dictateur dont la police secrète pratiquait la torture. Mais au contraire, l'Administration Carter afficha ses faveurs à son égard. Le risque était trop grand de délaisser ce pays dont les réserves abondantes de pétrole et la position stratégique au nord du Golfe arabo-persique constituaient une telle aubaine. Carter et Brzezinski s'accordaient à penser, dans le cas de l'Iran, que le pragmatisme des États-Unis devait prévaloir sur son idéalisme. N'étions-nous pas, après tout, engagés dans une lutte aux plus grands enjeux ? Washington et Moscou étaient assis face-à-face devant l'échiquier du monde. Le monde était alors divisé en deux, du moins c'est ce que nous croyions. Il fallut un certain temps pour que les superpuissances prennent conscience qu'un homme à longue barbe s'était invité à la table et commençait lui-même à faire bouger les pièces du jeu d'échecs.

Personne n'avait fait attention dans les années 1960 à un obscur clerc iranien, l'ayatollah Ruholla Khomeini, expulsé de son pays pour avoir protesté contre la « décadence » du régime du Shah. Personne ne remarqua non plus que cet ayatollah en exil s'était mis à communiquer avec la population iranienne aux moyens de vidéocassettes qu'il envoyait clandestinement de France. Et la mort de son fils assassiné par les forces de sécurité du Shah en novembre 1977 passa encore inaperçue. L'année suivante, le Shah décréta la loi martiale et ses troupes ouvrirent le feu sur une foule de manifestants non armés, faisant neuf-cents morts. Finalement alarmés par ces événements, les États-Unis, tout en continuant d'affirmer leur soutien au Shah, le pressèrent, hélas sans succès, d'adopter des réformes pour apaiser l'opposition et restaurer le calme.

Plusieurs années plus tard, je pouvais parler des événements suivants dans mes cours, les citant comme exemple de ce qui se passe quand notre gouvernement est divisé. La Maison Blanche, Le Conseil National de Sécurité, le Département d'État et notre ambassade à Téhéran recevaient chacun des informations de sources différentes, interprétaient les faits différemment et proposaient des plans d'action différents. Presque jusqu'au dernier moment, l'ambassadeur était convaincu que le Shah pouvait rester au pouvoir. Le Département d'État à Washington essayait de trouver un moyen diplomatique de faire partir le Shah pour installer à sa place une coalition de modérés. Brzezinski préconisait le recours à la force militaire par le Shah, si nécessaire, pour mettre un terme aux protestations. Pendant tout ce temps, la CIA n'avait rien qui vaille à offrir. Au cours d'une réunion stratégique importante, on demanda à Stansfield Turner, alors directeur de la CIA, de donner son opinion concernant l'état de l'opposition iranienne au Shah. Il répondit qu'il n'avait pas d'avis à donner parce que le Shah avait interdit à la CIA de parler à tout opposant du régime. Par conséquent les États-Unis n'avaient fait aucune tentative d'ouverture vis-à-vis de Khomeini et tous les efforts de la part de l'entourage de Khomeini pour communiquer avec des officiels américains avaient été rejetés. Et donc pour les personnages les plus haut placés dans le gouvernement américain, les insurgés iraniens étaient virtuellement anonymes – une bande de religieux réactionnaires dont les appartenances et les intentions restaient un mystère.

Nous avons été pris de court par la révolution en Iran pour la simple raison que nous n'avions jamais vécu une expérience similaire. On pensait que l'Islam en tant que force politique était sur le déclin et non en train de monter en puissance. Nous pensions que tous les pays de cette région étaient concernés par des problèmes économiques de base et par la modernisation. Mais qui, en dehors de quelques fanatiques, aurait pu penser qu'une révolution fondée sur une remise en cause des fondements religieux de l'Amérique et de l'Occident se fomentait en Iran ? Qui aurait pu soutenir une telle théorie ?

Nos experts furent aussi incapables de saisir combien l'opposition au Shah était profonde, que de comprendre l'ascendant que les chefs musulmans exerçaient sur leurs loyaux disciples, au milieu même du matérialisme effréné de la fin du XXe siècle. Et les politiciens firent la double erreur de penser que les révolutionnaires iraniens seraient satisfaits par le départ du Shah et l'installation d'un gouvernement démocratique à sa place. Nous allions très vite apprendre que le soulèvement iranien n'était ni un simple coup d'État, ni un « changement de régime », ni même une guerre civile, mais un véritable tremblement de terre politique, comparable à la Révolution française ou à la Révolution russe. Après le départ du Shah qui se produisit enfin en janvier 1979, l'Ayatollah Khomeini s'empara du pouvoir et toutes les structures de l'ancien régime s'effondrèrent. Prisonniers et geôliers échangèrent leurs rôles. Une vérité officielle vit le jour qui définit une nouvelle vision du monde. Cette vérité était étonnamment sans lien avec le communisme ou la démocratie. C'était une vérité détachée des besoins matériels de la société et désengagée des droits politiques des individus. C'était une vérité fondée sur une interprétation étroite et rigide de la volonté divine.

Les États-Unis n'étaient pas seuls parmi les superpuissances à sous-évaluer l'importance de la religion. Les leaders de l'Union soviétique voyaient la rupture entre Washington et Téhéran comme une opportunité stratégique. Depuis même le temps des Tsars, les Russes ont toujours été inquiets des tendances rebelles des populations au sud de leurs frontières et ils ont vu à ce moment-là une occasion d'envahir l'Afghanistan, ce qu'ils ont fait en décembre 1979, sans envisager que l'Iran pouvait fournir une base aux États-Unis pour riposter. Les leaders soviétiques n'eurent aucun mal à mettre en place un gouvernement fantoche à Kaboul, mais ils n'avaient pas compté avec la colère que l'invasion provoquerait de la part des musulmans, non seulement en Afghanistan, mais encore à travers l'Asie du Sud et dans la péninsule arabique. L'Amérique y vit sa chance de saisir une occasion stratégique. Puisque l'Iran se trouvait désormais hors de notre portée, nous nous sommes alors tournés vers un autre voisin de l'Afghanistan, le Pakistan. Selon la logique des rivalités qui s'applique partout (les ennemis de mes ennemis sont mes amis), nous avons fait parvenir, par l'intermédiaire du Pakistan, de généreux convois d'aide aux combattants musulmans déterminés à se battre contre les infidèles soviétiques. Brzezinski pensait qu'il était essentiel de faire payer un prix très fort aux Russes pour cette invasion, qu'il considérait comme un réel danger dans le contexte de la Guerre froide. Au cours d'une visite à la frontière pakistanaise, il déclara à des guerriers musulmans massés dans la région : « Dieu est avec vous. » Il leur fallut dix ans, mais les Afghans et leurs alliés, repoussèrent les envahisseurs et reprirent leur pays. Par contraste avec l'Iran, l'Afghanistan apparut comme une victoire décisive pour les États-Unis. Ce que nous ne savions pas à cette époque, c'est que les militants musulmans qui avaient combattu si vaillamment contre notre ennemi commun tourneraient un jour leur colère vers un autre front : cette fois, vers nous, Américains.

Les expériences des États-Unis au Vietnam et en Iran pendant les années 1970 offrent des leçons que nous ferions bien de garder en mémoire aujourd'hui. La première est que nous avons tendance à être plus puissants à nos propres yeux qu'aux yeux du monde. Nous avons fini par comprendre pourquoi tant de Vietnamiens s'étaient battus contre la présence américaine dans leur pays. Mais quand en 1979 et en 1980 on a entendu à la télévision la populace des rues iraniennes scander « Mort aux USA ! », nous n'avons pas été capables de comprendre le niveau de haine contenue dans ces réactions. Pour nous, l'Iran n'était pas l'Asie du Sud-Est, nous n'y avions pas envoyé de troupes et nous ne les avions jamais bombardés. Nous étions les défenseurs de la liberté, les bons. Nous n'avions jamais été les ennemis de ce pays lointain. Les accès de colère des Iraniens paraissaient irrationnels et donc il devait s'agir d'une crise de démence. Quelle autre explication pouvait-il y avoir quand l'Oncle Sam était traité de « grand Satan » ?

Cette question nous amène directement à la deuxième leçon : il faut compter avec la religion. Aux yeux des musulmans d'Iran, les États-Unis étaient intimement liés à un dictateur qui ne voyait pas d'un bon œil les valeurs islamiques. Et dans cette logique, la révolution religieuse devait viser le Shah et l'Amérique. Nous avions sous-estimé l'importance de la tradition et de la foi musulmanes chez les Iraniens, et de ce fait nous nous sommes fait des ennemis à notre insu. Même la guerre du Vietnam avait une dimension religieuse, au-delà de la lutte politique idéologique et nationaliste. Dès la genèse du conflit, la cause anticommuniste était sapée parce que le gouvernement de Saïgon opprimait les bouddhistes, la plus grande communauté non communiste du pays. Quand le gouvernement leur interdit de sortir leurs bannières pour célébrer la naissance de Bouddha, des émeutes éclatèrent, la troupe tira sur les fidèles bouddhistes ce qui renforça la violence. Plusieurs moines en robes jaunes s'immolèrent par le feu devant des photographes et des journalistes étrangers, ce qui contribua à monter l'opinion internationale contre la politique américaine. Le président Diem, dont nous soutenions le gouvernement, déclara la loi martiale et commença à arrêter des leaders bouddhistes. La belle-sœur de Diem acheva le désastre en qualifiant l'immolation des moines de « partie de barbecue ». Ce qui ne risquait pas de gagner les cœurs et les esprits de la population vietnamienne à la politique américaine.

En 1977, un spécialiste universitaire du Moyen-Orient, Bernard Lewis, écrivit : « Le monde occidental, à quelques exceptions près, ne donne plus à la religion la place centrale qu'elle occupait dans nos préoccupations. En conséquence on a du mal à vouloir admettre que d'autres continuent à le faire. Les esprits qui se piquent de progressisme pensent qu'il est simplement inadmissible que l'on puisse se battre, voire mourir, pour de simples désaccords religieux. » L'Administration Carter a appris cette leçon à ses dépens. Après la Révolution iranienne, le président convoqua des experts et des universitaires spécialisés dans les dogmes de l'islam et dans la politique des pays musulmans pour un séminaire à la Maison Blanche. Ces réunions continuèrent de façon intensive après l'assaut de l'ambassade américaine à Téhéran et la prise d'otages de nos diplomates américains. Ces réunions d'information hélas ne portèrent guère de fruits, parce qu'à cette date, la popularité du président avait chuté à un tel niveau qu'il ne fut pas réélu pour un second mandat.

La troisième leçon à retenir est qu'on peut parfaitement faire fausse route, même en toute intelligence et armés des meilleures intentions. L'engagement des États-Unis au Vietnam commença avec un but noble : sauver les Vietnamiens qui voulaient repousser le communisme. Quand on s'est embourbé dans la guerre, on a progressivement compris qu'un retrait était le chemin moral à suivre. Une fois le désengagement mis en route, les protestataires ont triomphé. Cependant les plus honnêtes parmi ceux-ci ont déchanté quand ils ont vu les gouvernements pro-occidentaux au Vietnam Sud et au Cambodge remplacés par des régimes qui imposèrent une dictature totalitaire d'un côté et permirent le génocide que l'on connaît par Pol Pot de l'autre. L'Amérique au Vietnam fut synonyme de cercueils militaires rapatriés, de missions de reconnaissance et de missions de bombardement, d'armes au napalm, et de prédictions à n'en plus finir de victoires qui n'arrivaient jamais. L'Amérique de l'après-Vietnam nous a donné les millions de "Boat People" et des montagnes de squelettes et de crânes.

En Iran, un scénario semblable s'est déroulé. Le Shah était un leader timoré et cruel qui écrasa toute opposition avec une force brutale. Quand il commença à perdre son autorité, les défenseurs des droits de l'homme accusèrent Carter d'hypocrisie. Beaucoup se sont réjouis de voir le monarque tomber. Mais en toute objectivité, les pratiques des gouvernements iraniens ultérieurs s'avérèrent pires que celles du Shah dans les abus perpétrés contre les droits de l'homme. Au cours des toutes premières années de leur prise de pouvoir, des milliers d'opposants furent exécutés pour soi-disant « crimes moraux ». La police secrète du Shah fut remplacée par « les gardiens de la foi » qui se montrèrent encore plus cruels. Des centaines de milliers d'Iraniens ont eu peu de choix sinon de suivre le Shah en exil. Aujourd'hui plus d'un quart de siècle après la Révolution, le pouvoir en Iran est toujours entre les mains d'un petit groupe de mollahs non élus.

Jimmy Carter, tout autant que les présidents avant et après lui, était persuadé que la morale devait être au cœur de la politique étrangère. Son engagement vis-à-vis des droits de l'homme me rend fière d'avoir fait partie de son Administration. Cet engagement donna aussi toute sa force à la crédibilité du leadership américain qui travailla à étendre la démocratie en Amérique latine, en Asie, en Afrique et en Europe Centrale. De par ses convictions, le président mettait en avant les valeurs démocratiques dans chaque délibération de politique étrangère, même si d'autres facteurs l'emportaient dans les décisions finales, comme ce fut le cas pour l'Iran. Notre expérience, dans ce cas, sert à illustrer la complexité de la politique étrangère. Dans le but de ne pas nous montrer implacables contre une forme de mal – le communisme en Union soviétique –, nous nous sommes rapprochés imprudemment d'un autre mal – le régime répressif du Shah –, et par cette imprudence nous avons ouvert la voie à l'émergence d'un troisième mal : le régime de l'ayatollah Khomeini.

Je n'étais pas au sommet du pouvoir à l'époque, mais je me rappelle combien nous ressentions tous une frustration profonde à voir que nos prévisions s'avéraient fausses, que les choix devant nous s'amenuisaient et que la situation devenait incontrôlable. Les critiques ne manquaient pas : certains pensaient que nous aurions dû nous en tenir fermement à nos valeurs démocratiques et abandonner le Shah beaucoup plutôt. D'autres au contraire soutenaient que nous aurions dû défendre nos intérêts de sécurité avant tout et soutenir le Shah, militairement si nécessaire. Avec le recul du temps, il est facile de mettre le doigt sur des erreurs d'omission ou d'action. Il est beaucoup plus difficile de savoir, avec perspicacité, quelles décisions prendre sans avoir de boule de cristal, ni sur les véritables enjeux, ni sur les intentions réelles des acteurs sur la scène. Dans de telles circonstances, on a besoin de conseil. Mais de quel conseil ? Et vers qui ou vers quoi, se tourner pour chercher conseil ?

Chapitre 4

La question de conscience

L'opposition de Martin Luther King à la guerre du Vietnam ne joua qu'un rôle mineur dans sa carrière politique et ne garde qu'une petite place dans l'œuvre qu'il nous a léguée. Solidement ancré dans sa passion pour la justice et la cause de la non-violence, il voulait que l'Amérique reste fidèle à ses fondements moraux et fasse son examen de conscience en regardant l'état de la société et de sa politique intérieure et extérieure. Il est intervenu un nombre incalculable de fois dans des églises combles ou des lieux publics. Sa voix résonnait comme le tonnerre quand il lançait ses défis :

> « Lorsqu'un choix se présente, les lâches demandent : "Est-ce opportun ?" Les opportunistes arrivent et demandent : "Où sont les allées du pouvoir ?" Les vaniteux s'interrogent : "Suis-je populaire ?" Enfin la Conscience entre en scène et pose la question : "Es-tu un homme droit ?" Le temps est venu où un homme doit faire un choix qui n'est ni la voie de l'opportunisme, ni celle du pouvoir, ni celle de la popularité. Il sait qu'il doit alors suivre une certaine voie parce que sa conscience le lui dicte. »

La rhétorique du docteur King nous subjugue. Cependant, elle donne l'impression que lorsque des responsables sont assis autour d'une table et qu'ils doivent prendre des décisions, ils auraient devant eux une série de boîtes étiquetées clairement selon les options disponibles : « Sans risque », « Politique », « Populaire » ou encore « Voix de la conscience » – comme on aurait devant soi les choix d'une carte de restaurant.

Hélas, les choses se présentent rarement ainsi comme les exemples du Vietnam et de l'Iran ont pu nous le montrer. La clé pour prendre des décisions intelligentes c'est d'avoir en main une information aussi complète et fiable que possible. Quand j'étais Secrétaire d'État, je commençais chaque journée de travail dans ma cuisine, où je lisais les journaux en buvant mon café. Quand j'arrivais au siège du Département d'État, une pile de dossiers émanant du Bureau des Renseignements et des Investigations (FBI) m'attendait déjà. L'analyse que je pouvais lire était particulièrement utile car elle me donnait une perspective historique et diplomatique de certaines situations, me permettant de confirmer qui faisait quoi, à qui, pourquoi et depuis quand. Je lisais ensuite une copie de la note quotidienne remise au président ou *PDB*[1]. Ce document était classé secret et confidentiel, mais la plupart du temps, il n'y avait rien de particulièrement fascinant dans ce document. Pendant que je prenais connaissance de ces informations, un représentant de la CIA se tenait près de moi et m'observait, au cas où j'aurais eu des questions ou une requête particulière.

Le *PDB* était très court. Je l'étudiais pour connaître l'information que le président recevait. Puis je m'attaquais à une version plus longue des mêmes informations intitulée Rapport Quotidien des Services Secrets[2]. On me donnait ensuite un compte rendu des attaques terroristes potentielles. Il manquait toujours un élément dans cette somme d'informations : la certitude. En lisant tous ces documents, j'avais l'impression d'être devant un écran de télévision en noir et blanc des années 1950 où l'image apparaissait la plupart du temps floue et couverte de parasites. On pouvait tourner tous

1. PDB or Presidential Daily Briefing.
2. National Intelligence Daily.

les boutons possibles, mais à moins de rester sur ses gardes, ce que l'on voyait relevait autant de notre imagination, que de ce qui se trouvait réellement devant nos yeux.

Et malgré cela, l'équipe de politique étrangère de l'Administration Clinton devait prendre des décisions, que nous ayons eu confiance en ce que nous savions ou pas les événements n'allaient pas tarder à nous mettre à l'épreuve. Même les décisions mineures avaient de l'importance, parce qu'une fois que nous serions engagés dans une certaine voie, il serait difficile de revenir en arrière. Une décision en entraînait une autre, ce dont nous étions conscients et nous pesions nos options très prudemment. Notre première obligation était de protéger au mieux les intérêts des Américains. Nous avions tous prêté serment de défendre la Constitution et d'exécuter loyalement les devoirs que nous imposaient nos fonctions respectives. Mais quand, si cette question devait jamais se poser, nos consciences allaient-elles jouer un rôle ? Avions-nous aussi une responsabilité morale ?

Dean Acheson qui avait servi comme Secrétaire d'État sous Harry Truman, était un homme brillant mais connu pour ne pas faire de sentiment. En 1965, il écrivit : « Un des grands problèmes que nous avons est de commettre l'erreur, dans une vision anthropomorphique, de traiter les États comme des individus et d'appliquer, en matière de politique nationale par exemple, la règle de la charité chrétienne dite « règle d'or »[1] – même si en pratique les individus la suivent rarement. Le fait est que les nations ne sont pas des individus. Le rapport cause à effet de leurs actions est fondamentalement différent. »

Vingt ans plus tard, George Kennan avançait l'argument suivant : « Les intérêts nationaux d'une société, qu'un gouvernement se doit de protéger, sont en fait à la base la sécurité militaire,

1. Évangile de saint Matthieu 7, 12 : « Donc, tout ce que vous voudriez que les hommes fassent pour vous, pareillement, vous aussi, faites-le pour eux ; car c'est cela la Loi et les Prophètes » (traduction Osty).

l'intégrité de la vie politique, et le bien-être de son peuple. Ces nécessités ne sont pas d'ordre moral… Ce sont les nécessités incontournables d'une existence nationale et en tant que telles, on ne peut pas les classer comme "bonnes" ou "mauvaises". »

Ces déclarations d'Acheson et de Kennan sont les expressions classiques d'une pensée en politique étrangère connue en science politique comme le « réalisme ». Les réalistes nous mettent en garde contre des considérations morales parce que ces considérations pourraient nous faire perdre de vue la façon de gouverner dans la réalité. Quand j'étudiais ce courant de pensée à l'université, on m'a aussi enseigné à considérer les nations comme des « acteurs rationnels » que l'on pouvait s'attendre à voir agir uniquement dans leurs propres intérêts. Cette façon de penser qui avait eu du poids à une certaine époque, ne prévalait plus. De fait, dans un monde imparfait, une politique étrangère entièrement altruiste ne peut pas marcher. Mais dire que le rapport cause à effet des actions des États est « fondamentalement différent » de celui des individus, c'est aller trop loin dans l'autre sens. Après tout, les politiques des nations sont le produit des décisions et des actions des individus.

Selon Kennan, nos intérêts individuels consistent à se procurer de la nourriture, un toit, et un bouclier contre des menaces extérieures. Ce sont aussi des « nécessités incontournables » de l'existence qui n'ont pas de motivation morale. Cependant afin de garantir ces intérêts, nous devons agir et notre action reste offerte au jugement moral. Nos besoins et nos fins ne justifient pas nécessairement nos moyens. Ceci est vrai pour les individus et pour les nations. C'est une chose d'installer un système d'alarme chez soi pour se protéger de son voisin, c'en est une autre que de l'assommer sur la tête avec une pince monseigneur. Il en va de même pour un gouvernement qui peut légitimement lever une armée patrouiller sur ses frontières, mais ne peut pas envoyer son armée exterminer toute une population au-delà de cette frontière. Et nous sommes confrontés au même test quand il s'agit des besoins des autres. Quand les pays occidentaux ont tourné le dos aux réfugiés juifs pendant la

Seconde Guerre mondiale, cette prise de position ne peut pas être considérée comme moralement neutre.

Quand j'étais au gouvernement, je ne pensais ni en idéaliste pur, ni en réaliste au sens strict, mais j'essayais d'adopter une philosophie qui fasse la synthèse des deux. Pour moi le gouvernement était une entreprise au sens pratique du terme qui devait agir dans un monde chaotique et dangereux, mais l'approche réaliste m'apparaissait comme cynique. Je ne comprenais pas comment on pouvait tracer la route à suivre sans être guidé par des principes moraux. Que veux-je dire par-là ? Pour moi, on mesure le degré de moralité à l'impact de nos actions sur les vies humaines. C'est la raison pour laquelle en tant que Secrétaire d'État je me suis fait fort d'exiger que l'on aille plus loin que les réunions diplomatiques de rigueur. Je voulais voir et entendre les gens les plus affectés par les décisions prises par les gouvernements.

Dans ce but, j'ai rendu visite à des réfugiés, à des personnes atteintes du sida, à des familles dont les adultes en âge de travailler avaient perdu des jambes ou des bras dans l'explosion de mines, des victimes de bombardements terroristes qui essayaient de rebâtir leurs vies, des veuves dont les maris avaient été tués à cause de leur origine ethnique et des mères qui n'avaient pas les moyens de nourrir leurs enfants. Je me souviens en particulier d'une petite fille de trois ans de Sierra Leone. Elle s'appelait Mamuna. Elle portait une robe rouge et avait l'air heureuse. Elle jouait avec une petite voiture qu'elle faisait marcher avec un seul bras. Un soldat lui avait coupé l'autre bras avec une machette. À l'époque, un de mes petits-enfants avait le même âge. Je ne pouvais pas concevoir que quelqu'un ait pu couper un bras à cette petite fille avec une machette. Qui menaçait-elle ? Et de qui était-elle l'ennemi ?

À chaque visite, j'aurais voulu les emmener tous avec moi en Amérique. L'occasion de voir, de mes propres yeux, les conditions misérables dans lesquelles ces familles vivaient, m'apportait la certitude que nous y répondrions avec urgence et générosité. Je ne pouvais pas évidemment emmener tous ces malheureux dans l'avion avec moi et je ne voulais pas non plus me mettre à pleurer en alléguant le fondement de notre politique étrangère. Dès que je suis rentrée à Washington, j'ai énuméré toutes les raisons pratiques pour lesquelles les Américains devaient se sentir concernés : j'expliquais qu'il y allait de notre intérêt d'établir une stabilité politique dans les marchés prospères outre-mer, en renforçant l'application des lois, en rendant notre présence plus visible, et en améliorant notre image. Mais tout en présentant ces arguments, j'avais le sentiment qu'ils étaient superflus.

Et pour illustrer ce sentiment, je vais raconter mon histoire favorite sur Abraham Lincoln. Un jour, encore jeune avocat, il voyageait à cheval d'un tribunal à l'autre à la recherche de clients, quand il aperçut un cochon qui luttait en vain pour se sortir d'un fossé où il était tombé. Lincoln s'arrêta un moment, partagé entre sa sympathie pour le cochon et son inquiétude de ruiner son nouveau costume avec la boue du fossé. Il poursuivit sa route. À peu près à deux milles de là, il rebroussa chemin, incapable d'oublier l'animal et son terrible sort. Quand il arriva sur les lieux de la scène, il rassembla des planches de bois sur lesquelles il put descendre dans le fossé pour extirper l'animal en le soulevant à bras-le-corps. Son costume en pâtit grandement. Quand on lui demanda pourquoi il avait fait tout cela pour un cochon, Lincoln répondit : « Je ne l'ai pas fait pour le cochon, je l'ai fait pour moi – pour m'ôter cette pensée de l'esprit. »

Si Lincoln pouvait comprendre son propre intérêt en sauvant le cochon au prix de son costume, l'Amérique devrait être capable de comprendre les enjeux que représente le sauvetage de ces populations qui cherchent à fuir des circonstances tragiques. Une des convictions de mon père était que l'on pouvait attribuer des caractéristiques aux différentes nations. Pour une large part, l'histoire de l'Amérique a été guidée par son sens moral. C'est une partie essentielle de notre identité nationale. Quand cette motivation morale est floue comme elle l'était au Vietnam, nous nous divisons et nous perdons notre capacité d'inspirer d'autres nations. C'était la pensée sous-jacente de Jimmy Carter, lorsqu'il prit la décision de mettre en avant les droits de l'homme. Ce n'était pas seulement une question de vouloir faire le bien. C'était une façon de rappeler aux Américains leur intérêt propre, et de mettre notre pays dans une position de leadership sur un sujet vital pour tous les peuples du monde.

Il y a plus de dix ans, le professeur Joseph Nye de Harvard a présenté la théorie selon laquelle la réputation morale d'un pays est une ressource concrète tangible. Elle peut aider un pays à gagner des alliés, à étendre son influence, et à s'assurer un appui en temps de crise. Son argument est intelligent. Même au niveau d'une communauté locale, on est plus porté à satisfaire les requêtes de ceux que l'on aime et que l'on respecte. Nye expliquait que la réputation qu'a l'Amérique de se battre pour la liberté et le respect de ses lois est depuis longtemps une source de « pouvoir immatériel »[1] qui rehausse notre sécurité et renforce notre position globale dans le monde. Dans mon rôle de Secrétaire d'État, l'idée me plaisait, mais pas l'expression. J'ai souvent fait référence au bien-fondé du pouvoir américain, mais le « pouvoir immatériel » me semblait mièvre. Les américains préfèrent s'identifier à des aigles en vol.

Si l'on accepte le principe selon lequel ces questions de morale devraient faire partie de nos jugements en politique étrangère, on va régler un problème, mais en créer deux autres. Comment peut-on arriver à déterminer ce qui est moral? Et quel poids devrait-on donner à la morale vis-à-vis de considérations clairement plus personnelles?

Pour répondre à ces questions, le professeur Michael Walzer, de l'université de Princeton, a identifié quatre devoirs pour un pays, qu'il a classés par ordre d'importance. Le premier devoir d'un pays, selon Walzer est de protéger la vie et la liberté de ses citoyens. Sans quoi, il ne pourrait se mettre en position d'aider les autres. Le second devoir d'un pays est de ne pas infliger de mal. Et son troisième devoir, dans la mesure du possible, est d'aider les peuples à éviter

1. « Soft power ».

des catastrophes humaines ou naturelles. Enfin, son quatrième devoir est d'aider ceux qui veulent qu'on les aide à construire des systèmes politiques meilleurs et moins répressifs.

Une autre manière d'appliquer peu ou prou le même concept consiste à définir comme morales des actions qui produisent une nette amélioration de ce que nous appelons le bien : la vie, la liberté, la justice, la prospérité, la santé et la paix de l'esprit – par opposition à la mort, la répression, l'absence de lois, la pauvreté, la maladie et la peur. Même avec cette simple formule, il faudra parvenir à des compromis. Par exemple, pour mettre fin à une guerre civile, on pourra offrir une amnistie à des membres d'une milice hors-la-loi en échange de leur démobilisation et de leur reddition avec armes et biens. Dans cet arrangement, l'obtention de la paix prend le pas sur l'idéal de justice. Il s'agit de pragmatisme. La preuve qu'une action est morale n'est pas sa conformité à un principe rigide, mais bien si cette action produit un résultat moral, du moins autant que l'on puisse en juger.

Sur certains points, la voie à suivre est claire, mais dans beaucoup de cas et sans doute dans la plupart des cas, le caractère moral des options qui se présentent à soi peut être très difficile à percevoir.

Souvent il faut prendre des décisions non seulement avec des données de renseignements incomplètes, mais encore avec des affirmations contradictoires, des incertitudes troublantes et des soi-disant « vérités » qui deviennent des « semi-vérités » quand on les passe au crible. Certes, il y a le bien et il y a le mal, mais ils ont tendance à cohabiter, plus qu'à être clairement séparés. Cette réalité, qui est au cœur de la philosophie, du théâtre, de la littérature, de l'art, et du catéchisme de mon enfance[1], est souvent laissée de côté dans la rhétorique enflammée de nos leaders politiques. Toutefois elle réapparaît invariablement quand les discours s'achèvent et qu'il faut passer à l'action. C'est-à-dire quand le fossé

1. Selon le catéchisme (paragraphe 1707) : « L'homme est divisé en lui-même. En conséquence, la vie de l'homme, individuelle et sociale, se révèle être une lutte, une lutte dramatique, entre le bien et le mal, entre la lumière et les ténèbres ».

entre ce que nous avions l'intention d'accomplir et ce que nous avons réellement accompli nous apparaît dans toute sa douloureuse réalité qui laisse le bien et le mal dans un sorte de brouillard. Ainsi, en 1991, après la guerre du Golfe arabo-persique, l'Administration du Président Bush s'attendait à ce que le Président Saddam soit limogé par son propre peuple. Ce qui ne s'est pas passé. C'est alors que l'on mit en place les sanctions économiques « temporaires », renouvelées par la suite tous les six mois, pendant plus de dix ans. Les sanctions ne s'appliquaient pas aux importations de nourriture ou de médicaments, mais l'économie iraquienne en souffrit néanmoins et des civils innocents en furent victimes. Saddam Hussein exploita ces souffrances pour en tirer le plus de propagande possible. Tout en versant des larmes de crocodile en public, il mit tout en œuvre dans les coulisses pour retarder et plus tard pour faire échouer les efforts internationaux dont l'objectif était d'aboutir à un accord qui aurait aidé les Iraquiens dans un échange pétrole contre nourriture. Si les sanctions avaient été levées, Saddam Hussein aurait sans aucun doute reconstitué son armée et serait redevenu une véritable menace régionale.

Pendant les années de mon mandat, l'Iraq nous offrait toujours un choix entre deux maux : nous nous efforcions dans chaque cas de choisir le moindre mal. Malheureusement, dans une interview où j'essayais d'expliquer notre politique, j'ai dit une chose qui conduira beaucoup de lecteurs à se demander comment je peux prétendre écrire ce livre. Un reporter m'avait demandé si le maintien des sanctions était suffisamment important pour justifier la mort de nombreux enfants iraquiens dont faisaient cas des rapports analysant les conséquences des sanctions. Ma réponse fut : « C'est un choix très difficile, mais le prix à payer en vaut la peine. » J'aurais dû dire évidemment : « Bien sûr que non – c'est précisément la raison pour laquelle nous faisons tout ce qui est en notre pouvoir pour que l'Iraq ait suffisamment d'argent pour acheter toute la nourriture et les médicaments nécessaires. » J'ai parlé trop vite, sans réfléchir et je suis apparue cruelle et cynique. Je laisse à mes lecteurs le soin de juger de ma carrière dans son ensemble et mesurer à la lumière de mes années de travail si je mérite ces épithètes. Je plaide coupable cependant pour avoir si mal choisi mes mots et avoir manqué de présence d'esprit à cet instant.

Un deuxième dilemme moral s'est présenté avec le génocide du Rwanda, un pays déchiré par des conflits internes entre deux ethnies – les Hutus et les Tutsis. En août 1993, les Nations Unies ont confié à un groupe d'émissaires la mission de trouver un accord de paix en faisant appliquer un cessez-le-feu entre les deux parties. De telles missions sont toujours confrontées à des problèmes et ici ces problèmes étaient particulièrement aigus. Avec la fin de la Guerre froide, le nombre de missions était passé de 18 000 à 80 000 en moins de deux ans, poussant les structures de ces organismes au-delà de leurs limites. Plus d'une douzaine d'opérations, sans oublier quatre autres en Afrique, étaient déjà en cours. Le chef de la mission de l'ONU au Rwanda n'avait pu recruter que la moitié des troupes nécessaires, et parmi les forces qu'il avait recrutées, beaucoup ne manifestaient que peu d'enthousiasme pour la tâche. De plus, le mandat de cette mission avait été défini au moment même où une mission de l'ONU en Somalie venait de se solder par un désastre. La leçon que l'ONU semblait tirer de cette catastrophe était de ne jamais prendre parti dans un conflit civil. Ainsi, la mission au Rwanda avait reçu l'ordre de rester neutre. Ce qui voulait dire que son succès dépendait uniquement de la bonne volonté des parties locales à coopérer en remplissant leurs obligations. En fait les Hutus avaient prévu une guerre visant l'extermination.

Quand la guerre éclata, les puissances européennes et les États-Unis sont intervenus immédiatement pour rapatrier leurs propres citoyens. Ce que l'on a accompli était trop peu, et beaucoup trop tard, pour venir en aide aux Rwandais innocents qui ont été massacrés au cours de deux mois de tueries ininterrompues. Dans mes mémoires, je décris en détail pourquoi et comment cela a pu se passer, mais la conclusion est sans appel : les grandes puissances ont manqué à leur devoir d'ingérence. Le résultat a été un massacre de masse. Le défi moral, cependant, ne s'arrête pas là. Alors que les tueries commençaient à se calmer, les États-Unis décidèrent de prendre la tête d'un effort "humanitaire" pour sauver les réfugiés qui avaient fui du Rwanda vers des pays limitrophes. CNN nous donna des images inoubliables du sort tragique de ces réfugiés. On les voyait avancer péniblement, sur des kilomètres de pistes qui n'en finissaient pas, le visage ravagé par la peur, des baluchons sur le dos et des enfants dans les bras. Ces images dramatiques ont créé une réelle émotion et un mouvement de sympathie. Ce que l'on n'a pas suffisamment dit, c'est que parmi ces réfugiés, il y en avait beaucoup qui avaient participé au génocide, les acteurs mêmes de ce drame qui fuyaient leurs propres crimes. Le haut commissaire aux réfugiés de l'ONU prit ces foules en charge par l'intermédiaire de ses réseaux. On sauva beaucoup de vies. Mais la présence des auteurs de la violence dans les camps de réfugiés engendra d'autres actes de violence, qui contribuèrent à une guerre tragique dans ce pays voisin de la République Démocratique du Congo. Même un acte de sauvetage de réfugiés ne peut être moralement pur.

Cette même année, pour prendre un exemple plus proche des États-Unis, les leaders démocrates du Congrès critiquèrent le président Clinton pour avoir renvoyé à Haïti des réfugiés qui cherchaient à émigrer et que la marine américaine avait capturés en mer alors qu'ils s'approchaient des côtes américaines. Ces critiques bien intentionnés déclaraient qu'il était immoral, voire raciste, de renvoyer ces personnes sans défense dans un pays soumis à une dictature militaire répressive et sans légitimité. Le président céda à leur pression, bon gré, mal gré, et on changea de politique à l'égard de ces réfugiés. Le résultat fut une montée en flèche immédiate du nombre de réfugiés haïtiens qui essayèrent de quitter l'île sur des radeaux de fortune ou dans des barques inadaptées à la pleine mer. Inévitablement certaines de ces embarcations bondées ont fait naufrage et des centaines de personnes périrent noyées.

Comme ces cas l'illustrent, des efforts entrepris pour poursuivre un but moral en politique étrangère échouent souvent à cause de facteurs impondérables. Pour faire réussir une politique morale, son initiateur ou initiatrice doit à la fois vouloir faire le bien mais aussi anticiper l'évolution de ce qui sera mis en place. Dans un monde idéal, cette personne aurait une conscience exemplaire, une sagesse philosophique, et une vision prophétique. Dans la réalité, on se trompe à chaque pas, et on avance du mieux que l'on peut malgré nos carences dans ces trois dimensions.

Les décisions les plus complexes, et de loin, sont les recours à la force. Pendant mon mandat, j'ai rendu visite à des troupes déployées sur notre territoire et à l'étranger. À chacune de ces visites, je m'efforçais de jouer un rôle au-delà des remerciements dus à nos soldats, à nos marins, ou à nos pilotes. J'ai pris le temps de m'asseoir avec eux, de partager un repas, d'écouter ce qu'ils avaient à dire et j'essayais de répondre à leurs questions et d'observer les réactions sur leurs visages. Je savais que toute erreur de jugement de ma part pouvait être une question de vie ou de mort pour eux et pour leurs familles.

De retour au Département d'État, de la fenêtre de mon bureau, je pouvais voir le cimetière militaire d'Arlington et les foules de visiteurs qui se rendaient devant les monuments aux morts des guerres de Corée et du Vietnam. Je ne pouvais pas m'empêcher de me demander : quand est-il nécessaire de déclarer la guerre ? Dans quelles circonstances n'avons-nous pas d'autres choix ? Quels seraient mes sentiments si j'étais soldat ? J'étais persuadée que si j'étais plus jeune, je serais prête à servir, mais je sentais aussi que je serais terrifiée. C'est sans doute un cliché, mais c'est tellement vrai : envoyer des troupes au combat est la décision la plus difficile qu'un Président ou un ou une Secrétaire d'État ait à prendre. Heureusement, on ne justifie pas aisément l'utilisation de la force militaire. Tragiquement, il y a des moments de l'histoire où on ne peut pas l'éviter.

Imaginez la réaction du monde si, le soir du 11 septembre 2001, le président George W. Bush était venu devant le peuple américain et avait dit : « Ne résistez pas à celui qui vous veut du mal » et « si quelqu'un te gifle sur la joue droite, tends-lui aussi l'autre[1] ». Et cependant quoi de plus naturel pour un président chrétien et pratiquant que de chercher son inspiration, dans un moment de crise, dans le texte du Sermon sur la Montagne ? Quoi de plus logique pour le chef du pouvoir exécutif américain que de demander à ses concitoyens de suivre les conseils de son philosophe préféré – Jésus de Nazareth – et de suggérer que l'on pardonne à ceux qui avaient fauté contre les États-Unis ? Mais le contraire se produisit : le président Bush promit de répondre vigoureusement et de tenir les terroristes responsables de leurs actions. Était-ce de l'hypocrisie ? Est-ce qu'un gouvernement, en rendant le mal pour le mal et en utilisant sa force militaire qui provoquera la mort d'innocentes victimes, commet un péché ? Ou bien est-ce que les injonctions de la Bible ne s'appliquent pas aux gouvernements ?

Pour résumer des siècles de recherche en une seule phrase, on se rapproche d'un consensus en disant que des gouvernements ne peuvent pas être tenus de suivre les Écritures à la lettre, mais cela ne veut pas dire qu'il n'y ait aucune norme à respecter. Tian Rangju, l'expert intellectuel le plus estimé en matière d'histoire militaire, déclara il y a presque 2500 ans : « Si vous attaquez un pays par amour pour le peuple de ce pays, votre attaque est justifiée. » Au Ve siècle, saint Augustin se pencha sur la question de la notion de guerre juste pour un chrétien. En observant les horreurs infligées aux citoyens de Rome par les envahisseurs barbares, sa réponse fut « oui ». La guerre était justifiée pour « défendre l'opprimé ». Plus tard, d'autres docteurs de l'Église et des savants (notamment saint Thomas d'Aquin et Hugo Grotius, le fondateur et l'artisan du droit international) ont établi des critères qui constituent ce que l'on appelle la doctrine de la « guerre juste », dont les principes ont trouvé un écho dans les conventions de Genève et dans d'autres documents de droit international. Ces critères visent à définir ce qui est moralement nécessaire, à la fois avant la guerre, et pendant les hostilités.

1. Matthieu 5, 39.

En général, une « guerre juste » est une guerre menée par une autorité compétente, guidée par des intentions morales et pour une juste cause. Le plan d'attaque doit avoir une chance raisonnable de succès et permettre d'anticiper que le résultat escompté ne produira pas de plus grand mal que celui que l'on cherche à éradiquer. Ceux qui envoient les troupes au combat doivent être préparés pour distinguer entre les combattants et les civils impliqués dans les conflits, afin d'éviter les souffrances qui peuvent l'être. Et avant de s'engager dans une guerre, un gouvernement doit en toute bonne foi explorer au préalable toutes les autres options.

Les nations ont aussi bien sûr le droit de se défendre. La Charte des Nations Unies appelle chacun de ses membres à tenter de résoudre les conflits pacifiquement et, si cette option échoue, à s'en remettre au Conseil de Sécurité pour prendre les mesures nécessaires. L'article 51 dit que rien dans la Charte « ne doit empêcher le droit individuel ou collectif à l'autodéfense si une attaque armée se produit contre un membre des Nations Unies, jusqu'à ce que le Conseil de Sécurité prenne les mesures nécessaires pour maintenir la paix et la sécurité internationale ». Dans la réalité, des pays ont souvent à prendre des décisions en dehors de ce cadre, déclenchant parfois une censure de la part de l'ONU, mais pas toujours. En dépit de telles violations, les normes de la Charte des Nations Unies restent une référence à respecter, de même que les lois contre les meurtres doivent être respectées même si cela n'empêche pas que des crimes soient encore commis.

Bien que la majeure partie des règles qui limitent le recours à la force ait ses racines dans une tradition religieuse, ces règles ne sont pas suffisamment strictes pour satisfaire tous ceux qui pratiquent cette religion. Au printemps 2004, j'ai fait un discours sur la religion et la politique étrangère américaine à un auditoire de la Faculté de théologie de l'université de Yale. Les éditeurs du journal de l'école avaient invité des experts à commenter mon intervention et ils reçurent une lettre de Stanley Hauerwas, que le magazine *Time* avait salué comme « le meilleur théologien de l'Amérique ».

Hauerwas écrivit pour protester, pas vraiment contre la substance de mon discours, mais plutôt contre l'idée même – outrancière à ses yeux – que j'aie quelque chose à apporter à des étudiants en théologie. Il écrivit que ma prestation au gouvernement avait été « tout sauf honorable, » et que « étant chrétienne… il m'était difficile, difficile mais pas impossible, d'être Secrétaire d'État de l'Amérique ». Pour Hauerwas, le pacifisme est partie intégrante de l'identité chrétienne. Il va jusqu'à dire que des Américains qui se battent ou qui soutiennent des actions militaires n'ont aucun droit de se considérer comme chrétiens. Je comprends sa logique, mais je la rejette. Rien n'est plus édifiant que l'exemple du Christ mourant qui pardonne à ce moment même. Mais l'essence de la doctrine de la "guerre juste" implique précisément que des actions militaires sont nécessaires parfois pour des raisons morales. Hauerwas rejette cette doctrine parce que, dit-il, elle a été utilisée pour justifier trop de guerres, et en cela il a raison. Cependant, une doctrine saine ne peut être discréditée parce qu'elle est parfois revendiquée à tort. Hauerwas peut penser que les batailles ici-bas importent peu, parce qu'ultimement, nous sommes tous dans les mains de Dieu. Et pourtant, c'est grâce à des interventions militaires américaines qu'il est capable de jouir de sa propre liberté sans se poser de questions.

Quand j'assistais à un office religieux durant mon mandat et que j'entendais : « Bienheureux les pacifiques », je prenais ces mots très à cœur. J'ai un amour de la paix et j'admire Gandhi, les Quakers, et autres avocats de la non-violence. Ceci dit, lorsque je considère Hitler et les nombreux épisodes de génocide et d'extermination ethnique, je ne peux pas affirmer que la doctrine de la non-violence soit le meilleur recours moral. Dans certaines circonstances, les résultats sont inacceptables. Ici encore, mes vues reflètent mes racines. Le pour et le contre de la résistance armée étaient intensivement débattus dans la République tchécoslovaque entre les deux guerres mondiales. Le Président Masaryk déclarait avec passion que le destin historique et démocratique de la Tchécoslovaquie se trouvait dans l'exemple de la vie de Jésus et non dans celle de César. Cependant il écrivit aussi que « la guerre n'est pas le plus grand mal. Vivre malhonnêtement, être esclave ou réduit en esclavage, et beaucoup d'autres choses sont bien pires. » À l'âge de quatre-vingts ans, il confia au romancier John Galsworthy : « Aussi vieux que je sois, si quelqu'un m'attaquait, je saisirais une brique et avec mes vieilles mains je la lui lancerais. » Parfois la seule façon d'obtenir la paix est de se battre pour elle.

Ceci dit, il reste vrai que la décision de rentrer en guerre ne peut jamais être prise avant une réflexion profonde. La violence cause des dégâts aussi bien chez les attaquants que parmi les attaqués. Cette violence peut avoir des effets incalculables quelquefois dans des proportions désastreuses. Comme la terrible *Prière de Guerre* de Mark Twain nous le rappelle, même nos prières pour remporter la victoire nous réduisent à demander que les horreurs de la guerre soient infligées sur des innocents dans l'autre camp. Le devoir de leadership, cependant, est incontournable : il consiste à essayer de faire des choix moraux en dépit de l'immense difficulté que cela représente, au risque de se tromper.

Récemment, les États-Unis ont eu à mettre en pratique le concept de « guerre juste » en Afghanistan et en Irak. En tant que Secrétaire d'État, j'avais dû faire face au même défi dans les Balkans. Au début des années 1990, le dictateur serbe Slobodan Milosevic avait engagé trois guerres qu'il avait perdues : une contre la Slovénie, une contre la Croatie et une troisième contre la Bosnie. En 1999, il dirigea sa fureur contre la majorité ethnique albanaise du Kosovo, une province de la Serbie. Pendant un an, j'ai exploré toutes les voies possibles pour obtenir une solution diplomatique qui aurait respecté les droits des deux parties. Les Albanais ont finalement accepté ce que nous proposions. Milosevic refusa et il déchaîna alors ses forces militaires contre la population civile. Il avait l'intention de faire fuir les Albanais du Kosovo, en tuant leurs leaders, en brûlant leurs villages et en semant la terreur. Son but était de « résoudre » le problème du Kosovo, une fois pour toutes.

Puisque la province faisait partie de la Serbie, les crimes de Milosevic ne pouvaient pas être considérés comme des crimes internationaux. Aucun membre de l'OTAN n'était menacé et donc cette alliance ne pouvait revendiquer le droit de légitime défense. La Serbie n'avait pas menacé d'envahir un autre pays, donc une attaque préventive était exclue. Cependant nous avions le devoir de « défendre l'opprimé ». Le Conseil de Sécurité de l'ONU approuva une résolution demandant le retrait des troupes serbes qui sévissaient au Kosovo. Mais des diplomates russes qui prennent toujours la défense de leurs voisins slaves, promirent de mettre leur veto à toute mesure qui autoriserait une intervention armée contre les Serbes.

Ceci laissa l'Administration Clinton et l'ONU dans une situation difficile. On pouvait permettre aux Russes de nous empêcher d'agir ou bien avoir recours à la force pour sauver les gens du Kosovo, même sans l'aval explicite de l'ONU. Je me suis faite l'avocate acharnée de la deuxième option. Mes raisons étaient en partie stratégiques : l'Europe ne serait jamais vraiment en paix tant que les Balkans seraient instables et les Balkans ne trouveraient jamais de stabilité tant que Milosevic serait au pouvoir. Ma première motivation toutefois était d'ordre moral : je ne voulais pas voir un peuple innocent être massacré. La présence de l'ONU en Europe nous donnait les moyens de mettre un terme à un massacre ethnique sur ce continent et j'espérais qu'en accomplissant ce but, on pourrait éviter des atrocités semblables ailleurs. C'était vraiment un moment de l'histoire qui illustrait les mots de Martin Luther King Jr : nous avions l'occasion d'agir en choisissant non ce qui était rassurant mais bien ce qui était moral.

Parce que nous n'avions pas de mandat spécifique des Nations Unies pour une action militaire, nous avons tout fait pour démontrer que notre cause était juste. D'abord, l'administration Clinton a réussi à rallier le soutien unanime de l'ONU. Ensuite, je suis restée en contact permanent avec le Secrétaire général des Nations Unies, Kofi Annan, qui affirma publiquement sa désapprobation des actions serbes qu'il qualifia d'immorales et d'inacceptables. Enfin, pendant la guerre elle-même les objectifs visés par l'ONU étaient approuvés par des avocats militaires qui comparaient chaque intervention aux normes officielles de la Convention de Genève. À chaque intervention, on jugeait la valeur de l'objectif et on l'appréciait en contrepartie des risques potentiels contre les populations civiles.

Au fur et à mesure que la guerre progressait, on a renforcé la pression militaire sur Belgrade, tout en s'efforçant de limiter au maximum le nombre de victimes. Trois cibles civiles (l'Ambassade de Chine, un train de passagers et un convoi de réfugiés) ont été touchées par erreur. On estime le nombre de civils tués par les bombes entre 500 et 2 000. Avant qu'on ne les arrête, les Serbes avaient tué environ 10 000 Albanais au Kosovo et ils avaient déplacé des centaines de milliers de personnes en les expulsant de leurs maisons. Pendant toute la guerre, nous avons continué nos efforts diplomatiques pour faire régner la paix. Ces efforts ont été finalement couronnés de succès. Milosevic a capitulé. Les Serbes ont retiré leurs forces de sécurité du Kosovo. Les réfugiés ont eu le droit de rentrer chez eux. Une force de maintien de la paix, conduite par l'OTAN a été mise en place et l'ONU a promu un effort de reconstruction qui a permis depuis plusieurs élections démocratiques.

Comme ce fut le cas dans les guerres précédentes dérivées de la dissolution de la Yougoslavie, les sources du conflit au Kosovo étaient enracinées dans l'histoire religieuse de la région. En plaidant la cause de la Serbie, Milosevic m'a dit que son peuple avait passé des siècles à défendre « l'Europe chrétienne ». L'histoire nationale de la Serbie est le conte épique de la bataille du Kosovo contre les Turcs ottomans sur le champ de bataille, dit Champ des Corbeaux, en 1389. Selon la légende, le prophète Élie offrit au Prince le choix entre la victoire dans la bataille (et un empire dans ce monde) et la défaite (compensée par une place au paradis.) Le Prince choisit la victoire éternelle du paradis. C'est une histoire édifiante et cette histoire joua un rôle dans la résistance des Serbes contre les nazis au cours de la Seconde Guerre mondiale[1]. Le problème est que certains Serbes continuaient à vouloir obtenir leur revanche sur la défaite au Kosovo il y a plus de six cents ans, inspirés qu'ils étaient par un nationalisme féroce et une croyance en leur relation très spéciale avec Dieu.

Pendant que la guerre faisait rage au Kosovo, Václav Havel la caractérisait en ces termes :

> Si l'on peut dire que toute guerre est morale ou faite au nom de principes moraux, cette guerre en est une parfaite illustration. Le Kosovo, [contrairement au Koweit], n'a pas de puits de pétrole et aucun membre de l'OTAN n'a de revendication territoriale. Milosevic ne menace l'intégrité territoriale d'aucun membre de l'alliance. Et cependant l'OTAN est impliqué. C'est un combat qui défend le destin d'autres personnes. C'est un combat mené parce qu'aucune personne ayant des principes ne peut regarder passivement un gouvernement perpétrer l'extermination systématique d'autres personnes... Cette guerre met les droits de l'homme au-dessus des droits des États.

Nous sommes d'accord dans l'ensemble pour dire que la morale, bien que souvent difficile à définir, est essentielle pour garantir l'harmonie de nos relations. Nous nous sentirions davantage en sécurité dans un monde où la conscience servirait de premier guide à nos actions, tant individuelles que nationales. Mais qu'en est-il de la religion ? La religion est sans doute en elle-même l'influence la plus déterminante dans l'éveil de la conscience humaine, mais elle ne reste pas moins une source de conflits et de haine. Après ce dont

1. Quand les leaders serbes choisissaient de collaborer, ils étaient déposés par leurs propres autorités militaires. Dans un message radiodiffusé, le Patriarche orthodoxe serbe expliqua la décision de la résistance : « En ces jours, la question du destin de notre nation s'offre à nous à nouveau. Ce matin à l'aube la question a reçu sa réponse. Nous avons choisi le royaume des cieux – le royaume de la vérité, de la justice, du courage national et de la liberté. Cette idée éternelle est portée dans le cœur de tous les Serbes, préservée dans les oratoires de nos églises, et inscrite sur nos bannières. » En réponse à ce choix héroïque, les nazis ont envahi – mais ils ont dû faire face aux combats impitoyables des partisans serbes.

nous avons été témoins dans les Balkans et dans d'autres régions déchirées par des conflits religieux, devons-nous souhaiter voir la religion prendre plus d'importance ?

Chapitre 5

Foi et diplomatie

Dans une lettre à Thomas Jefferson, John Adams écrivait : « Nous serions dans le meilleur des mondes si la religion n'existait pas !! » Cette citation, bien connue des athées à la recherche d'adeptes, se révèle plus complexe quand on la replace dans son contexte. Le passage d'où elle est extraite est le suivant :

> Au cours de ma dernière lecture, j'ai failli m'exclamer vingt fois : « Nous serions dans le meilleur des mondes si la religion n'existait pas !! Mais j'aurais été… fanatique en proférant une telle exclamation. Sans religion, ce monde serait quelque chose d'innommable, je veux dire que ce serait un enfer. »

Dans sa chanson « Imagine », John Lennon nous invite à rêver d'un monde affranchi des doctrines religieuses. Pour de nombreux incroyants, la religion n'est jamais une solution. Pendant des siècles, disent-ils, des gens se sont rendus misérables au nom de Dieu. On apprend, en étudiant l'histoire, que les guerres où la religion a joué un rôle ont duré plus longtemps et ont été plus barbares que d'autres conflits. Comme le journaliste de gauche I.F. Stone l'observait dans son style acerbe, « trop de gorges ont été coupées au nom de Dieu au cours des âges et Dieu s'est engagé dans trop de guerres. Faire la guerre pour pratiquer un art ou pour piller un butin n'a jamais été aussi néfaste que de faire la guerre parce que ses propres convictions étaient irréconciliables avec les convictions d'un autre. »

La faille dans une telle logique est que, bien que nous sachions fort bien à quoi ressemble un monde aux prises avec des luttes religieuses, nous ne savons pas ce que serait un monde où la foi serait absente. Toutefois, nous en avons une idée grâce à Lénine, Staline, Mao Zedong et j'ajouterais les nazi, qui invoquèrent un christianisme sans âme interdisant et détruisant les racines juives de cette foi. Il est facile de rendre la religion, ou plus exactement ce que certains font au nom de la religion, responsable de tous nos maux, mais ce serait trop simple d'en rester là. La religion est une force puissante, mais son impact dépend entièrement de l'inspiration que l'on en tire. Le défi pour les politiciens est de maîtriser le potentiel d'unification de la foi, tout en écartant sa capacité à créer des divisions. Ceci exige, au moins, que nous nous penchions sur le sujet du spirituel. Trop souvent comme le remarque le théologien catholique Bryan Hehir, « on pense qu'il n'est pas nécessaire de comprendre la religion pour comprendre le monde. Il est indispensable de comprendre la politique, les stratégies, l'économie et le droit, mais on n'a pas besoin de comprendre la religion. Si vous regardez des livres classiques lus dans les formations en relations internationales ou si vous observez la façon dont on organise notre ministère des Affaires étrangères, il n'y a pas de forum où une intelligence fine de la religion, en tant que force publique dans le monde, soit discutée. »

Pour anticiper des événements, au lieu de réagir a posteriori, les diplomates américains auront besoin de suivre le conseil de Hehir et de penser plus en profondeur au rôle de la religion dans les Affaires étrangères, ainsi qu'à leur propre formation en la matière. Ils devraient acquérir la capacité de reconnaître où et comment les croyances religieuses contribuent à des conflits et quand des principes religieux pourraient être invoqués pour résoudre un conflit. Ils devraient aussi réorienter nos institutions de politique étrangère pour prendre pleinement en considération le pouvoir immense que la religion détient en influençant la pensée des gens, la façon dont ils réagissent émotionnellement et celle dont ils passent à l'action. Les signes d'une telle influence sont tout autour de nous dans les vies de peuples de religions différentes. Pour illustrer ce que j'avance je vous offre trois histoires :

En 1981, j'ai visité la Pologne : c'était au cours de la deuxième année du soulèvement mené par le mouvement Solidarnosc contre le gouvernement communiste. J'avais longuement étudié l'Europe Centrale et l'Europe de l'Est où, pendant des décennies, rien n'avait changé. Tout à coup la région dans son ensemble se réveillait comme d'un long sommeil. Une des raisons majeures de ce réveil avait été le retour, pour la première fois, du Pape Jean-Paul II dans sa Pologne natale. Karol Wojtyla, comme il était connu avant d'être pape, professeur, prêtre et archevêque de Cracovie, personnifiait le rôle critique que la religion avait joué dans l'histoire de la Pologne. Tandis que les leaders communistes à Varsovie dictaient aux Polonais ce qu'ils devaient faire, les prêtres des paroisses dans tous les coins du pays continuaient à parler aux Polonais de leurs croyances. Les membres du gouvernement, alarmés à la perspective d'un pèlerinage du Pape, envoyèrent une lettre aux professeurs des écoles dans laquelle Jean Paul II était décrit comme « notre ennemi » et où ils mettaient en garde contre les dangers que représentaient « ses talents hors du commun et son grand sens de l'humour ». Les autorités avaient cependant commis une erreur tactique en permettant aux officiels de l'Église d'organiser la visite, leur laissant la chance de planifier des contacts directs entre le « Pape du peuple » et le peuple du Pape.

Un des titres de l'évêque de Rome est *pontifex maximus,* ce qui veut dire en latin « le plus grand constructeur de ponts ». En Pologne, Jean Paul II a aidé à construire un pont qui allait restaurer finalement les liens entre l'Europe de l'Ouest et l'Europe de l'Est. Les briques de sa construction c'étaient les mots qu'il choisissait prudemment pour montrer le vide au cœur du système communiste, avançant l'argument que si les personnes devaient remplir leurs responsabilités et vivre selon des principes moraux, elles devaient avant tout avoir le droit de le faire. Il exposa clairement sa conviction que le régime totalitaire ne pourrait pas survivre si les Polonais avaient le courage de cesser d'y coopérer. En tout premier lieu, il somma ses compatriotes de ne pas avoir peur, une simple demande qui eut un impact énorme. Lentement tout d'abord, puis pris dans un élan, ceux qui écoutaient le Pape puisaient leur force dans une communication nouvelle. Ils n'étaient plus dans de petits groupes que le régime pouvait contrôler. L'obsession communiste d'isoler des idées dangereuses avait trouvé son antidote. Devant des foules énormes, cet auditoire reconnaissait en chacun les qualités qui leur avaient donné la fierté d'être Polonais : la foi en Dieu et la volonté de prendre des risques pour obtenir leur liberté. Les visites du Pape, car il en fit plusieurs, ont déclenché une révolution dans les esprits. Cette révolution a libéré la Pologne, elle fit tomber le mur de Berlin, elle a réunifié l'Europe et elle a transformé la face du monde.

Le Pape a aidé le peuple de Pologne à surmonter sa peur. Bob Seiple qui servit avec moi au Département d'État comme premier ambassadeur extraordinaire pour la liberté religieuse, m'a raconté une deuxième histoire, cette fois démontrant comment on peut vaincre la haine. C'est l'histoire d'une jeune Libanaise, nommée Mary, qu'il avait rencontrée en travaillant comme directeur de *World Vision*, une organisation chrétienne de secours et de développement. Dans les années 1980, le Liban avait été en proie à une guerre civile destructive menée par un grand nombre de factions. Mary habitait dans un village en majorité chrétien et quand une milice musulmane l'envahit, tout le monde s'est enfui. Dans sa fuite, Mary se prit les pieds dans une racine et tomba tête la première au sol. Alors qu'elle se relevait tant bien que mal, elle était encore sur ses genoux, un jeune homme de près de vingt ans appuya le canon de son pistolet sur sa tempe et lui cria cette sommation : « Renonce à la Croix ou tu meurs. » Mary ne fléchit pas. « Je suis née chrétienne, je mourrai chrétienne », lui dit-elle. Il tira une balle qui traversa le cou et la colonne vertébrale de Mary. Sans aucun remords, ce milicien traça une croix sur sa poitrine avec sa baïonnette et la laissa pour morte.

Le lendemain, la milice revint et se préparait à occuper le village. Alors qu'ils déblayaient les morts, ils tombèrent sur le corps de Mary, toujours en vie mais incapable de bouger ; elle était paralysée. Au lieu de l'achever, les miliciens fabriquèrent un brancard avec des morceaux de bois et du tissu et l'emmenèrent à l'hôpital. Seiple raconte :

« En parlant à Mary, assise devant moi, je lui dis : « Mary, ça n'a absolument aucun sens. Ces gens sont ceux qui ont essayé de vous tuer. Pourquoi vous ont-ils conduite à l'hôpital le lendemain ? »

Elle me dit : « Vous savez, quelquefois de mauvaises personnes apprennent à faire de bonnes actions. »

Et je lui ai répondu : « Mary, que pensez-vous de la personne qui a tiré sur vous ? Vous voilà maintenant, une femme arabe dans un pays occupé par deux forces étrangères à la fois, les Israéliens au sud, les Syriens partout ailleurs, attachée dans un fauteuil roulant, prisonnière de votre propre corps, à la charge de l'État pour le reste de votre vie. Que ressentez-vous à l'égard de celui qui vous a tiré dessus ? »

Elle me dit : « Je lui ai pardonné. »

« Mary, comment vous est-il possible de lui pardonner ? »

« Eh bien, je lui ai pardonné parce que mon Dieu m'a pardonné. C'est aussi simple que cela. »

Aux yeux de Seiple, il y a deux leçons à tirer de cette histoire. La première est qu'il y a des gens qui sont prêts à mourir et à tuer au nom de leur foi. Ceci était vrai il y a des milliers d'années et c'est encore vrai de nos jours. La seconde leçon est que la religion, dans ce qu'elle offre de meilleur, enseigne le pardon et la réconciliation, non seulement dans des cas relativement aisés, mais encore quand ils sont incroyablement difficiles. (Il va sans dire que Mary est une personne plus magnanime que beaucoup, y compris moi-même.)

La troisième histoire est celle d'un jeune garçon, au regard hanté, que j'ai rencontré un après midi caniculaire en décembre 1997, pendant mon premier voyage en Afrique en tant que Secrétaire d'État. Ce jeune enfant paraissait avoir cinq ans et parlait d'une voix douce, dénuée de toute émotion. Il me raconta que deux semaines auparavant, le petit village où sa famille habitait avait été attaqué. Sa mère l'avait plaqué au sol en l'abritant de son propre corps. Quand le calme fut rétabli, il se libéra de dessous son corps et regarda autour de lui. Sa mère était morte. Les corps d'autres femmes gisaient tout près, plus d'une douzaine, noyés dans le sang. Il entendit alors un bébé pleurer. C'était sa sœur, au milieu des cadavres. Il prit le bébé dans ses bras et se mit à marcher. Le bébé pleura pendant des heures, tout le temps du trajet que fit le jeune garçon, avançant péniblement dans les collines et sur les sentiers rocailleux. Il alla jusqu'à un lieu où il savait, par expérience, qu'on l'accueillerait et qu'il serait en sécurité.

Ce lieu était Gulu, une ville dans une région isolée du Nord de l'Ouganda. *World Vision* y avait établi un camp et un hôpital, un havre pour les villageois locaux terrorisés par des milices hors-la-loi. Les dix années précédentes, environ huit mille enfants avaient été kidnappés. La plupart étaient comptés pour morts. Les garçons qui avaient survécu et ne s'étaient pas échappés, étaient enrôlés dans des groupes rebelles armés. Les filles étaient prises comme servantes ou comme « épouses ».

Les officiels du camp accusaient les leaders rebelles d'avoir déformé la religion en une réalité grotesque. Cette tragédie avait commencé en 1986 alors qu'un changement de gouvernement menaçait les privilèges d'une tribu dominante jusqu'alors, les Acholi. La peur est une force qui fait agir et les Acholi craignaient une revanche contre les abus qu'ils avaient commis pendant leurs années au pouvoir. Or, il arriva une femme d'une trentaine d'années qui contre toute attente se posa en sauveur de la tribu. Elle s'appelait Alice Auma et elle affirmait qu'elle communiquait avec les esprits, une proclamation rare mais certainement pas unique dans sa culture. Elle dit à ses compagnons qu'elle avait été possédée par un officier militaire italien qui lui avait ordonné d'organiser une armée et de reprendre Kampala, la capitale de l'Ouganda. Une fois la victoire assurée, selon les ordres des esprits, les Acholi se purifieraient en demandant le pardon. La campagne sacrée d'Auma fut lancée, mais son inspiration surnaturelle n'avait pas de puissance militaire en contre-partie. Après quelques premiers succès, le mouvement armé de bâtons, de pierres et de fétiches vaudou, connut une défaite écrasante. Auma, abandonnée par l'esprit de l'officier italien, trouva refuge au-delà de la frontière, au Kenya.

L'histoire se terminerait là si Joseph Kony, le neveu d'Auma, n'avait pas décidé de reprendre la cause de la guerre sainte en rassemblant des groupes rebelles de tous bords en une seule armée qu'il appela *The Lord's Resistance Army, (LRA)* ou l'Armée de la Résistance du Seigneur. À partir de 1987, cette armée attaqua des villages dans tout le pays, ciblant les gouvernements locaux et les travailleurs bénévoles. Kony ne recrute pas d'adultes. Ceux-ci hésitent à s'engager dans son armée, de plus ils sont difficiles à contrôler. Alors il kidnappe des enfants pour remplir les rangs. Une fois capturés, les enfants sont forcés d'obéir sous peine de mort. Cette obéissance implique la volonté de tuer quiconque, y compris les autres enfants de cette armée. La discipline est assurée à coups de bâtons et de fouets et va jusqu'à des amputations justifiées par l'interprétation de Kony de l'Ancien Testament. La mission de son armée est de renverser le gouvernement de l'Ouganda et de le remplacer par un gouvernement fondé sur les Dix Commandements, plus exactement, dix plus un. Le onzième, ajouté selon les ordres de Kony dans le but de restreindre les mouvements de ses adversaires est : « Tu ne te déplaceras pas à bicyclette. »

Née elle-même de la peur, cette armée survit depuis vingt ans en terrorisant les autres. Le gouvernement de l'Ouganda a oscillé entre des essais de pourparlers de paix avec cette armée et des tentatives de l'éliminer, mais les officiels manquent des ressources nécessaires pour protéger les populations qui vivent à proximité des forces rebelles. Cette tâche est revenue à *World Vision* et à d'autres organisations de ce type dont les ressources sont aussi limitées, comme j'ai pu le voir lors de ma visite au camp de Gulu. Les pourtours de ce camp me rappelaient des images que j'avais vues de la Guerre de Crimée. L'hôpital du camp était pollué d'un mélange d'odeurs de désinfectant et d'excréments humains. De vieux équipements d'intraveineuses étaient terriblement défectueux. Des moustiques volaient partout. Il y avait des centaines de malades, la plupart d'entre eux étaient des enfants, beaucoup couverts de blessures et de cicatrices, certains d'entre eux étaient amputés. J'ai rencontré un groupe de jeunes adolescentes assises sur des matelas, occupées à se faire des tresses. Elles avaient l'air en âge d'être au collège, mais beaucoup d'entre elles étaient déjà mères et les pères de leurs bébés étaient les membres de l'armée qui les avaient violées. Une d'elles qui portait un T-shirt de Mickey Mouse, se confia : « Même si vous étiez une très jeune fille, on vous donnait à un homme qui avait l'âge d'être votre père. »

Comme je m'apprêtais à partir, un jeune homme s'approcha de moi avec un bébé dans les bras : « C'est ce bébé que le petit garçon nous a amené, sa petite sœur. Elle s'appelle *Charity.* » J'ai pris cette petite orpheline dans mes bras et on m'expliqua qu'on l'avait prénommée *Charity* d'après le nom d'une des nombreuses bénévoles de la mission. Il y avait des souffrances terribles dans cette mission, mais aussi une joie invincible. Les malades et les bénévoles riaient, chantaient, jouaient et chacun prenait soin de tous. Le docteur italien qui dirigeait l'hôpital était à Gulu depuis plus de vingt ans. Quel contraste entre la foi qui se manifeste dans un tel don de soi et les folies tordues de l'armée de Kony.[1]

Ce que ces histoires mettent en lumière et ce que la foi religieuse aide à comprendre en général, c'est que nous partageons tous le même destin, aussi lointain qu'il puisse nous paraître

---

1. En octobre 2005, La Cour de Justice Criminelle Internationale a émis des mandats d'arrêt contre Joseph Kony et quatre autres leaders de son armée, pour crimes contre l'humanité. La Cour, cependant, n'a aucun moyen de faire exécuter ces mandats d'arrêt.

parfois. Nous sommes tous créés à l'image de Dieu. Ce qui en fait nous rend responsables de notre prochain. Ce principe offre un solide fondement pour la religion et il nous donne aussi un critère acceptable pour s'occuper des affaires temporelles de la société. Ce qui complique les choses c'est que la religion peut être interprétée de certaines façons qui empêcheront de nombreuses personnes de se sentir partie prenante de ce destin commun. Ceux qui sont profondément investis de cette foi religieuse, le Pape Jean-Paul II, cette jeune fille Mary dans l'histoire de Bob Seiple et les bénévoles de Gulu, eux peuvent affirmer : « Nous sommes tous les enfants de Dieu. » Mais beaucoup d'autres seront enclins à suivre leurs propres convictions et à conclure dans un désaccord final : « J'ai raison, vous avez tort, allez vous faire voir ! »

J'ai participé un jour à un colloque avec l'écrivain et penseur juif, Élie Wiesel, un survivant des camps de la mort. Il évoqua un rassemblement au cours duquel on avait demandé à des intellectuels de nommer le personnage le plus malheureux de la Bible. Certains nommèrent Job, à cause des tribulations qu'il eut à endurer. Certains dirent Moïse, parce qu'il n'était jamais entré en Terre Promise. D'autres choisirent la Vierge Marie parce qu'elle avait assisté à la mort de son propre fils. La meilleure réponse, suggéra Wiesel, serait en fait Dieu, à cause de la souffrance ressentie devant les combats, les tueries et les abus commis en Son Nom.

C'est la raison pour laquelle tant de politiciens en affaires étrangères, moi incluse, cherchent à séparer la religion des affaires politiques, pour bien préserver la logique des croyances qui transcendent cette logique. Il est déjà très difficile de séparer un territoire entre deux groupes sur la base d'une égalité légale ou économique. Il est encore beaucoup plus difficile de le faire si l'un des deux groupes en question revendique ce territoire au nom d'un héritage divin. Mais les motivations religieuses ne disparaissent pas simplement parce qu'on n'en parle pas. On croit souvent que ces motivations ont l'air de se taire, mais elles ne manquent jamais de réapparaître au moment le plus crucial d'un débat. Comme ce fut le cas dans notre expérience avec l'Iran, les États-Unis n'ont pas toujours suffisamment bien compris ce phénomène. Pour faire respecter leur leadership au niveau international, les politiciens américains doivent étudier les religions autant qu'il leur est possible et tenir compte de leurs connaissances dans leurs stratégies. Bryan Hehir a comparé ce défi à une chirurgie cérébrale, une tâche nécessaire, mais fatale si elle est bâclée.

Dans tout conflit, la réconciliation devient possible quand les parties aux prises les unes avec les autres cessent de se déshumaniser et commencent à se reconnaître un peu dans leur ennemi. C'est pourquoi il existe cette technique classique de négociations qui consiste à demander à chacun de se mettre à la place de l'autre. Ceci s'avère souvent moins difficile qu'on pourrait le croire. Le fait même que ces adversaires se soient battus sur la même idée ou le même enjeu, peut fournir une base d'entente. Pendant des siècles les catholiques et les protestants se sont opposés pour s'arroger une domination religieuse en Europe. C'était là un point commun : vouloir être le premier. Depuis plus longtemps encore, les chrétiens, les musulmans et les juifs s'opposent à propos de Jérusalem. Là encore, ils ont un point commun : ils veulent occuper le même lieu. Dans certaines parties de l'Inde ou de l'Afrique, les chrétiens et les musulmans se battent, mais ils ont en commun ce désir de pouvoir pratiquer leur religion en toute liberté et sans peur de représailles. Quand des groupes poursuivent le même but, chacun devrait pouvoir comprendre la motivation de l'autre. Pour aplanir leurs différences, ils ont besoin de trouver une formule pour partager ce que chacun désire – tâche complexe certes, mais qui devrait pouvoir s'accomplir en faisant appel à la raison.

Tous les conflits ne se prêtent pas à ce type de négociation. Pendant la Seconde Guerre mondiale, les Alliés et l'Axe d'Hitler se battaient pour deux visions totalement différentes de l'avenir. Aujourd'hui, le désir obsessionnel d'Al-Qaïda de mener une guerre de vengeance avec pour arme la terreur, ne permet pas d'envisager de compromis. Cependant, dans la plupart des cas, une réconciliation sera éminemment préférable à une situation sans issue ou à la guerre. Mais comment parvenir à cette réconciliation ?

Quand les protagonistes d'un conflit se réclament d'une certaine foi, un négociateur reconnu compétent en la matière et dont l'intégrité ne peut pas être remise en question, pourra peut-être les interpeller et leur ôter l'atout du bluff. Si les combattants défendent la moralité de leur cause, comment cette moralité se traduit-elle dans leurs actions ? Laissent-ils leur religion guider leurs actes ou l'utilisent-ils à des fins rhétoriques pour avoir gain de cause ? Leur foi leur a-t-elle inculqué le sens de la responsabilité envers les autres ou au contraire leur a-t-elle donné un sentiment de supériorité qui les fait regarder les droits et les opinions des autres comme quantités négligeables ?

Si j'étais Secrétaire d'État aujourd'hui, je ne chercherais pas à arbitrer des différends sur la base de principes religieux, pas plus qu'à négocier seule les détails complexes d'un accord commercial ou d'un pacte sur l'armement. Dans chaque cas, je me tournerais vers des experts plus compétents que moi, ce qui permettrait d'identifier les problèmes majeurs et de proposer un plan d'action. Il se peut très bien que mon implication ou celle du président, soit nécessaire pour sceller un accord, mais les grandes lignes de cet accord seraient tracées par ceux qui seraient capables d'en saisir toutes les nuances. Quand j'étais Secrétaire d'État, j'avais autour de moi un staff complet d'experts économiques vers qui je pouvais me tourner et une autre équipe d'experts sur la non-prolifération et le contrôle des armes, dont la maîtrise du jargon technique leur valut le surnom de « clergé ». À l'exception du célèbre ambassadeur Seiple, je n'avais pas d'experts de même niveau pour intégrer les principes religieux dans mes efforts diplomatiques. Vu l'état du monde de nos jours, une expertise dans ce domaine est essentielle.

Si la diplomatie est l'art de persuader les autres d'agir selon ses propres vœux, une politique étrangère efficace exige que l'on comprenne pourquoi les autres agissent comme ils le font. Nous avons la chance que dans l'article de la Constitution américaine, qui établit la séparation de l'Église et de l'État, il ne soit pas stipulé que l'on doive rester ignorant de ce qui touche à l'Église, à la mosquée, à la synagogue, à la pagode et au temple. À l'avenir, aucun ambassadeur ne devrait être nommé à un poste, sans une connaissance approfondie des croyances religieuses vécues dans les pays où ils prendront leurs fonctions. Les ambassadeurs et leurs représentants, quelles que soient leurs affectations, devraient créer des liens avec les leaders religieux du pays. Le Département d'État devrait engager ou former une équipe de spécialistes en religion que l'on pourrait envoyer en renfort, selon les besoins, à Washington et dans des ambassades-clé à l'étranger.

En 1994, le Centre d'Études Stratégiques Internationales publia un livre intitulé : *La religion ou la carence en Science Politique*. La thèse du livre est que la religion joue un rôle effectif dans le politique et les auteurs préconisent l'utilisation de ressources spirituelles pour aider à résoudre les conflits. Douglas Johnston, un des coauteurs du livre, créa dans la foulée le Centre International pour la Religion et la Diplomatie (ICRD), qui continue à étudier ce qu'il appelle « la diplomatie ancrée dans la foi », tout en jouant également un rôle important de médiation dans les conflits au Cachemire, au Pakistan et en Iran. Johnston, ancien officier de marine et haut fonctionnaire du Département d'État, est convaincu qu'habituellement, toute personne importante dans une situation donnée, n'est pas forcément néfaste et ceux qui passent pour les méchants ne le sont pas sur toute la ligne ni tout le temps. Il va même jusqu'à dire qu'un négociateur qui agit selon sa foi dispose de moyens qu'un diplomate conventionnel n'a pas, à savoir la prière, le jeûne, le pardon, la pénitence et les Écritures.

Une initiative comme le Centre International pour la Religion et la Diplomatie (ICRD) n'est pas unique en son genre. Après avoir quitté le Département d'État, Bob Seiple fonda l'Institut pour un Engagement Global, qui travaille à améliorer les climats de liberté religieuse dans des nations aussi imprévisibles que l'Ouzbékistan et le Laos. La devise de cet Institut est : « Connais d'abord les profondeurs et les richesses de ta foi, puis connais la foi d'autrui suffisamment pour la respecter. »

Pendant mon mandat, j'ai eu l'occasion de travailler en collaboration étroite avec la communauté de Sant'Egidio, un mouvement de laïcs qui vit le jour dans les années 1960, inspiré par le Concile Vatican II et le Pape Jean XXIII. Pendant plusieurs années, Sant'Egidio mena à bon terme des négociations qui mirent fin à la guerre civile sanglante au Mozambique[1]. Cette communauté a aussi joué un rôle positif dans plusieurs situations, au Kosovo, en Algérie, au Burundi et au Congo. La communauté considère la prière, le service auprès des plus défavorisés, l'œcuménisme et le dialogue comme autant de pierres à l'édification d'une coopération interreligieuse dans la recherche de solutions aux conflits.

Il existe de nombreuses autres organisations d'inspiration religieuse, représentant chaque religion majeure, qui travaillent dans le même sens. Elles ont d'autant plus de chances de succès si elles travaillent dans un esprit de coopération, partageant leurs ressources et leurs recherches et si elles se concentrent sur une spécialité. Certaines se montrent plus aptes à négocier, d'autres savent mieux aider d'anciens combattants à réintégrer la vie civile. D'autres mettent l'accent sur les actions préventives, qui permettront de trouver une solution à un problème avant qu'il n'explose en conflit violent. Beaucoup de ces organisations possèdent une expertise dans le domaine du développement économique ou celui des fondements d'une démocratie, deux garanties de prévention de guerre. Dans leur totalité, ces organisations militantes ont plus de ressources, plus de personnel compétent, plus de recul et de vues à long terme, plus d'expériences et plus de dévouement que n'importe quel gouvernement, sans parler de leurs succès dans leurs efforts de réconciliation.

L'exemple le plus célèbre de travaux de paix fondés sur le spirituel fut orchestré par le président Jimmy Carter à Camp David en

1. Cf. *La paix préventive* de Andrea Riccardi, président de Sant'Egidio, Éditions Salvator, 2005. Prix Méditerranée. (*NdE)*

1978. La plupart des observateurs reconnaissent que l'accord de paix n'aurait pu aboutir sans la capacité de Carter de comprendre et de faire appel aux convictions profondes du président Sadate et du premier ministre Begin. J'ai récemment demandé à l'ancien président comment les politiciens devraient intégrer la religion dans le casse-tête de la politique étrangère. Il m'a répondu qu'il n'était pas possible de dissocier ce que les gens ressentent et croient dans le domaine spirituel des décisions qu'ils prendront en matière de politique. « C'est une opportunité à saisir », selon lui, « car les éléments de base des religions majeures sont très semblables, l'humilité, la justice et la paix. » Il me confia aussi que, dans la diplomatie de coulisses qu'il est souvent amené à conduire par le biais du Carter Center, un des aspects de sa recherche préliminaire est de s'enquérir si les deux parties en cause partagent la même foi. Il m'a assuré qu'il était souvent plus simple de négocier avec des gens de fois totalement différentes qu'avec ceux qui partagent une religion mais se disputent sur l'interprétation de cette religion. En tant que baptiste modéré, Carter avoue qu'il est moins compliqué d'avoir une conversation avec un catholique qu'avec un baptiste fondamentaliste. Avec le catholique, il est plus facile d'accepter les différences qui les séparent sans se sentir obligé de les remettre en question.

Quand j'ai abordé le même sujet avec Bill Clinton, il a souligné deux points. En premier, les leaders religieux peuvent aider à protéger un processus de paix avant, pendant et après les négociations, par un dialogue et des déclarations publiques. Et en cela ils peuvent faciliter l'obtention d'un accord et en assurer la durée. Deuxièmement, afin de persuader des personnes de croyances religieuses différentes de travailler ensemble, il faut séparer ce qui est matière à interprétation dans les Écritures de ce qui ne l'est pas. « Si vous avez à faire à des gens qui professent leur foi » me dit-il, « ils doivent croire en un Créateur. S'ils croient en un Créateur, ils devraient croire que Dieu a créé tous les hommes. Cette croyance les fait passer du spécifique à l'universel. À partir du moment où ils affirment leur humanité comme base commune, il devient plus difficile de s'entretuer. C'est alors que l'on peut aborder l'idée d'un compromis parce qu'ils auront admis qu'ils sont devant des hommes comme eux et non en présence de quelque incarnation de Satan ou d'une race infra-humaine quelconque. »

Une diplomatie intégrant la religion peut devenir un outil précieux en politique étrangère. Je me garde de dire, cependant, qu'elle peut se substituer à la diplomatie traditionnelle. Souvent les personnes impliquées dans une situation dramatique sont réfractaires ou du moins très méfiantes vis-à-vis d'appels lancés sur des bases morales ou religieuses. Mais sans s'attendre à des miracles, on n'a rien à perdre en essayant une telle approche. La réapparition du sentiment spirituel continuera à influencer les événements mondiaux. Non seulement les politiciens américains ne peuvent pas se permettre de négliger ce sujet, mais ils devraient voir là une chance à saisir. Dans ce qu'elle a de meilleur à offrir, la religion peut renforcer les valeurs essentielles pour que des gens de cultures différentes puissent vivre dans une certaine harmonie. Il nous appartient d'en tirer le meilleur parti.

Chapitre 6

Le diable et Madeleine Albright

Entre 1981 et 1993, je n'étais pas au gouvernement. J'ai poursuivi une carrière universitaire et je suis devenue conseillère des candidats démocrates à la Maison Blanche qui, jusqu'à l'arrivée de Bill Clinton, ont essuyé des défaites retentissantes. À la fin de cette période, je suis rentrée à nouveau au gouvernement et j'ai trouvé un monde transformé par le démantèlement de l'Union soviétique, la réunification de l'Europe et la victoire de la coalition dans l'Opération *Desert Storm.* C'était un moment extraordinaire. Le monde entier était en effervescence, le mur de Berlin était tombé, des millions de gens étaient soudain libres. Il m'apparut clairement alors qu'il fallait saisir l'occasion pour essayer de remettre en œuvre une politique étrangère dans un esprit de collaboration entre les deux grands partis américains. Les conservateurs et les libéraux s'étaient copieusement querellés sur les méthodes à suivre pour combattre le communisme. Cette menace étant maintenant éliminée, qu'est-ce qui pouvait nous diviser ?

Il s'avéra que cette question ne manquait pas de réponses. Lorsque je me suis mise au travail à New York à mon nouveau poste d'ambassadrice américaine à l'ONU, je me suis vite rendu compte que notre politique vis-à-vis de cette institution était au cœur d'une nouvelle fracture nationale. D'un côté, il y avait les partisans d'une coopération avec l'ONU pour s'attaquer aux problèmes mondiaux et de l'autre il y avait les chrétiens conservateurs dont le mouvement prenait de plus en plus de pouvoir. J'étais, bien sûr, au courant des réseaux très influents de ce mouvement de la droite ultra-conservatrice et de leurs stations de radio et chaînes de télévision dont les antennes fleurissaient partout, dans tous les États des États-Unis. Ce qui me surprit, c'est l'ampleur de leur mobilisation politique pour repousser le danger de ce qu'ils percevaient comme un assaut contre les valeurs familiales traditionnelles. Pendant les vingt-cinq années précédentes, la Cour suprême avait interprété la Constitution comme une garantie du droit des femmes à l'avortement ; l'éducation sexuelle faisait désormais partie des programmes scolaires ; on avait interdit les prières dans les écoles publiques ; les féministes avaient fait campagne pour un amendement de la Constitution en faveur de l'égalité des droits de la femme ; les homosexuels et les lesbiennes affichaient désormais librement leur style de vie ; et Hollywood offrait pour « loisirs » des films qui contenaient de fortes doses de sexe et de vulgarité. Quant à la musique populaire, les parents qui avaient pu s'offusquer du déhanchement d'Elvis Presley et des coupes de cheveux des Beatles de Liverpool, se voyaient désormais confrontés à des créatures androgynes qui mettaient le feu à leurs guitares en hurlant des paroles indéchiffrables sur des musiques qui n'en avaient que le nom.

Certaines de ces nouvelles tendances avaient trait aux droits des individus et d'autres concernaient l'évolution de la culture populaire. Ce sont des catégories différentes, mais l'ensemble de ces courants constituait une menace aux yeux des chrétiens conservateurs. Personnellement j'avais bien accueilli certains changements et je m'efforçais d'ignorer les autres. Je suis contre une discrimination envers les homosexuels et les lesbiennes et je suis convaincue que l'adultère hétérosexuel est une plus grande menace contre l'institution du mariage que l'homosexualité ne le sera jamais. Je crois aussi que l'éducation sexuelle est une prévention qui apporte plus de solutions qu'elle ne crée de problèmes.

Je soutiens la décision de la Cour suprême dans la jurisprudence *Roe vs. Wade*[1] parce que je pense que les femmes doivent avoir le droit de prendre leur propre décision sur ce sujet et aussi parce que les avortements illégaux mettent trop souvent la vie de la mère en danger. Le président Clinton offre une position pertinente qui me semble résumer le débat : l'avortement doit être fait dans des conditions médicales adéquates, il doit être légal, il doit être rare et l'on doit mettre tout en œuvre pour encourager la solution de l'adoption comme alternative à l'avortement et réduire les grossesses non désirées en améliorant la condition sociale des femmes concernées et en leur apportant le soutien psychologique nécessaire. Quant à la télévision, au cinéma et à la radio, je suis contre une censure de leurs programmes, mais je suis choquée par la vulgarité et la violence. Je suis mortifiée de voir l'image donnée par l'Amérique d'elle-même à l'étranger, influencée par des programmes de télévision de bas niveau et des films violents de mauvais goût. En tant que mère et grand-mère, je suis souvent tentée d'infliger une bonne correction aux auteurs de ces productions, je suis en faveur des logiciels de contrôle qui permettent de censurer son propre poste de télévision et j'applaudis aussi aux âges minimum donnés en avertissement aux films et aux spectacles. Quant aux pirates de l'internet, je pense qu'ils méritent les plus sévères traitements et je maintiens ma position sur ce point sans crainte d'être étiquetée comme une prude d'un autre temps.

En dépit de la pollution que les jeunes peuvent subir sous forme de bruits de fond permanents, j'ai magnifiquement réussi l'éducation de mes trois filles et dans l'ensemble je ne m'en suis pas mal sortie non plus. Si j'éprouve un dégoût pour une émission, je change de chaîne ou je m'en vais. Mais de toute évidence les chrétiens conservateurs sont beaucoup plus troublés que moi. À l'instar

1. *Roe vs. Wade,* 410 U.S. 113 (1973) est la référence du dossier présenté devant la Cour suprême des États-Unis, dont la décision a permis de trancher en faveur de la légalisation de l'avortement aux États-Unis. *(Note du traducteur)*

des conservateurs religieux de l'Iran prérévolutionnaire, ils croient que leurs valeurs primordiales sont attaquées et que la société les force à élever leurs enfants dans un environnement hostile qui bafoue leurs plus profondes croyances. Beaucoup souscrivent à l'argument que des forces du mal conspirent contre eux et qu'ils doivent rallier leurs troupes et se défendre. Un des leaders chrétiens conservateurs, James Dobson, décrit ces gens comme « tout simplement des gens ordinaires… qui essaient d'élever leurs enfants… de faire leur devoir… et de faire face aux pressions auxquelles ils sont soumis. Ils sont inquiets de ce que leurs enfants entendent dans les séances d'éducation sexuelle qui recommandent l'usage des préservatifs. Ils sont inquiets à cause de la drogue de plus en plus répandue. Ils sont inquiets des maladies transmises sexuellement. Ils sont particulièrement inquiets de voir que la culture ambiante est en porte-à-faux avec leurs propres croyances. »

Jesse Helms, sénateur de Caroline du Nord, avait abordé le problème de front et certains de ses écrits résonnaient avec plus de véhémence. « Dans les vingt-cinq dernières années plus particulièrement, le gouvernement fédéral n'a même pas essayé de cacher son hostilité envers la religion. À présent que beaucoup de nos Églises sont en plein désarroi, il s'attaque à la famille, le dernier bastion de ceux qui s'opposent à un État totalitaire. Des militants athées et des socialistes sont allés très loin pour imposer leurs vues dans pratiquement chaque institution américaine. » Le résultat de tout cela, déclara Helms, se voit « dans nos écoles où règne l'athéisme, dans la montée de la criminalité, dans les foyers où Dieu n'a aucune place, dans la drogue, l'avortement, la pornographie, le laisser-aller et dans un cynisme et un vide spirituel absolument sans précédent dans l'histoire de notre pays ».

Quand j'ai pris mes fonctions à l'ONU, les chrétiens conservateurs représentaient une force politique en pleine croissance. Le sénateur Helms était vice-président de la commission sénatoriale des Affaires étrangères. Le révérend Pat Robertson de la *Christian*

Coalition[1] avait acquis une influence majeure au sein du Parti Républicain. Le groupe féminin qui rassemblait le plus de membres n'était plus l'organisation laïque de la *National Organization for Women (NOW)*, mais un groupe composé de chrétiennes conservatrices, regroupées dans l'organisation *Concerned Women for America (CWA)*. Ce mouvement avait établi une liste de sujets qu'il fallait affronter sur la scène internationale qui se faisait l'écho de leurs préoccupations en politique intérieure : l'avortement, les menaces contre la souveraineté américaine et la « trahison » des valeurs de la famille. Pour la droite chrétienne, à l'intérieur des États-Unis, le gouvernement omniprésent devenait l'ennemi de tout bien. Et dans l'arène internationale, le gouvernement du monde, représenté par les Nations Unies, jouait le rôle du traître.

En 1991, Pat Robertson avait publié un best-seller, *The New World Order*, dans lequel il décrivait le complot qui cherchait à mettre en place un « dictateur satanique » qui nous prendrait tous sous sa coupe.[2]

Une fois au pouvoir, le dictateur contrôlerait chaque aspect de nos vies. Toute activité humaine serait surveillée par satellites. Chaque homme, chaque femme et chaque enfant seraient tenus de porter une carte d'identité internationale. La liberté de culte serait abolie et le droit de posséder des armes serait révoqué. Toute personne qui profèrerait des mots politiquement incorrects serait

1. La *Christian Coalition of America* (« Coalition chrétienne d'Amérique ») est un groupe de pression politique chrétien des États-Unis, qui rassemble des fondamentalistes chrétiens, des évangéliques, des catholiques romains et des membres des Églises protestantes. La *Christian Coalition* fut fondée par le révérend Pat Robertson. *(Note du traducteur.)*

2. Selon Robertson, la conspiration datait de 1776, où elle avait vu le jour en Bavière et ne faisait que prendre de l'ampleur depuis. La liste des conspirateurs, participants engagés de leur propre gré et dupes manipulés, inclut l'ordre ancien des Francs-Maçons, les leaders de la Révolution française, Karl Marx, Margaret Sanger (la première présidente de l'organisation du Planning Familial *Planned Parenthood*), Adolf Hitler, les Rockefeller, Henry Kissinger, la Commission Trilatérale, les auteurs de la littérature « *New Age* », les administrateurs des institutions financières internationales, les créateurs du billet du dollar américain, Zbigniew Brzezinski et les membres du Conseil des Affaires étrangères, *Council on Foreign Relations* (au conseil d'administration duquel je siège.)

passible de poursuites devant un tribunal international, lequel pourrait être régi par le droit islamique. Aucun commerce ne pourrait avoir lieu sans la permission des autorités internationales. Les enfants seraient endoctrinés dès la naissance pour obéir à des maîtres maléfiques et l'armée américaine pourrait recevoir l'ordre des Nations Unies d'envahir Israël. « Dans les deux cents dernières années » déclara Robertson, « le terme "Nouvel Ordre du Monde" a caché l'intention de détruire la foi chrétienne… Ses partisans cherchent à la remplacer par une dictature socialiste inspirée par des forces occultes. » Naturellement, selon Robertson, le siège de cette dictature internationale serait les Nations Unies.

J'avais imaginé, en tant qu'ambassadrice à l'ONU, que la meilleure façon de faire taire mes critiques internes serait de m'efforcer d'améliorer le fonctionnement de cet organisme. Ce que je n'avais pas compris, en fait, c'était que ces critiques, pour une large part, n'avaient aucun intérêt à voir l'ONU gagner en efficacité. Pour eux, j'étais moins une diplomate soucieuse de protéger les intérêts des Américains que je n'étais – littéralement – l'avocat du diable. Quand je partais en campagne aux États-Unis pour expliquer mes projets de réforme à l'ONU, je me trouvais souvent sur la défensive, m'efforçant de réfuter les malentendus dans l'esprit de mes interrogateurs inquiets. Non, leur disais-je, l'ONU ne va pas percevoir d'impôt international sur le revenu, l'ONU n'a aucune autorité pour nous impliquer dans une guerre, l'ONU n'a aucune intention de confisquer vos revolvers, pas plus qu'elle ne cherche à abolir le concept de la propriété privée, l'ONU n'a pas d'escadrilles d'hélicoptères qui survolent les villes américaines la nuit. Et l'ONU ne complote pas pour contrôler la planète.

L'idée que l'ONU a, ou aura jamais, la capacité de dominer les États-Unis est risible. L'ONU détient son autorité de ses membres. C'est un serviteur et non un maître. L'ONU n'a pas de force armée propre, aucune autorité pour arrêter qui que ce soit, aucun droit de lever des impôts, aucun droit de légiférer et aucun pouvoir pour passer outre les résolutions d'aucun traité. Son Assemblée générale a peu d'autorité. Le Conseil de sécurité, qui lui, au moins, a l'autorité nécessaire pour lancer une action, ne peut pas le faire sans notre accord. Les États-Unis ont pouvoir de veto sur toute action qui serait contraire à ses intérêts. Alors où réside le danger ?

Ce qu'il faut savoir en revanche c'est que l'ONU nourrit 90 millions de personnes chaque année grâce à son programme alimentaire mondial (*UN World Food Program).* Le haut commissaire des Nations Unies auprès des réfugiés est l'intermédiaire international qui permet de garder en vie les sans-abri et les personnes déplacées dans le monde. La fondation de l'ONU pour l'enfance (*UN Children's Fund)* a lancé une campagne pour mettre fin aux mariages forcés des enfants. La commission de l'ONU sur le sida (*UNAIDS)* est l'organisme qui a eu l'initiative de coordonner les efforts dans le monde entier pour vaincre le sida et soigner les séropositifs. Enfin le programme de l'ONU pour la protection des populations (*UN Population Fund)* aide les familles à suivre un planning familial, permet aux mères de survivre et aux enfants de grandir en bonne santé dans les pays les plus défavorisés de la planète. Et tout cela, comme je le soulignais dans mes interventions, pour un coût annuel dérisoire pour l'Américain moyen : le prix d'une place de cinéma.[1]

Il faut cependant reconnaître que, dans certains cas, l'ONU fournit elle-même des armes à ses opposants. Comme le font toutes les organisations internationales, l'ONU maintient une liste d'associations non officielles qui ont le droit d'envoyer des observateurs aux réunions et aux conférences. Un de ces groupes, dont j'ai appris l'existence par la presse, était l'Association Nationale des Pédérastes (*National Man/Boy Love Association [NAMBLA]).* Quelle ne fut pas ma stupeur, un jour où je regardais les informations chez

1. L'hostilité contre les Nations Unies est toujours aussi forte parmi les groupes politiques américains de droite. Voici un extrait du programme officiel de la campagne électorale des Républicains texans en 2004 : « Le parti croit que dans le plus grand intérêt des citoyens américains, il faut que les États-Unis se retirent en tant que membres des Nations Unies et abandonnent toute contribution financière et militaire destinée à cette institution… Le parti recommande que le Congrès expulse les Nations Unies du sol américain. »

moi, de voir un reportage illustrant le lien entre NAMBLA et les Nations Unies. L'image suivante me montrait levant la main pour voter une mesure de routine quelconque, mais donnait l'impression que je votais en faveur des relations pédérastes. Le satiriste le plus habile n'aurait pas pu inventer une juxtaposition plus infamante. Il me fallut des mois de travaux d'approche très complexes, en subissant le concert des gorges chaudes de la presse réactionnaire, pour faire éliminer NAMBLA de la liste de l'ONU.

Le plus souvent, les excès de l'Assemblée générale des Nations Unies avaient l'art d'attirer les critiques des conservateurs, mais l'occasion parfaite qui déchaîna les passions de la droite chrétienne fut le quatrième congrès mondial sur la femme qui eut lieu à Pékin en 1995. Voilà donc un congrès, organisé pour la promotion du statut de la femme, sous les auspices des Nations Unies, à l'invitation de la Chine communiste et que la première dame des USA, Hillary Clinton et l'ambassadrice Madeleine Albright honorent de leur présence.

Dans les semaines qui ont précédé ce grand rassemblement, des journalistes de la presse écrite et des présentateurs d'émissions politiques à la radio et à la télévision déclarèrent que la délégation américaine avait l'intention de redéfinir les concepts de maternité, de paternité, de famille et de genre sexuel. Ils affirmèrent que nous cherchions à obtenir la parité entre hommes et femmes dans chaque bureau et à chaque étage des lieux de travail. Ils avançaient aussi que le congrès de Pékin exigerait que pères et mères de famille consacrent le même nombre d'heures aux soins des enfants à la maison. Un rapport écrit par le Forum Indépendant des Femmes (*Independent Women's Forum)*, une association conservatrice, déclarait que nous avions l'intention de faire accepter par le monde entier le concept d'égalité entre « cinq genres sexuels » (les hétérosexuels hommes et femmes, les homosexuels hommes et femmes et les bisexuels). On nous attribuait aussi l'intention de faire admettre l'existence d'un sixième groupe, sinistrement dénommé « *omnisexuality* ». Selon ce rapport, le résultat serait que « notre conception du mariage et la légitimité des enfants nés du mariage, allaient être remplacées par des diktats moraux émis par les féministes radicales ». James Dobson, dont l'audience radiodiffusée atteint des millions d'auditeurs dans des dizaines de pays, définit le congrès comme « la plus grave menace contre la famille qui se soit jamais manifestée dans l'histoire du monde ».

Si l'on en croit le groupe conservateur *Concerned Women for America,* « Hillary Clinton s'est envolée dans un avion bondé de lesbiennes et de féministes radicales, pour assister au "congrès des femmes" ». La réalité est que je me trouvais dans l'avion avec elle. Mais ce qui est plus important c'est que les priorités qui nous tenaient à cœur et au cœur de la plupart des déléguées, n'étaient pas les priorités qui enflammaient les passions de nos critiques conservateurs ni même, pour rester candide, celles de nos collègues les plus progressistes. Nous cherchions à obtenir, et nous avons obtenu le soutien des droits des femmes et des jeunes filles à avoir accès, à part égale avec les hommes et les jeunes garçons, à l'éducation et aux soins médicaux, à participer à la vie économique de leurs sociétés et à jouir du droit de vivre sans la menace de la violence. Afin de former un consensus sur ces points, nous avions assuré les représentants catholiques et musulmans que nous ne leur demandions pas de souscrire à des propositions politiques qui seraient contraires à leurs croyances morales ou religieuses telles que des déclarations qui définiraient l'avortement comme un droit international. Le congrès de Pékin ne fut que cela, un congrès, mais il permit de jeter un nouveau regard sur le statut et le traitement de plus de la moitié de la population mondiale, dont un grand nombre subit des abus et fait l'objet de discriminations qui restent encore une réalité trop répandue. Je suis fière d'y avoir conduit la délégation américaine. James Dobson ne partage pas mon enthousiasme, lui qui a qualifié notre programme *Platform for Action* de « carte maîtresse de Satan ».

Avant de siéger aux Nations Unies, je pensais que la morale dans les affaires internationales touchait aux questions de guerre et de paix, de liberté et de despotisme, de développement et de pauvreté. Dans les années 1990, des sujets qui jusqu'alors avaient été considérés avant tout du domaine privé individuel, l'avortement, la contraception, les rôles masculins et féminins, les droits des enfants et les choix d'orientation sexuelle, trouvèrent une place sur le devant de la scène internationale. Dans la foulée, les Américains engagés politiquement à droite comme à gauche se mirent à s'accuser mutuellement d'essayer d'imposer aux autres leurs propres valeurs morales et de porter ainsi atteinte à la réputation de notre pays à travers le monde. Comme c'est généralement le cas en politique, les extrémistes d'un côté facilitaient la tâche des extrémistes de l'autre côté en se sanctionnant mutuellement. Et l'on vit la droite dénoncer le féminisme socialiste en folie, tandis que la gauche soulignait les dangers des théories des fondamentalistes chrétiens, les deux réactions empêchant tout progrès dans le traitement des vrais problèmes du monde.

La droite et la gauche ont cherché des renforts et des alliés à l'étranger. Les conservateurs se sont alliés, à certaines périodes, avec les musulmans et le Vatican, les progressistes avec des Européens qui partageaient leurs vues et avec des militants de pays en voie de développement. Chaque groupe fut surpris de ses découvertes. Les conservateurs qui cherchaient fiévreusement à s'allier aux musulmans dans une condamnation de l'avortement et de l'homosexualité, ont dû trouver des portes de sortie sur les sujets des mariages arrangés et de la polygamie. Les progressistes qui cherchaient à dénoncer les pratiques obscures de mutilations génitales des femmes se sont parfois heurtés à une indifférence de la part des populations concernées qui étaient beaucoup plus intéressées à se pencher sur les problèmes de justice économique.

Le débat entre la droite et la gauche a souvent été âpre, alimenté par des insultes des deux côtés, des exagérations et des techniques d'intimidation. Personnellement, je suis, en grande partie, en désaccord avec les positions des conservateurs. Quand j'étais au gouvernement je me suis battue pour obtenir un financement plus substantiel des programmes éducatifs de prévention du sida, des programmes de puériculture et des programmes internationaux de planning familial. Je suis contre les restrictions imposées par l'administration de George W. Bush sur le financement de ces programmes et je suis aussi contre les positions prises par des conservateurs religieux qu'ils soient catholiques, protestants ou musulmans pour décourager la distribution de préservatifs. Mais je ne condamne pas les membres de la droite conservatrice qui se battent pour exprimer un point de vue moral, puisque beaucoup d'autres, engagés dans la vie politique et j'en fais partie font de même. L'expression et l'affirmation de principes moraux est la raison d'être de mouvements qui ont pour mission d'établir des références reconnues dans le monde entier. C'est exactement la voie qu'ont empruntée ceux qui ont milité dans le passé pour abolir l'esclavage, la piraterie, la torture, la persécution religieuse et la discrimination raciale. C'est aussi de cette façon que l'on réduira les abus commis contre les femmes, que ce soit la violence domestique, la traite des femmes, les infanticides et autres crimes. Il ne s'agit pas d'imposer nos vues à autrui, mais de convaincre suffisamment de personnes, dans suffisamment de lieux, que nous avons raison. C'est un travail de persuasion et non une imposition acharnée.

La gauche progressiste et la droite chrétienne sont d'accord sur le fait que les « valeurs morales » devraient être au cœur de la politique étrangère américaine. Les deux côtés font preuve de patriotisme et partagent de nobles aspirations pour l'Amérique, ils sont sans doute aussi d'accord, bien que probablement pour des raisons différentes, sur la conclusion d'un poème fantaisiste de Olivier Wendell Holmes[1]

Au commencement, le dessein de Dieu était de bon augure
Mais l'homme, par son péché, y fit piètre figure,
On tient encore à croire que Dieu détiendra la victoire
Bien qu'en notre temps, l'ennemi emporte la gageure.

---

1. Oliver Wendell Holmes Sr. était physicien de son métier, mais il devint célèbre par son talent d'écrivain. Il reste un des poètes les plus aimés du XIXe siècle aux USA. *(Note du traducteur.)*

La droite a tendance à considérer, du moins idéalement, que les États-Unis sont un pays à part et moralement supérieur au reste du monde. Pour reprendre les mots de Richard Land, un leader modéré et très respecté de la Congrégation Baptiste du Sud, « nous ne sommes pas, et nous n'avons jamais été, une nation au sens ordinaire du terme. De beaucoup de façons, nous sommes uniques. Ceci ne veut pas dire que nous sommes le peuple choisi de Dieu ou le successeur d'Israël. Cela ne veut pas dire que Dieu a une relation privilégiée avec le peuple américain. Mais cela veut dire, cependant, que notre nation possède encore le cœur et l'âme de nos ancêtres puritains et que nous nous considérons toujours comme "la cité sur la colline". »

Pour les gens de droite, les défauts de l'Amérique relèvent essentiellement des comportements individuels, notamment la pornographie, l'homosexualité, l'abandon des valeurs traditionnelles et la baisse de la pratique religieuse. Pour eux, critiquer le rôle global de l'Amérique, surtout sous leur président favori George W. Bush, équivaut à servir les arguments de l'ennemi et à réconforter les forces du mal. Il y a un parallèle, à mon avis, entre le fondamentalisme religieux et le chauvinisme inconditionnel qui analyse toute l'Histoire à travers le prisme étroit du point de vue américain. Les deux positions sont à la recherche d'une certitude, désirant ardemment trouver des réponses infaillibles, pour poser les fondations d'une conception du monde à la fois cohérente et rassurante.

Une aspiration similaire à détenir une certitude se trouve aussi à l'extrême inverse, parmi les gens qui s'appesantissent sur les erreurs historiques commises par l'Amérique. Dans leur vision du monde, la Guerre froide était moins une lutte morale essentielle pour vaincre le communisme, qu'une compétition moralement ambiguë entre deux pouvoirs que l'on pouvait définir, tous les deux, par leur hypocrisie, leur militarisme et leurs interventions musclées dans les affaires des autres pays. Peut-être parce que je suis originaire d'un pays qui a été envahi par des communistes, je juge mal la tendance à critiquer la politique américaine pendant la Guerre froide. Certes des erreurs ont été commises, mais la supériorité morale de l'Ouest face à l'Union Soviétique ne peut pas être remise en cause. Je juge aussi sévèrement les prises de position de la gauche américaine contre la mondialisation et le recours à la force. Mais je sympathise toutefois avec les progressistes religieux alarmés devant le fossé énorme qui se creuse entre les pauvres et les riches. Je pense qu'ils détiennent une certaine vérité dans leur perception de l'Amérique non pas comme « la cité sur la colline », mais plutôt comme une communauté vivant dans une enclave protégée par des murs qui l'empêchent de voir les pauvres à sa porte.

Particulièrement depuis les batailles hargneuses des élections présidentielles de 2000 et de 2004, les commentateurs ont fait grand cas du rôle joué par la religion dans l'écart qui se creuse entre les factions politiques et les clans culturels aux États-Unis. On pense couramment que ces écarts iront en s'approfondissant. Si cela se passe vraiment, l'Amérique où j'ai grandi et dont je me suis éprise, sera de plus en plus difficile à reconnaître. J'éprouve une sainte colère devant les discussions trop faciles sur la division de l'Amérique entre « les États bleus » et « les États rouges »[1] comme si nous ne prêtions pas tous le même serment d'allégeance au drapeau tricolore. Je regrette que nous ayons laissé se développer une culture politique des extrêmes dans laquelle une croyance dogmatique semble être une vertu, et une ouverture d'esprit une faiblesse, et où les sarcasmes et les attaques calomnieuses rendent fréquemment toute discussion intelligente impossible. N'est-il pas temps de mettre un terme à ces pratiques ? Nous avons besoin d'unité. Peut-être pourrions-nous commencer par nous rappeler la prédiction de John Winthrop « les yeux du monde sont tournés vers nous, » et nous demander : « Quelle Amérique voulons-nous offrir aux yeux du monde ? »

---

1. Les chaînes de télévision américaines donnent les résultats des élections présidentielles ou législatives, en colorant les États sur la carte des États-Unis en rouge pour une victoire républicaine et en bleu pour une victoire démocrate, d'où le terme « États bleus », « États rouges ». *(Note du traducteur.)*

Chapitre 7

« Parce que c'est juste »

Nous autres Américains, pensons que nous sommes généreux. Il est vrai qu'un grand nombre d'œuvres charitables dans le monde dépendent de nous pour les dons sans lesquels elles ne pourraient pas agir. Mais le gouvernement américain est avare, se classant avant-dernier parmi les vingt-deux pays les plus industrialisés, pour la proportion de sa richesse attribuée à l'aide au développement international. En 2002, au Sommet sur la pauvreté dans le monde, le président Bush a rejoint le consensus de Monterrey qui engage les nations riches à contribuer à hauteur de 0,7 % de leurs revenus pour venir en aide aux autres pays. Cinq pays européens contribuent déjà à ce niveau. Six autres ont défini un planning pour atteindre ce chiffre.[1] En dépit d'augmentations récentes, la contribution des États-Unis stagne désespérément à 0,16 %, ce qui

---

1. Les cinq pays qui dépassent les 0,7 % sont la Suède, la Norvège, le Danemark, la Hollande et le Luxembourg. La Grande-Bretagne, la France, l'Espagne, l'Irlande, et la Belgique se sont engagées à atteindre cet objectif dans des délais spécifiques. L'économiste Jeffrey Sachs fait remarquer : « Certains dénoncent le fait que le budget du gouvernement des États-Unis apporte peu d'aide aux pays les plus pauvres, mais il faut noter que le secteur privé comble en partie l'écart. » Mais en fait, l'OCDE a estimé que les fondations privées et les organisations non gouvernementales donnent approximativement 6 milliards de dollars par an, en aide internationale, soit 0,05 % du Produit National Brut (PNB) des États-Unis. Dans ce cas, le total de l'aide est environ de 0,21 % du PNB, ce qui reste un des niveaux les plus faibles parmi toutes les nations qui contribuent à cette aide.

représente un manque pour les pays pauvres de 40 milliards de dollars par an.

Ceci n'a pas toujours été le cas. Après la Deuxième Guerre mondiale, l'Amérique a changé le cours de l'Histoire en aidant l'Europe ravagée par la guerre à se relever. Le plan Marshall a été un exemple classique de la formule : « Bien faire et faire du bien. » L'Europe en est sortie revitalisée et les États-Unis ont beaucoup gagné en se créant en Europe de l'Ouest un partenaire fort et vigoureux. Ceci n'était qu'un début. En 1949, le président Truman a créé un programme pour apporter de l'aide aux pays nécessiteux partout dans le monde. « Notre but », déclara-t-il, « doit être de venir en aide à tous les peuples libres du monde, afin que par leurs propres efforts, ils puissent cultiver et se nourrir, avoir de quoi se vêtir, se loger et s'équiper en énergie. L'humanité ne pourra vivre décemment et dans des conditions satisfaisantes pour tous, que si l'on aide les plus défavorisés à s'en sortir. »

Les initiatives de Truman furent renforcées par John Kennedy qui créa l'Agence américaine pour le Développement International, le *Peace Corps* et l'Alliance pour le Progrès. Dans son discours inaugural, Kennedy s'est engagé, au nom de l'Amérique à aider « les peuples qui vivent dans des cases et dans des villages, partout dans le monde et qui se battent pour se libérer des chaînes de la misère à une grande échelle… Nous les aiderons de notre mieux, le temps qu'il faudra, pour qu'ils s'en sortent, non pas parce que les communistes sont peut-être prêts à le faire, non pas parce que nous avons besoin de leurs votes, mais parce que c'est juste. »

L'aide internationale reçut initialement le soutien des leaders américains des deux partis politiques majeurs, mais bientôt des critiques se sont fait entendre. Le concept d'une « aide gratuite » se heurta à l'éthique américaine qui demande à ses citoyens de subvenir à leurs propres besoins, par eux-mêmes. Beaucoup pensaient que la charité ne devrait être apportée qu'à ceux parmi les pauvres qui la méritaient vraiment. Et en tout état de cause, la charité devait se pratiquer en premier lieu envers nos propres compatriotes. Pourquoi devrions-nous aider des populations étrangères quand ces mêmes dollars pourraient être utilisés pour pallier les carences en services sociaux pour des citoyens américains ? Aucun politicien n'exploita cette mentalité avec plus d'adresse que Ronald Reagan. En 1964, dans un discours qui allait le lancer dans la politique comme l'incarnation du conservatisme, Reagan prétendit que l'aide apportée par l'Amérique à l'étranger avait contribué à acheter… un yacht de 2 millions de dollars pour l'empereur Haïlé Sélassié… des costumes pour les employés des pompes funèbres grecques, des femmes en plus grand nombre pour les officiels du gouvernement du Kenya, [et]… un millier de postes de télévision pour un endroit quelconque qui n'était pas équipé d'électricité. » Reagan assura tout le monde que l'assistance que l'Amérique fournissait grossissait les rangs des bureaucrates à l'étranger et qu'« un bureau de fonctionnaires est l'image la plus approchante du paradis que l'on n'aura jamais ici-bas ». Celui que l'on surnomma « le grand tribun » n'avait pas toujours une intelligence exacte des faits, mais personne mieux que lui n'était capable de tourner des semi-vérités en mythes et légendes. Une fois élu président, il augmenta en fait les sommes allouées à l'aide internationale, mais il ne fit aucune déclaration publique qui aurait tempéré les impressions qu'il avait rendues si populaires. Les images stéréotypées étaient gravées à jamais dans les esprits et l'Américain moyen resta persuadé que ces programmes ne servaient à rien, encourageaient ces pays à rester dépendants et gâchaient les dollars que les contribuables américains gagnaient à la sueur de leurs fronts.

Il est vrai que certains de ces programmes d'aide étaient très mal conçus et que d'autres visaient à attirer des gouvernements de notre bord plutôt que du côté des communistes qui nous livraient une vraie concurrence dans la rivalité Est-Ouest, plus qu'ils ne cherchaient à améliorer la vie des populations défavorisées. Cependant le résultat de cette assistance était meilleur que la publicité qu'on lui faisait. Entre 1960 et le milieu des années 1990, l'espérance de vie d'une personne dans ces pays pauvres s'accrut de vingt ans. Le taux de mortalité infantile diminua de 50 %. L'introduction des vaccins à très bas prix sauva des milliers de vies. La variole fut éradiquée et la polio disparut pratiquement. L'aide internationale permit à beaucoup de nations en Asie, en Amérique Latine et en Afrique de s'enrichir, en faisant sortir de la misère des millions de gens.

Ces résultats auraient dû impressionner le public, mais ce n'est pas ce qui se passa. Pendant mes années au gouvernement, j'ai pris conscience que l'aide internationale n'était pas appréciée à sa juste valeur. Et l'expression « aide internationale » avait une odeur de trahison. J'ai intentionnellement évité d'utiliser ce terme et je l'ai remplacé par l'expression « soutien à la sécurité nationale ». Cela a sans doute réduit certains seuils de résistance, mais sans grand effet. À cause du déficit budgétaire qu'on n'arrivait pas à éliminer et aussi parce que la menace totalitaire de l'URSS n'existait plus, les membres du Congrès se montraient réticents à attribuer des fonds pour des projets d'aide à l'étranger. Parmi les officiels haut placés au Congrès, un responsable de l'approvisionnement du programme d'aide internationale prit plaisir à m'informer qu'il n'avait pas voté une seule fois en faveur d'un texte législatif qui avait trait à un projet d'aide internationale et il ne me laissait aucun doute sur ses votes futurs. Des leaders républicains se vantaient de n'avoir aucun intérêt à se rendre à l'étranger. Beaucoup parmi leurs électeurs étaient convaincus que les « cadeaux » faits aux pays étrangers pompaient 20 % du budget fédéral, quand en réalité cette aide en grignotait moins d'1 %. En tant que Secrétaire d'État, je me suis parfois sentie gênée au cours de visites d'infirmeries de brousse, de camps de réfugiés et de quartiers très pauvres dans des pays lointains, parce que je savais que malgré le dynamisme de l'économie américaine, la seule aide immédiate que je pouvais apporter se concrétisait en albums à colorier et en crayons de couleurs.

À la fin des années 1990, ces arguments des Républicains étaient devenus monnaie courante et je n'attendais aucun changement de leur part. Puis tout à coup il se passa quelque chose. Parmi les questions habituelles que l'on me posait au Congrès, il y en eut soudain qui prenaient un ton nouveau, nous accusant non plus d'en faire trop, mais de ne pas en faire assez pour aider les pays étrangers nécessiteux. Ainsi, j'étais devenue blasée dans les discussions sur le sida : les politiciens de gauche exprimaient leur horreur devant les effets dévastateurs de cette maladie, pendant que les conservateurs déclaraient pratiquement que les victimes ne pouvaient s'en prendre qu'à elles-mêmes. Mais vers la fin de mon mandat, et depuis cette période, la droite chrétienne a, pour beaucoup, changé d'opinion, et reconnaît maintenant que nous avons une obligation morale d'essayer d'endiguer cette pandémie. Il y a quelques années, même Jesse Helms a fait amende honorable en déclarant : « J'avais le sentiment que le sida était une maladie essentiellement transmise par des conduites sexuelles irresponsables et des choix qui conduisaient à des abus de drogues illégales. Je pensais aussi que ce virus ne touchait que les personnes concernées par ces choix. J'avais tort. »

D'où vient cette volte-face ? La réponse est que la religion devient partie prenante de la politique étrangère d'une façon toute nouvelle. Pendant mon mandat, les Républicains inconditionnels se faisaient un plaisir de me traiter de « naïve » ou de « dame d'œuvres ». Un intellectuel grincheux alla même jusqu'à ricaner sur Clinton, disant : « Il conduit sa politique étrangère comme il dirigerait un bureau d'assistance sociale. » Mais maintenant, le sénateur républicain Sam Brownback du Kansas – on ne peut imaginer quelqu'un de plus conservateur –, avance l'argument suivant : « Les États-Unis doivent progresser humblement et avec sagesse, non seulement pour servir nos propres intérêts économiques et stratégiques, mais pour agir avec droiture. »

Dans le passé, la droite et la gauche idéologiques ont souvent eu des positions radicalement opposées sur les problèmes de politique étrangère. Ce n'est plus le cas. Les deux extrêmes se rejoignent désormais spécialement sur les problèmes humanitaires, où les conservateurs religieux ont manifesté un intérêt particulier. Les deux camps reconnaissent que non seulement il y va de l'intérêt des

États-Unis, mais que c'est aussi une obligation morale de venir en aide à ceux qui en ont directement besoin. Et les deux adversaires reconnaissent que la parabole du Bon Samaritain (que le président Bush avait citée dans son premier discours inaugural), devrait au moins trouver un écho dans la politique étrangère américaine. Ce n'est pas simplement un sujet de conversation intéressant : c'est une chance historique.

On a beaucoup entendu parler ces dernières années de « l'Axe du mal ». Ceux qui cherchent le mal le trouveront dans les souffrances causées par la pauvreté, l'analphabétisme et la maladie. Autant de directions à suivre sur le cadran de la boussole qui nous oriente vers la misère dont souffrent deux à trois milliards d'êtres humains. On estime que 30 000 enfants meurent chaque jour d'une maladie traitable ou évitable ainsi que de la faim : en termes de comparaison, ce chiffre équivaut à dix attaques du 11 septembre par jour. Des milliards de personnes vivent encore sous des gouvernements qui ne reconnaissent pas les droits de l'homme. Le sort tragique des pauvres et des opprimés devrait suffire pour que les Américains s'unissent, sinon dans une cause commune, du moins dans des causes distinctes qui pourraient leur permettre de se rejoindre sur des points-clé. La liste est longue des projets qui pourraient être réalisés en coopération, mais permettez-moi d'en suggérer trois.

Le premier est le soutien à apporter pour faire admettre et appliquer le principe de **la liberté de religion**.

Il y a une dizaine d'années, une coalition de militants juifs et chrétiens des États-Unis lança une campagne contre les persécutions religieuses dans des pays étrangers. Le Congrès suivit cette initiative en proposant un acte législatif qui fut adopté par la majorité, l'Acte sur la liberté religieuse dans le monde de 1998 et que le président Clinton entérina par une loi. Cette loi prévoyait la création d'une commission américaine indépendante pour mener une recherche sur la liberté de religion dans le monde, et elle ordonnait au Département d'État de préparer un rapport annuel sur les données touchant à ce sujet. Cette loi qui marque un tournant important est désormais partie intégrante de la mission des diplomates qui doivent reconnaître et dénoncer toute forme de persécution religieuse dans les pays où ils sont nommés. De ce fait ils sont beaucoup plus à l'aise et beaucoup mieux équipés pour affronter le problème.

Il est naturel pour les Américains de se préoccuper de liberté religieuse. Non seulement ce principe est au cœur de notre constitution mais il nous offre aussi une sorte de preuve par neuf, avant de poser un jugement sur d'autres gouvernements. Si un gouvernement ne respecte pas la dignité de ses citoyens, il y a de grandes chances qu'il ne respectera la dignité de personne. Les pays où la persécution religieuse sévit à grande échelle (la Corée du Nord, la Birmanie, l'Iran, et le Soudan) sont aussi, et ce n'est pas une coïncidence, une source de dangers plus graves, tels le terrorisme et la prolifération des armes de destruction massive. La décision prise par les Talibans en 2001 de détruire deux statues anciennes de Bouddha au centre de l'Afghanistan illustrait le même mépris vis-à-vis de l'opinion internationale que celle de donner refuge aux terroristes d'Al-Qaïda. La Chine est un exemple avec un gouvernement qui ne respecte pas la liberté religieuse, mais cette nation, à cause de sa taille et de son influence, présente des enjeux tous particuliers pour les politiciens américains.

Des membres du Congrès se plaignaient fréquemment à moi durant mes années au gouvernement que les chrétiens chinois ne pouvaient légalement pratiquer leur religion que dans des églises contrôlées par le gouvernement. Je leur avais promis de soulever la question avec des officiels chinois à Pékin et je l'ai fait au cours de réunions en m'assurant que je pourrais moi-même assister à des services religieux en Chine.[1]

Ma liste de doléances ne s'est pas arrêtée là, cependant j'y ai ajouté des récriminations au sujet des mauvais traitements infligés

1. En février 1998, le président Clinton envoya une délégation en Chine pour affirmer l'importance de la liberté religieuse. La délégation comprenait le Rabbi Arthur Schneier de New York, l'archevêque catholique Théodore McCarrick et Donald Argue, un pasteur des Assemblées de Dieu et le président de l'Association Nationale des Chrétiens Évangéliques.

aux bouddhistes du Tibet et aux membres de la secte Falun Gong, un organisme spirituel qui traite des problèmes de santé. J'ai enjoint les Chinois de laisser leurs citoyens s'organiser politiquement et de leur donner le droit de former des syndicats ouvriers. Je me suis enquis du sort des prisonniers politiques. J'ai demandé des clarifications sur les mesures très controversées prises en Chine pour le contrôle des naissances. Enfin j'ai entamé des discussions sur un nombre de problèmes politiques et militaires à dimension morale : les programmes nucléaires de la Corée du Nord, les relations pacifiques avec Taïwan, la dictature en Birmanie, le traité sur les changements climatiques dans le monde et le maintien de la paix au niveau international. Ces problèmes restent encore, plusieurs années plus tard, des questions à débattre entre les États-Unis et la Chine. Et dans une telle pile de dossiers, on risque de voir se perdre celui de la question de la liberté religieuse. Mais ce serait une erreur de ne pas veiller à le garder parmi les dossiers actifs. En fait, je ne serais pas surprise d'assister à un renouveau religieux en Chine et de voir ce phénomène constituer un des développements les plus importants des vingt-cinq années à venir. Ce développement posera un défi majeur aux leaders autoritaires de la Chine.

Ceux qui veulent promouvoir la liberté religieuse doivent aussi savoir qu'il y a manière et manière de s'y prendre. Si l'on veut que des réformes durent, il faut pratiquer l'art de la persuasion plutôt que de sommer les parties adverses d'opérer des changements. Au Laos, l'Institut pour un Engagement Mondial de Bob Seiple a adopté une approche à petits pas dans un pays croulant sous la misère avec un gouvernement de style soviétique, à majorité bouddhiste et sans expérience démocratique. Venir déclamer l'importance de la liberté religieuse dans un pays aux prises avec des troubles économiques et sociaux, est une tâche hasardeuse. Cependant on assiste à des progrès. Des objecteurs de conscience sont libérés. On met en place des formations pour des membres du gouvernement chargés de faire respecter la liberté religieuse. Des centres d'études ont été ouverts pour encourager la coopération entre les différentes religions. Dans un village, on a vu une personnalité du gouvernement qui avait forcé un millier de chrétiens à renoncer à leur foi, venir s'excuser plus tard. Et avant de mourir il a été soigné dans un hospice dirigé par une Église qu'il avait précédemment essayé de supprimer.

Un deuxième champ de coopération pour unifier les efforts des deux pôles politiques américains devrait être **la lutte contre la pauvreté** dans le monde. À la fin des années 1990, de nombreuses communautés religieuses ont rejoint l'administration Clinton pour soutenir un projet d'annulation des dettes des pays les plus pauvres du monde. Bien que leurs objectifs les plus ambitieux n'aient pas été atteints, les progrès réalisés dans cette direction étaient sans précédent et ont ouvert la voie à des réformes jusque-là jamais envisagées. Des organismes de gauche qui avaient depuis longtemps fait campagne pour l'annulation de ces dettes, siégeaient à présent dans des sessions de travail avec des membres de la droite chrétienne qui, de leur côté, se sont retrouvés sur la même scène que le rocker Bono, lui aussi militant pour cette cause. Les partisans de l'annulation des dettes avaient eu l'intelligence de présenter leurs initiatives dans un cadre biblique et faisaient référence à l'épisode de l'Ancien testament où les Israélites reçurent l'ordre de Dieu d'effacer les dettes et de « rendre à chacun ce qu'il possédait ». Cette démarche initiale fut suivie d'une autre, la décision en 2005 d'effacer les dettes contractées auprès de la Banque mondiale et au Fonds monétaire international par les dix-huit pays les plus pauvres. Les progrès, suite à cette initiative, ne sont pas négligeables, mais il n'en reste pas moins que ces efforts ont besoin d'une nouvelle impulsion. On reste figés dans de vieilles idées reçues. Il ne manque pas de soi-disant experts en la matière pour dire que l'aide aux pays étrangers va être gaspillée, que l'aide parachutée du gouvernement n'est jamais efficace et que la pauvreté est une réalité qu'il faut accepter comme faisant partie de la condition humaine. Je comprends ces arguments dans une certaine mesure. L'aide apportée depuis des décennies n'a pas éliminé la pauvreté de la surface du globe et la situation en Afrique subsaharienne a empiré considérablement ces dernières années. À quoi peut-on attribuer cette réalité ? Parmi les facteurs responsables, on cite les conflits ethniques, la corruption, les facteurs démographiques tels que l'accroissement des populations, les maladies et l'épuisement des ressources naturelles. Certains voient dans l'absence de gouvernement démocratique la raison de ces échecs. Le régime corrompu de Robert Mugabe au Zimbabwe en est un exemple flagrant. La gauche a tendance à dénoncer les accords économiques et commerciaux qui défavorisent les pays les plus pauvres (et les pauvres dans chaque pays) et qui servent les intérêts des grandes multinationales et des riches. À mon avis, chacun de ces facteurs joue un rôle et doit être pris en considération.

La lutte contre la pauvreté ne consiste évidemment pas à jeter de l'argent à la pelle pour résoudre les problèmes. Dans le passé la gauche a trop cru en l'efficacité des gouvernements étrangers pour administrer l'aide qu'ils recevaient, tandis que la droite rejetait les théories économiques fondées sur le principe des vases communicants. Mais les deux camps ont affiné leurs vues. Des spécialistes de ces questions ont aussi beaucoup appris sur la façon de tirer le maximum des dollars attribués en aide, en les confiant à des organisations non gouvernementales qui favorisent les chances offertes aux femmes, les solutions technologiques simples, les mesures qui protègent l'environnement et les solutions qui permettent aux plus pauvres d'y avoir leur part. Il est temps aussi que les pays développés abandonnent leurs pratiques hypocrites de subventions agricoles, à coups de millions de dollars, pour renflouer leurs propres agriculteurs, car ces pratiques empêchent les pays pauvres de rentrer sur ces marchés.

Une autre manière d'aider les pauvres est de leur garantir la protection des lois. La Commission de l'ONU au sommet, pour un renforcement de la capacité juridique des pays pauvres, dont je partage la présidence avec l'économiste péruvien Hernando de Soto, étudie des solutions dans ce sens. De nombreuses populations pauvres qui possèdent des terres, des maisons et du bétail ne peuvent pas en tirer profit, faute de titres de propriété. Dans certains pays, il arrive que 90 % des propriétés ne soient pas reconnues légalement. Une telle situation est la voie ouverte à des exploitations et à des vols. Ces propriétés ne peuvent pas non plus leur servir de garanties à la banque pour faire des emprunts, investir ou faire des économies. Cette situation constitue une entrave pour les individus et pour les sociétés car les gouvernements n'ont aucune base légale pour lever des impôts sur ces biens, et ces impôts permettraient au gouvernement de fournir des services de base à ces populations. Le résultat est que ces sociétés restent sans structures. Il en résulte une stagnation économique et des désordres civils. Ce qui m'attire le plus dans cette idée de garantir la protection des lois à ces pays pauvres, c'est qu'aucune idéologie ne peut venir la revendiquer. C'est une sorte d'idée hybride, un mélange de deux modèles, « une société fondée sur la propriété » et « le pouvoir pour le peuple ».

Le président Bush a déclaré : « Nous combattons la pauvreté parce que l'espoir est l'antidote du terrorisme. » En juillet 2005, il s'est aligné sur les leaders du G8 qui se sont engagés à doubler leur aide financière pour l'Afrique, sur les cinq prochaines années, la faisant ainsi passer de 25 milliards à 50 milliards de dollars par an. Deux mois plus tard, les États-Unis se sont révélés moins fermes sur cette résolution. L'ambassadeur américain aux Nations Unies, John Bolton, causa un émoi en détournant son gouvernement de l'objectif international de réduction du taux de l'extrême pauvreté de moitié d'ici l'année 2015. Après une semaine de confusion générale et de signaux contradictoires, le président Bush réaffirma que les États-Unis soutenaient cet objectif et s'efforceraient d'atteindre ce but. Il est important que nous gardions cette promesse et d'autres avec elle, non seulement dans l'espoir de renforcer notre sécurité, mais parce que, comme l'a dit John Kennedy, c'est servir la justice.

Un troisième but que je placerais en priorité pour achever une coopération bipolaire interne, est **la prévention des massacres en**

masse de populations humaines. Nous savons désormais comment acheminer des vivres, de l'eau et des médicaments, dans des lieux qui en sont démunis, tant que des groupes armés ne s'y opposent pas. Mais nous n'avons pas de mécanisme en place qui nous permette de prévenir un génocide.

Depuis les massacres du Rwanda en 1994, il y a eu beaucoup de pourparlers pour empêcher qu'une crise de ce genre ne se reproduise jamais. Mais en fait une crise similaire s'est produite, alors même que ces pourparlers avaient lieu. Ces dix dernières années, une guerre larvée, sporadique et dénuée de sens, a continué de ravager la République Démocratique du Congo, tuant plus de trois millions de personnes. Dans la région du Darfour au Soudan, au moins trois cent mille personnes ont trouvé la mort dans un génocide des plus violents. Ces massacres se sont produits sur une longue période et n'ont pas explosé tout à coup comme ceux du Rwanda, permettant des interventions de la communauté internationale. Ces interventions, certes, ont eu lieu, mais la réaction a été lente et timorée. Le problème n'est pas un manque d'indignation, les massacres au Darfour ont été largement exposés dans la presse, mais plutôt une incapacité à utiliser nos ressources efficacement.

Une solution possible dans de tels cas est de recourir au Conseil de sécurité des Nations Unies qui pourra charger un pouvoir majeur adéquat de former une coalition pour forcer le monde à agir. L'intervention à Haïti, sous le leadership des États-Unis en 1994, l'opération de sauvetage conduite à Timor par l'Australie en 1999 et l'action des Britanniques en Sierra Leone en 2000, sont des exemples d'opérations qui remportèrent de francs succès. Le problème, cependant, de compter sur la bonne volonté de forces de coalition, c'est qu'il viendra bien un temps où personne ne se portera volontaire dans une crise. Ce n'est pas que les leaders soient impitoyables, mais une opération de paix est coûteuse, difficile, dangereuse et souvent une tâche ingrate.

On a besoin d'une force bien équipée et bien entraînée pour vaincre des groupes armés jusqu'aux dents. Mais une telle force ne se trouve pas facilement. Persuader un soldat de tout risquer pour sauver sa propre patrie est une chose, mais envoyer ce même soldat à des milliers de kilomètres de son pays pour intervenir dans un conflit étranger où il risque d'être tué, en est une autre. La plupart des gens ne sont pas aussi altruistes que cela, surtout quand ils voient, comme c'est souvent le cas, que ces forces internationales sont souvent la cible des critiques qui dénoncent facilement ce qui ne se passe pas au mieux, mais négligent de féliciter les responsables pour les succès obtenus. En conséquence, nous avons un système de contre-attaque en cas de crise qui fonctionne, parfois bien, parfois moins bien, et pas du tout dans certaines occasions.

En septembre 2005, l'Assemblée générale de l'ONU a, pour la première fois, reconnu la responsabilité collective qui revient à la communauté internationale de protéger les populations de génocides, de crimes de guerre, d'exterminations ethniques et de crimes contre l'humanité. Accepter l'existence de cette responsabilité, cependant, n'aidera personne s'il n'existe pas de moyens de protéger ces gens, ni de volonté de mettre ces moyens en œuvre. L'ONU a été fondée il y a soixante ans et on pensait alors que cet organisme se serait doté d'une armée. Mais la rivalité entre les superpuissances en empêcha la création et cette idée n'a guère de chance de rallier beaucoup d'enthousiastes. Le rôle logique de l'ONU c'est de prendre la tête d'un rassemblement des forces alliées, qui sera disponible en temps de crise et qui sera efficace quand ces forces devront être déployées. À cette fin, il faut œuvrer pour éliminer les soupçons qui seront inévitablement émis sur nos intentions. Il faut aussi que nous soyons sûrs de ce dont nous avons besoin pour atteindre notre but.

Une force qui serait envoyée pour prévenir un génocide doit être une sérieuse unité de combat militaire. Elle ne pourrait pas être assemblée de toutes pièces, sans financement solide, ni déployée à court terme, ni appelée au dernier moment. Les pays devraient pouvoir identifier le personnel compétent qui serait assigné à la tâche humanitaire et pourrait, sur des années, offrir un service excellent dans sa fonction. Une telle force serait équipée des moyens de communication et de transport les plus sophistiqués, des meilleures armes disponibles, et elle aurait accès aux renseignements les plus sûrs et les plus récents que les pays à même de les fournir, par leur expertise et leurs moyens technologiques, leur offriraient. Leurs branches militaires et paramilitaires seraient accompagnées d'une administration civile et d'un volet d'experts légaux, affiliés à des autorités en droit international. Lorsqu'une telle force serait déployée, la mission militaire aurait pour objectif de restaurer l'ordre. Le travail des civils serait de tout préparer pour la phase de reconstruction et la tâche des hommes de droit serait de poursuivre ceux qui seraient responsables des crimes de guerre et de les traduire devant un tribunal.

Je répète, une telle force ne serait pas une armée régulière sous les auspices de l'ONU. Ce serait l'équivalent, au niveau international, d'une cavalerie que des leaders pourraient appeler au secours en cas d'urgence. Beaucoup de détails, y compris le financement d'une telle force, restent à élucider[1], mais en théorie, c'est la meilleure réponse de prévention des Darfours du futur, que tout ce que nous avons à notre disposition aujourd'hui. Mais avant de participer à une telle entreprise, libéraux et conservateurs américains devraient se libérer de leurs préjugés traditionnels. Pour être sûr qu'un tel mécanisme de prévention de génocide puisse fonctionner, il serait nécessaire de s'assurer d'une collaboration militaire internationale à un niveau sans précédent. L'ONU ne serait peut-être pas l'organisme adéquat pour mettre en œuvre une telle opération, mais sa participation serait indispensable. Est-ce que la droite chrétienne est ouverte à envisager une telle idée ou est-elle encore victime de la paranoïa qu'elle ressent à l'égard de l'ONU depuis toujours ? Il reste aussi à savoir si la gauche serait d'accord pour dépenser les sommes substantielles nécessaires pour améliorer les

1. À ce sujet, une attitude plus favorable de la part des États-Unis envers le Tribunal Pénal International serait la bienvenue. Même si l'on continue à refuser de participer aux travaux de ce tribunal, on devrait souhaiter qu'il réussisse dans ses objectifs.

ressources militaires internationales, aux dépens des besoins sociaux pressants de notre propre pays.

Si le passé augure de l'avenir, il n'y a guère d'espoir. Mais si le passé n'appartient qu'au passé, cela vaut la peine de se lancer dans ce projet. Nous savons déjà que des gens qui précédemment étaient opposés au concept d'aide internationale, à l'idée d'un consensus national et qui étaient incrédules devant une lutte contre le sida se sont désormais ralliés à ces trois idées. Et Ronald Reagan, après avoir quitté la Maison Blanche, déclara devant l'Oxford Union en 1992 : « Nous devrions nous en remettre davantage à des institutions multilatérales… Ce que je propose n'est autre qu'un gant de velours humanitaire derrière lequel se tiendrait, prêt à intervenir, le poing en cotte de maille d'une puissance militaire. »

Une coopération à grande échelle entre la droite chrétienne et d'autres militants américains sur des questions humanitaires internationales n'est pas une chimère. En novembre 2005, le sénateur Brownback et moi-même avons présidé ensemble une conférence sur ce sujet. Notre initiative fut très bien reçue. Il importe qu'une coopération se mette en place, non seulement à cause de ce qu'elle peut nous permettre d'accomplir à l'étranger, mais aussi à cause de l'entente qu'elle pourrait apporter aux Américains entre eux. Je suis convaincue que nous ne sommes pas aussi divisés que nous le paraissons quelquefois. La plupart d'entre nous ne veulent pas voir nos leaders prendre leurs désirs pour la volonté de Dieu, mais nous ne souhaitons pas non plus qu'ils délaissent tous principes religieux et moraux. Nous soutenons la séparation de l'Église et de l'État, mais nous ne voulons pas scinder la religion de la vie publique de notre nation. Beaucoup d'entre nous prient régulièrement pour que Dieu guide nos leaders. Nous espérons que ceux qui vont prendre des décisions en notre nom réfléchiront aux questions du bien et du mal. Nous voulons qu'ils nous protègent mais nous voulons aussi être fiers d'eux.

Une coopération bilatérale sur les causes humanitaires peut aussi avoir une influence positive sur la perception de l'Amérique à l'étranger. J'imagine que chacun de nous aimerait que l'image de notre pays soit celle d'un pays fort, compatissant, intègre, honnête et confiant. Nous savons depuis longtemps, cependant, par nos expériences au Vietnam et en Iran, que nous ne sommes pas toujours compris comme nous le souhaiterions. Certains penseront que l'opinion des autres ne compte pas, que nous sommes si puissants que nous n'avons plus besoin de rechercher, comme la Déclaration de l'Indépendance nous incitait à le faire, le « respect de l'opinion de l'humanité ». Nous complaire dans une certaine arrogance serait une erreur grave et engendrerait une profonde déception parmi nos amis dans le monde entier. La place de l'Amérique dans le monde a toujours été cruciale dans l'Histoire. Elle est particulièrement décisive à ce point de notre destinée, alors que nous nous efforçons de résoudre deux guerres simultanément. Nous devons commencer par acquérir une connaissance des peuples que nous avons le plus besoin d'influencer, particulièrement les adeptes de l'islam, si nous voulons maintenir notre position de leadership dans le monde.

DEUXIÈME PARTIE

LA CROIX, LE CROISSANT ET L'ÉTOILE

Chapitre 8

Connaître l'islam

Les chrétiens et les musulmans se sont rencontrés pour la première fois sur un champ de bataille en 636, près du fleuve Yarmouk, un affluent du Jourdain à l'est du lac de Galilée. Les combats féroces se terminèrent par le massacre de 70 000 chrétiens et l'avènement de la domination musulmane sur Jérusalem qui jusque-là était un poste avancé occidental de l'Empire byzantin. En 1099, des croisés reprirent la ville sainte au nom de la Croix. Cette fois le résultat fut le massacre de 70 000 musulmans sans compter tous les juifs que les chrétiens triomphants avaient trouvés sur leur passage. En 1187, Jérusalem fut reconquise au nom de l'islam dans une attaque lancée par le légendaire Saladin le Grand. Ce triomphe allait être suivi par de nouvelles croisades qui firent des dizaines de milliers de morts. L'écho de l'appel à la guerre sainte résonnait alors dans toute cette partie du monde.

Notre civilisation a traversé des siècles depuis et elle vient d'entrer audacieusement dans le XXIe siècle. Mais le même appel se fait entendre à nouveau. Les juifs et les arabes se disputent les territoires et les lieux saints pour lesquels ils se battaient il y a mille ans. Un groupe de terroristes, agissant au nom de l'islam, a lancé l'attaque la plus meurtrière qui ait jamais frappé l'Amérique sur son propre sol. La réponse de l'Administration Bush a provoqué la colère de nombreux musulmans. L'Europe est en proie à des accès d'anxiété devant la progression de l'immigration de populations musulmanes, l'augmentation des actes de terrorisme et la montée de l'intolérance. En Afrique, l'islam et le christianisme font de plus en plus d'adeptes, mais les deux religions s'attaquent mutuellement. En Asie, de la Tchétchénie aux Philippines, les agressions entre les groupes islamistes et les partisans d'autres confessions conduisent à des conflits sanglants. Comme dans une famille qui se déchire autour d'un héritage, les enfants d'Abraham sont souvent moins inspirés par un esprit filial, que par la jalousie et la haine.

Quand j'ai prêté serment en acceptant mon poste de Secrétaire d'État, la première priorité que j'avais en tête était de renforcer les liens des États-Unis avec le monde musulman parce que cette question me paraissait essentielle. Les États-Unis avaient des intérêts de longue date à protéger au Moyen-Orient et en Asie du Sud. La fin de la Guerre froide avait créé l'occasion d'inviter des pays, ayant une position stratégique et nouvellement indépendants, à former des partenariats avec nous en Asie centrale. Quand un modéré fut élu en Iran, à la surprise générale, nous avons eu l'occasion de nous rapprocher d'un pays avec qui nous n'avions plus de relations depuis longtemps. Des ouvertures démocratiques pointaient en Indonésie et au Nigéria, deux géants régionaux où l'influence de l'islam était prépondérante. Tout au long des années 1990, des revues de politique étrangère publiaient des articles sur « les extrémistes islamiques ». Dans toutes les réunions où j'allais, je sentais le besoin pressant de me plonger dans l'étude de l'islam et j'allais me mettre à la tâche.

Je connaissais déjà beaucoup de choses sur le sujet évidemment. Quand j'avais dix ans, mon père avait servi comme président d'une commission sur l'Inde et le Pakistan chargée de résoudre le statut du Cachemire. Même à cet âge, je comprenais les faits dont il parlait. À cause de la religion, le sous-continent indien était en train d'exploser. Les dirigeants de l'Inde voulaient un État laïque et multiethnique. Les dirigeants du Pakistan voulaient un pays exclusivement musulman. Le Cachemire était pris entre les deux, avec une majorité de musulmans, mais une forte minorité d'hindous et un chef de gouvernement hindou. Le défi pour les diplomates était de trouver une solution qui donnerait satisfaction à chacun. Ceci se passait il y a soixante ans. À présent, mon père est mort et j'avance en âge, les deux pays ont une capacité nucléaire, et il n'y a toujours pas de solution en vue.

Il y avait peu de musulmans à Denver, dans les années de mon adolescence. Mais pendant son passage à l'ONU, mon père avait noué des relations qu'il avait gardées et certains de ces diplomates venaient lui rendre visite. Je me souviens particulièrement bien de Sir Zafrullah Khan, un ancien premier ministre pakistanais. Je l'aimais beaucoup parce qu'il avait beaucoup de classe, il était très cultivé et il avait un charme fou. Il m'invita à prendre un petit-déjeuner avec lui un jour, et mes camarades de lycée, un tantinet jalouses, ne manquèrent pas de faire des plaisanteries ayant trait à la polygamie. Ce qui me frappa dans notre conversation sur le Cachemire, ce sont les impasses dans lesquelles on peut se trouver dans un conflit né à la fois de disputes sur la religion et sur le nationalisme et où les partisans de chaque côté sont persuadés d'être les seuls détenteurs de la vérité.

La présence de Sir Zafrullah Khan à Denver m'avait certes semblé insolite, mais à la vérité, ce qui me frappa plusieurs années plus tard, quand j'étais au Département d'État et que je repensais à cet homme, c'est que sa présence, dans ce lieu en 1997, aurait été non pas insolite, mais incongrue. Nous n'avions alors aucun musulman parmi les diplomates de haut rang et seulement quelques-uns qui travaillaient à de modestes postes. Je pris la décision d'améliorer cette situation. Parmi les mesures prises, nous passâmes en revue nos procédures de recrutement et de formation, et les fêtes musulmanes figurèrent désormais sur le calendrier officiel du ministère, au même titre que les fêtes chrétiennes et juives. Nous avons alors entamé des discussions avec des représentants des musulmans américains et nous les avons invités pendant le ramadan à célébrer le premier *iftaar*[1] au cours d'un dîner présidé par la Secrétaire d'État. Nous avons aussi créé un manuel sur l'islam, à l'usage de tout diplomate américain qui se rendrait dans un pays musulman. Cette publication contenait des renseignements de base, certes, mais totalement nouveaux pour beaucoup d'Américains. En voici quelques exemples :

• Les musulmans adorent le même Dieu que les chrétiens et les juifs. *Allah* est le mot arabe pour Dieu.

• « Islam » signifie soumission à Dieu. Une personne qui se soumet à Dieu et vit sa foi, trouvera un sens harmonieux à sa vie.

• Les musulmans croient qu'il y aura un jour du jugement. Ils croient en une autre vie et ils croient en la responsabilité morale de chacun. La première responsabilité d'un musulman est de prendre soin des pauvres, des orphelins, des veufs et des veuves et des opprimés.

• Le livre saint des musulmans, le Coran, contient les mots exacts, tenus comme révélés par Dieu et transmis par l'Archange Gabriel à un marchand de La Mecque, Mohammed ibn Abdallah (le Prophète), au cours d'une période qui dura vingt-deux ans à partir de l'an 610.

• La charia ou la loi islamique, est fondée sur le Coran, les paroles et les actions du Prophète et les interprétations théologiques. La charia gouverne pratiquement tous les aspects de la vie personnelle, sociale et civique.

• Les cinq piliers de l'islam sont : 1. la profession de foi, 2. la prière rituelle cinq fois par jour, 3. la purification par l'aumône, 4. le jeûne et 5. le pèlerinage à La Mecque.

• Mohammed est considéré par les musulmans comme le dernier des prophètes dans la lignée qui descend d'Adam et de Noé, puis qui s'est continuée avec Abraham et Moïse et qui inclut aussi

1. *Iftaar* marque, après le coucher du soleil, la fin du jeûne quotidien que les musulmans observent pendant le mois saint du ramadan.

le Roi David et Jésus de Nazareth. Le Coran stipule que la révélation de Mohammed confirme l'enseignement des premiers prophètes. Mohammed, comme Jésus, ne se considérait pas comme le fondateur d'une religion, mais comme un messager rappelant son peuple vers le vrai Dieu.

Les Arabes affirment descendre d'Abraham par Ismaël, le fils d'Agar – et les juifs descendent aussi d'Abraham, par Isaac, le fils de Sara. Ceci est très important car les musulmans et les juifs, ainsi que les chrétiens, croient que Dieu a ordonné à Abraham d'aller dans la terre de Canaan avec la promesse que sa descendance s'établirait sur cette terre et deviendrait une grande nation.

• Les musulmans croient que Jésus était un grand prophète, mais ils n'acceptent pas que Dieu ait pu avoir un « fils ». Ils acceptent que Jésus soit né d'une vierge et qu'il soit monté au ciel, mais ils ne croient pas qu'il ait été crucifié ou qu'il soit ressuscité.

• Dans la tradition musulmane, le premier autel à Dieu a été construit à La Mecque par Adam et plus tard reconstruit par Abraham et Ismaël. Les mosquées de La Mecque et de Médine se trouvent dans deux villes où le prophète a vécu. Ce sont les deux premières villes saintes de l'islam. Le troisième lieu saint est constitué par les mosquées d'Omar et Al-Aqsa à Jérusalem, Al Quds[1], sur un site où le Prophète a vécu, en rêve ou dans la réalité, on en débat encore, pour prier avec Jésus et les prophètes qui l'ont précédé et pour monter au septième ciel en compagnie de l'archange Gabriel.

• Le Coran établit une règle de protection pour les juifs et les chrétiens qui vivent en territoire musulman, ce qui signifie que leurs propriétés, leurs lois, leurs habitudes religieuses et leurs lieux de culte doivent être protégés. Au cours du deuxième millénaire, on peut dire que la plupart du temps, les sociétés musulmanes ont fait preuve de plus de flexibilité vis-à-vis des autres religions que n'en ont montrée les chrétiens d'Europe. Bien que libres de pratiquer leur foi, les chrétiens et les juifs qui vivaient au milieu de

1. « Al Quds » désigne Jérusalem en arabe comme « La Sainte » *(NdE).*

sociétés musulmanes étaient habituellement traités comme des citoyens politiquement inférieurs.

- Le concept islamique de djihad est souvent associé de façon simpliste, même parmi les musulmans, avec la guerre sainte. La traduction correcte de *djihad* est « effort » ou « s'efforcer », au nom de Dieu. Pour la plupart des musulmans, « le djihad supérieur » exprime la lutte que chaque individu mène en lui-même pour rester vertueux (la lutte personnelle). Le « djihad commun » fait référence au combat pour défendre la justice, y compris défendre l'islam contre ceux qui l'attaquent.
- Les musulmans font une distinction entre les guerres qui sont justifiées et celles qui ne le sont pas. Une guerre menée pour la cause de Dieu – en cas d'autodéfense ou contre la tyrannie – est une guerre juste. Une guerre engagée pour d'autres motifs, tel que la conquête d'un territoire qui appartient à un autre, est inacceptable. Il y a aussi des règles qui censurent les combats de ces guerres. Les non-combattants ne doivent pas être attaqués. Les prisonniers ne doivent pas être maltraités. Selon Khaled Abou el Fadl, un expert en droit coranique qui vit maintenant aux États-Unis, les juristes « énoncent fermement que même si l'ennemi a torturé ou tué des otages musulmans, les musulmans n'ont pas le droit de rendre la pareille ».
- Le suicide est interdit par l'islam, mais celui qui meurt en servant Dieu est élevé au rang de martyr et ce statut lui garantit une place au ciel.
- Bien que l'islam soit né dans la péninsule arabique, de nos jours, seul un musulman sur cinq est Arabe, (et il y a un Arabe sur cinq qui n'est pas musulman). La population musulmane la plus nombreuse est en Asie.
- Les musulmans ont le devoir d'aider les autres musulmans, particulièrement ceux qui souffrent ou qui sont opprimés.

Dans la tradition musulmane, aucun art ne représente Mohammed figurativement, y compris dans les mosquées. De son vivant, cependant, on le décrivait comme un homme de taille moyenne, aux yeux noirs, au teint pâle, à la chevelure longue et épaisse, à la barbe abondante qui descendait jusque sur sa poitrine. La Mecque, d'où il était originaire, était une plaque tournante commerciale, où affluaient les pèlerins qui venaient prier et offrir des sacrifices à la pléthore de dieux que les différentes tribus vénéraient. Les hommes d'affaires de la ville tiraient de vastes profits de ces pèlerinages, en logeant et en nourrissant les pèlerins et en leur vendant des objets, animés et inanimés, pour leurs offrandes. La révélation de Mohammed, fondée sur la croyance en un seul Dieu tout-puissant, menaçait de faire disparaître ces pratiques lucratives et les autorités locales fomentèrent un complot pour le tuer. Il échappa de peu à la mort et s'enfuit en secret pour un voyage qui le conduisit à la ville proche de Médine où il s'établit comme leader politique et religieux. Dès qu'il eut rassemblé suffisamment d'alliés, il retourna triomphalement à La Mecque, brisa les idoles païennes et consacra le sanctuaire principal à Allah, affirmant son autorité sur toute la péninsule arabique.

Peu de temps après son soixantième anniversaire, Mohammed prononça un sermon d'adieu sur le Mont de la Miséricorde, situé en face de la plaine d'Arafat, à l'est de La Mecque. Il mit en garde ses adeptes en ces termes : « Gardez-vous de toute agression contre autrui, de peur qu'autrui ne vous nuise. Souvenez-vous que vous serez face-à-face avec votre Dieu et qu'il jugera chacune de vos actions. » Il parla aussi de l'égalité des races, une décision qui se révélera un facteur d'acceptation de l'islam dans le monde entier. « Un Arabe n'est pas supérieur à un non-arabe » dit-il, « pas plus qu'un non-arabe n'est supérieur à un Arabe. De même une personne de race blanche n'est supérieure à une personne de race noire, pas plus qu'une personne de race noire n'est supérieure à une personne de race blanche – la seule supériorité se mesure en piété et en charité. »

Comme c'est le cas pour les autres religions monothéistes, l'islam recouvre sous cette dénomination des interprétations et des pratiques diverses. La richesse de la pensée musulmane est due à des influences ethniques variées, à des différences de vues parmi les leaders spirituels et aussi à des schismes en son sein. De ce fait, toute généralisation sur l'islam est en partie incorrecte. Ainsi l'obligation faite aux femmes, dans certaines sociétés, de se couvrir totalement pour paraître en public reflète plus la culture arabe – les hommes arabes manifestent aussi une grande modestie dans leur habillement – qu'un diktat de l'islam proprement dit. La majorité des femmes musulmanes ne portent pas le voile. Certains passages du Coran contiennent une discrimination contre les femmes (par exemple dans les textes sur la polygamie, le divorce et les héritages), mais dans chaque cas les versets du livre sacré sont moins discriminatoires que les pratiques de la société civile arabe à l'époque. Mohammed instruisit ses adeptes en ces termes : « Il est vrai que vous avez certains droits vis-à-vis de vos femmes, mais elles ont aussi certains droits sur vous. »

La reine Nour de Jordanie a fait remarquer : « Peu d'Occidentaux réalisent que l'islam du VIIe siècle garantissait aux femmes un pouvoir politique, légal et social sans précédent en Occident à cette époque. En fait, il faudra que les femmes d'Occident attendent le XXe siècle pour obtenir ces droits après une lutte intense. À l'origine, l'islam accordait aux femmes l'égalité des droits dans les domaines de l'éducation, l'héritage de propriétés, la direction des affaires et la liberté de refuser le mariage. Cette égalité était fondée sur l'égalité de l'homme et de la femme devant Dieu, ceci quand le reste du monde considérait les femmes comme du « cheptel ». Il faut encore faire remarquer que rien dans le Coran n'interdit aux femmes de voter, de conduire une voiture, de se réunir avec des hommes en public ou de travailler en dehors du foyer familial (la femme du Prophète, Khadidja, était une femme d'affaires experte). Les pays qui ont les plus grandes populations musulmanes – l'Indonésie, l'Inde, le Pakistan, le Bengladesh et la Turquie – ont chacun élu une femme à la tête de leur gouvernement. C'est une distinction qu'aucun État arabe, ni les États-Unis ne peuvent revendiquer.

La mort de Mohammed en 632, fut suivie d'une série de luttes intestines pour prendre sa succession. Ces luttes débouchèrent sur une division de l'islam en deux camps. La plus grande faction, qui devint plus tard les sunnites, soutenait à l'origine le beau-père du Prophète. Un second groupe, les chiites, préférait les descendants d'Ali, le gendre du Prophète. Presque 1 400 ans plus tard, ce schisme se perpétue et joue un rôle dans la politique régionale et mondiale. Les sunnites sont majoritaires dans la plupart des régions, mais les chiites dominent en Iran, en Irak, au Barhein et au Liban. Ils sont aussi très influents en Syrie, en Azerbaïdjan et en Asie du Sud-Est. Cette fracture est beaucoup plus sérieuse qu'une simple différence d'opinion. Les minorités chiites se plaignent à juste titre de discriminations et d'intolérance à leur égard dans les régions dominées par les sunnites. Pour les sunnites fondamentalistes, les chiites ne sont pas des musulmans.

Une seconde division affecte les chiites et les sunnites, c'est le fossé entre les conservateurs et les modernistes. Ces derniers s'inspirent d'un courant majoritaire de l'islam qui cherche à réconcilier rationalisme et croyance religieuse. Ils sont en général plus à l'aise avec les gouvernements civils, plus favorables à une éducation scientifique, mathématique, historique et polyglotte, plus progressistes dans leur comportement à l'égard des femmes et plus enclins à adopter une forme de gouvernement démocratique. Les conservateurs sont attachés à un contrôle très strict des affaires de la famille, à une séparation des sexes, ainsi qu'à une certaine xénophobie.

L'Arabie Saoudite, qui a été très largement influencée au XVIIIe siècle par le mouvement religieux wahhabite (ou salafiste), représente le cœur du mouvement conservateur de l'islam sunnite. La révolution de 1979 en Iran a marqué l'apogée des conservateurs chiites. Mais la ferveur qui accompagna la genèse de cette révolution s'est apaisée et l'Iran est progressivement devenu ce que l'on connaît aujourd'hui, à savoir un champ de bataille où s'affrontent les conservateurs et les modernistes.

Les musulmans s'accordent à croire que le Coran est la parole même de Dieu, mais ils diffèrent dans l'interprétation et l'application de versets particuliers. Pendant des siècles, une pratique connue sous le nom de *ijtihad* était utilisée par les intellectuels musulmans pour interpréter et appliquer les principes de la loi dans des contextes nouveaux dus à l'expansion de l'islam à travers les empires byzantins et perses, ainsi qu'en Espagne, en Afrique du Nord, en Turquie, en Inde, en Asie centrale et plus loin encore. Cette expansion fut facilitée par le caractère accessible de l'islam d'une part et les conditions de décadence de l'Église catholique ou autres institutions religieuses de l'époque, d'autre part. L'islam ne demandait pas à ses adeptes de croire à des concepts théologiques complexes tels que le dogme de la Trinité. Tout ce que l'islam demandait était une soumission à Dieu, à Qui chaque personne pouvait s'adresser directement. Selon un historien : « Dans un monde divisé où régnaient l'incertitude, la trahison et l'intolérance, l'islam ouvrait une grande porte vers une fraternité de plus en plus vaste d'hommes à qui l'on pouvait faire confiance sur terre et vers un paradis… où l'on jouirait de plaisirs simples et compréhensibles dans une harmonieuse égalité. »

Au cœur de ce monde musulman, à la fin du premier millénaire, Bagdad était la capitale intellectuelle, culturelle et scientifique. Là, les musulmans, aux côtés des juifs et des chrétiens, travaillaient à traduire les textes anciens de la pensée la plus élevée de la Chine antique, de l'Inde, de l'Égypte, d'Israël, de la Grèce et de Rome. À une époque où les Églises des terres chrétiennes interdisaient la pratique de la médecine, les Arabes utilisaient l'anesthésie et pratiquaient une chirurgie avancée. Les musulmans ont développé le système numérique toujours en vigueur de nos jours. Ils ont inventé le pendule, l'algèbre et la trigonométrie. Après avoir appris des Chinois l'art de fabriquer le papier, ils ont consigné leurs archives par écrit, ils ont publié des livres sur un grand nombre de sujets et ils ont mis au point le premier système bancaire international. Pendant cet âge d'or, l'islam était une civilisation moderne, tournée vers l'avenir, avide d'assimiler toutes sortes de nouvelles connaissances.

Pourquoi est-ce que l'islam ne jouit pas de la même réputation de nos jours ? Au XIIIe siècle, des cavaliers mongols, venus d'Asie, déployant un nouvel art de la guerre, ont semé la peur en conquérant Bagdad et une grande partie de l'Empire musulman. Ces envahisseurs se sont étendus trop loin cependant et furent vite supplantés au Proche-Orient par les Turcs. Sous les sultans ottomans il y eut un déclin de la recherche et de l'interprétation sur la loi coranique. Les empereurs étaient plus soucieux de s'assurer l'obéissance de leurs sujets et de préserver les traditions. Aujourd'hui la majorité des musulmans s'accordent sur le principe d'une interprétation ouverte de l'islam, mais, jusqu'où cette ouverture peut-elle aller, cela reste l'objet de débats intenses. Certains spécialistes de l'islam recommandent un retour à l'*ijtihad*, spécialement en ce qui concerne le rôle des femmes, la participation dans l'économie mondiale, les rapports avec les non-musulmans et la définition de ce qui constitue un État musulman. Ces réformateurs sont souvent critiques vis-à-vis de l'Occident, mais ils sont cependant accusés parfois par les conservateurs d'agir en faveur de l'Occident pour diminuer ou détruire le véritable esprit de l'islam. Puisque les sunnites n'ont pas de hiérarchie cléricale centralisée, on les accuse fréquemment de blasphème et ces accusations sont rarement éclaircies.

L'Europe chrétienne, qui sortit meurtrie de ses batailles contre les musulmans tout au long du Moyen Âge, a légué sa méfiance de l'islam à l'Amérique. La plupart des Américains voyaient l'islam comme une culture étrangère et une foi quelque peu mystique, séparées de la tradition judéo-chrétienne qu'ils connaissaient bien. Dans les années 1960, la *Nation of Islam*[1] acquit une mauvaise réputation aux États-Unis à cause de ses remises en question du leadership des États-Unis et de sa rhétorique séparatiste. De nombreux Américains

1. *Nation of Islam (NOI)* est une organisation religieuse, sociale et politique fondée en 1930, par Wallace Fard Muhammad, à Chicago, dans l'État de l'Illinois. Son but est de faire renaître la condition de l'homme et de la femme Noirs des États-Unis, économiquement, socialement et religieusement. Les articles de foi de *Nation of Islam* sont décrits dans des livres publiés par cette organisation, ainsi que dans des discours prononcés par Elijah Muhammad, Malcom X et Louis Farrakhan. Ces discours contiennent des tirades enflammées contre les Blancs qu'ils traitent de démons.

furent choqués de voir des athlètes admirés et respectés tels que Cassius Clay (Mohammed Ali) et Lew Alcindor (Kareem Abdul-Jabbar) se convertir à l'islam et changer leurs « noms d'esclaves » contre des noms africains ou des noms musulmans. Ce choc fut ressenti quand Mohammed Ali fit la déclaration suivante : « Je suis l'Amérique. Je suis ce que vous ne voulez pas reconnaître. Mais habituez-vous à me voir. Noir, sûr de moi, arrogant, portant mon propre nom, pas celui que vous m'avez donné, pratiquant ma religion, pas la vôtre, poursuivant mes buts, pas les vôtres. Il va falloir vous y faire. » Le malaise ressenti envers l'islam sur la scène internationale se renforçait périodiquement par les embargos pétroliers des Arabes, les harangues des ayatollahs de l'Iran et les attaques terroristes.

Ces problèmes n'empêchèrent cependant pas les États-Unis d'avoir des relations diplomatiques cordiales avec la plupart des États à majorité musulmane. La politique de l'Amérique a toujours été de réfuter toute pensée de guerre culturelle. Au cours de son premier mandat, le président Clinton déclara devant le parlement jordanien : « Il y a ceux qui affirment qu'il y a des obstacles d'ordre religieux, entre autres, qui sont insurmontables entre l'Amérique et le Moyen-Orient et que nos croyances et nos cultures s'affronteront inévitablement. Personnellement je pense qu'ils ont tort. L'Amérique refuse d'accepter l'idée que nos deux civilisations doivent s'affronter. »

C'était un thème favori de l'administration Clinton qui cherchait à engager les Arabes et les musulmans dans un avenir libre de rivalités religieuses en orientant ces cultures vers des préoccupations d'ordre pratique. Nous voulions aussi montrer que nous étions nous-mêmes libres de tout préjugé contre l'islam, et en cela nous étions absolument sincères. Le terrorisme pour nous était une aberration. De même que les pratiques de racisme et de violence du Ku Klux Klan n'ont rien à voir avec la religion chrétienne, le terrorisme n'a rien à voir avec l'islam. Un milliard trois cent millions de personnes ne doivent pas être jugées sur la violence d'une fraction infime d'entre elles. Le Coran affirme clairement qu'il est interdit de mettre fin à une seule vie innocente, allant même jusqu'à dire qu'un seul meurtre est le meurtre de toute l'humanité.

Ceci n'a pas empêché certaines personnes de dépeindre l'islam comme « odieux et maléfique » et de traiter Mohammed de « terroriste ».[1]

Une lecture sélective du Coran amène des critiques à citer des passages du livre sacré qui ordonnent aux croyants d'utiliser la force contre les ennemis de la foi. Ces passages sont revendiqués par les extrémistes violents – ceux qui ont tendance à se faire entendre le plus – et qui exploitent ces versets pour justifier leurs actions. Mais il y a aussi des incitations violentes dans la Bible du peuple hébreu que les chrétiens appellent l'Ancien Testament. Les livres de Josué et des Juges nous fournissent une liste de guerres saintes et le Deutéronome offre pratiquement une justification de génocide au nom de Dieu.[2]

Dans le Nouveau Testament, Jésus nous dit : « Ne pensez pas que je sois venu apporter la Paix sur la terre. Je suis venu, non pour apporter la paix mais pour offrir le glaive. » Quant au livre de l'Apocalypse, on peut l'interpréter de bien des façons mais pas comme un livre pacifique.

Le Coran a été écrit sur une période qui s'étend sur plus de deux décennies, la Bible des Hébreux a été écrite sur plusieurs siècles. Le Nouveau Testament a été écrit sur une période d'une soixantaine

---

1. Le révérend Jerry Falwell a appelé Mohammed un « terroriste ». Le révérend Franklin Graham a nommé l'islam « odieux et maléfique ». Graham a ajouté plus tard : « Je respecte les personnes de confession musulmane qui sont venues dans ce pays. J'ai des amis musulmans. Et cela ne m'empêche pas de vouloir les aider. Je n'ai certainement pas les mêmes croyances qu'eux et ils n'ont pas les mêmes croyances que moi. Ce n'est pas pour cela que je ne les aime pas, je les aime beaucoup. Je veux tout faire en mon pouvoir pour les aider… Je veux qu'ils connaissent le Fils de Dieu, Jésus-Christ. Je veux qu'ils le connaissent, mais je ne veux surtout pas leur imposer ma foi de force. Je voudrais qu'un jour les musulmans sachent ce que les chrétiens font. »

2. Le Deutéronome 20, 16-17 : « Seulement, des villes de ces peuples que Yahvé, ton Dieu, te donne en héritage, tu ne laisseras rien vivre de ce qui a souffle de vie. Car tu devras les vouer à l'anathème : les Hittites et les Amorrhéens, les Cananéens et les Perizzites, les Hivvites et les Jébuséens. »

d'années, non sans maintes querelles sur les témoignages à inclure et ceux à exclure. Au sein d'un même livre, il existe des passages qui semblent se contredire et il y a des changements brusques de sujet et de ton. C'est faire preuve de sophisme que de vouloir déduire un dogme de violence de seulement quelques citations. Un lecteur à la recherche de textes qui justifieraient la violence et la guerre trouvera un tel langage dans les textes sacrés qu'ils soient chrétiens, juifs ou musulmans. Afin de comprendre les livres sacrés il est nécessaire de les lire et de les étudier en profondeur et de tout replacer dans le contexte des lieux et de l'époque. C'est pourquoi des générations de chercheurs et d'exégètes ont travaillé pour mettre en lumière des passages-clé, pour expliquer des contradictions, corriger des erreurs de traductions et élucider le sens de phrases obscures.

Je sais par expérience que ceux qui sont responsables de conduire notre politique étrangère veilleront à ce que les doctrines religieuses soient interprétées de telle sorte que les dangers de conflits internationaux soient minimisés. Ce pourrait être un vœu pieux. Deux idées se sont révélées particulièrement troublantes. La première est la revendication faite par des sionistes fanatiques (soutenus d'ailleurs par des chrétiens) que la terre que Dieu a promise à Israël est un don qui justifie la violation des droits des Palestiniens. Et en réponse à ces affirmations, on trouve des versets du Coran qui exhortent les croyants à se battre pour recouvrer tous les territoires perdus par les musulmans. Khaled el Fadl écrit : « Certains juristes avancent l'argument que tout territoire qui a été soumis à la loi musulmane reste à jamais la propriété de l'islam. »

De telles doctrines, suivies aveuglément et sans égard vis-à-vis des autres enseignements, ne peuvent que provoquer des affrontements sanglants. L'histoire a laissé peu de marge de protection émotionnelle entre les différentes religions. Il faut peu de choses pour persuader des groupes extrémistes que leur foi est menacée et que c'est leur devoir de la défendre par tous les moyens possibles.

Chapitre 9

À qui appartient la Terre Sainte ?

Le 2 novembre 1917 marqua le début d'une nouvelle ère au Proche-Orient. Un jour longtemps attendu par certains, alors que d'autres l'avaient redouté et avaient prié au contraire pour qu'il ne se réalise jamais. Une lettre signée par le Secrétaire du *British Foreign Office,* Arthur J. Balfour, apportait la nouvelle :

> Le gouvernement de Sa Majesté envisage favorablement l'établissement en Palestine d'un foyer national juif. Il fera de son mieux pour faciliter la réalisation de cet objectif. Il est clairement établi que rien ne devra être fait qui puisse porter préjudice aux droits civils et religieux des communautés non-juives vivant en Palestine.

Quand la S.D.N., à la fin de la Première Guerre mondiale, accorda aux Britanniques un mandat pour gouverner la Palestine, les musulmans perdirent l'autorité politique qu'ils exerçaient sur la Terre Sainte depuis la victoire de Saladin au XIIe siècle. La Déclaration Balfour devint la ligne politique officielle, et les Anglais comptèrent sur la coopération de l'Occident pour légitimer et protéger l'immigration juive. Ce changement historique, qui était l'aboutissement de dizaines d'années d'efforts diplomatiques de la part des lobbies sionistes, avait aussi reçu l'aval de chrétiens haut placés. En 1891, une pétition connue sous le nom de *Blackstone*

Memorial[1] avait été adressée au président américain Benjamin Harrison et à d'autres chefs d'État, pour recommander qu'une conférence internationale soit organisée afin d'établir un État juif. Des centaines d'Américains très connus signèrent la pétition, y compris le président de la Cour suprême des États-Unis, le Speaker de la Chambre des Représentants, John D. Rockefeller et J.P. Morgan. La pétition faisait état d'un précédent qui avait conduit les grandes puissances à « arracher de l'emprise des Turcs » la Bulgarie, la Serbie, la Roumanie, le Monténégro et la Grèce pour rendre à ces nations leur souveraineté. Et fort de cet argument, le texte lançait le défi suivant : « Pourquoi ne pas rendre la Palestine aux uuifs ? Selon la répartition des nations faite par Dieu, c'est leur foyer. »

Le *Blackstone Memorial* et la Déclaration Balfour allaient devenir le cauchemar des diplomates pour plusieurs générations à venir, car aucun des deux textes ne prévoyait de modalités pour la mise en place de la résolution proposée. Comment, je vous le demande, allait-on créer un État juif sans « porter préjudice aux droits civils et religieux des communautés non-juives de Palestine » ? Balfour, quant à lui, n'y voyait aucun problème. « Le sionisme, disait-il, est enraciné dans des traditions millénaires, dans des besoins actuels et dans des espoirs pour l'avenir qui sont beaucoup plus importants que les désirs et les préjugés de 700 000 Arabes qui vivent à présent sur cette terre antique. » Un diplomate lui fit remarquer : « Pour l'amour du ciel, ne nous mêlons pas de dicter à un musulman ce qu'il doit penser. » Ce à quoi Balfour répondit sèchement : « Je ne vois vraiment pas pourquoi le ciel ou quelqu'autre puissance verrait une objection à ce que nous dictions aux musulmans ce qu'ils doivent penser. »

Un peu moins de trente ans plus tard, à l'approche de la Deuxième Guerre mondiale, dans le sillage du déclin de l'Empire

1. Le *Blackstone Memorial* fut le résultat d'une réunion qui se tint à Chicago, entre chrétiens et juifs. Elle était organisée par William E. Blackstone, un homme d'affaires et un laïc engagé dans le mouvement évangélique. Blackstone se disait « le petit messager de Dieu ». Il écrivit un petit livret qui fut un best-seller, intitulé *Jesus is coming*, ou *Le retour de Jésus*, où il décrivait le retour des juifs en Israël comme la condition *sine qua non* du retour du Christ.

britannique, les États-Unis étaient en passe de prendre le relais de la première puissance du monde. Dans le but de promouvoir la paix au Moyen-Orient d'après-guerre, Franklin Roosevelt rencontra secrètement Ibn Saoud, le roi d'Arabie Saoudite, sur un navire de guerre ancré dans le canal de Suez. Le président essaya de persuader Ibn Saoud de soutenir la cause des juifs en Palestine. Le roi, qui fut impressionné par le fauteuil roulant de Roosevelt parce qu'il n'en avait jamais vu avant, fut en revanche peu séduit par les propos du président. Selon le roi il fallait « faire payer l'ennemi et l'oppresseur. Les réparations devraient être faites par le criminel et non par l'innocent. Quels torts les Arabes ont-ils vis-à-vis des juifs d'Europe ? Ce sont les chrétiens de l'Allemagne qui ont volé les maisons et détruit les vies des juifs. » Roosevelt fut déçu par cette fin de non-recevoir du roi mais il l'assura néanmoins que « aucune action ne serait entreprise sur la question de la Palestine, sans consulter les Arabes ». Pour la petite histoire, Roosevelt fit cadeau à Ibn Saoud d'un fauteuil roulant. Deux mois plus tard, Roosevelt mourait. À chaque voyage que je fais au Moyen-Orient, la promesse faite par Roosevelt me hante parce que les Arabes n'ont jamais oublié cette promesse et ils nous rappellent que la promesse n'a jamais été honorée. Ils ont en partie raison. Le Département d'État a entretenu des échanges réguliers sur l'immigration des juifs d'Europe en Palestine, mais sans jamais trouver de terrain d'entente. Les Arabes voulaient stopper l'immigration, mais le président Truman éprouvait une obligation morale de soutenir les immigrés à cause de l'Holocauste. En mai 1948, date à laquelle le mandat britannique expira, Israël déclara son indépendance et les États-Unis furent le premier pays à la reconnaître. Les Arabes se plaignirent qu'ils n'avaient pas été consultés, mais la décision de Truman ne constituait pas une surprise, comme il le rappela aux Arabes.

La déclaration d'indépendance de la part d'Israël ne se passa pas paisiblement. Les armées arabes attaquèrent la nouvelle nation. Les combats qui s'ensuivirent forcèrent des centaines de milliers de Palestiniens à fuir leurs maisons et à s'établir dans des camps de réfugiés installés sur des terres qui sont aujourd'hui la Jordanie et le Liban et où un grand nombre de leurs descendants vivent encore. En 1967, une deuxième guerre éclata qui dura seulement six jours et permit aux juifs d'étendre les territoires sous leur contrôle grâce à l'intervention de l'armée israélienne qui repoussa les Arabes sur tous les fronts. Alors que la nouvelle de la victoire se répandait, Menahem Begin, président du parti conservateur d'Israël, le *Herout*, se rendit à la hâte sur le site où s'était élevé le temple de Salomon. Pour la première fois depuis des millénaires, ce sol sacré était à nouveau aux mains des juifs. Begin, accompagné d'autres leaders politiques, rendit grâce et pria en ces termes :

> Une nouvelle génération s'est élevée dans notre patrie, une génération de guerriers et de héros. Quand ils se sont avancés vers l'ennemi, de leur cœur a jailli l'appel qui résonne à travers toute cette génération, l'appel du père des prophètes, le rédempteur d'Israël, celui qui nous a sauvés de l'esclavage d'Égypte : « Lève-toi, Seigneur, disperse Ton ennemi et laisse fuir ceux qui Te haïssent. » Et nous les avons dispersés et ils ont fui.

La prière de Begin fait écho aux aspirations les plus profondes d'un peuple qui a passé presque deux mille ans dans les affres de l'exil, un peuple soudé par ses traditions, sa foi et ses rêves de revenir un jour sur la terre historique de leur ancêtres. Begin parla en triomphateur, comme l'avaient fait avant lui les empereurs babyloniens, grecs, syriens, romains, musulmans et chrétiens. Mais quand il y a triomphe d'un côté, il y a nécessairement défaite de l'autre. La guerre de 1967 a étendu le contrôle juif sur des territoires occupés depuis des siècles par les Arabes et a aussi permis à Israël d'annexer la partie arabe jordanienne à l'Est de Jérusalem. Ce qui est vrai pratiquement dans le monde entier l'est encore plus au Moyen-Orient : dès qu'un pays perd un territoire, il ne pense qu'à le reconquérir.

La première fois que je me suis rendue à Jérusalem, c'était dans le milieu des années 1980. Debout près de la fenêtre de ma chambre d'hôtel, j'avais une des vues les plus dramatiques au monde, le Dôme du Rocher, entouré par les murs de la Vieille Ville, le lieu le plus saint d'une terre sainte. Cette période de l'histoire de l'État d'Israël était relativement paisible, le premier soulèvement palestinien ou *intifada*, n'ayant pas encore eu lieu. Cependant l'intensité du bruit, et l'émotion palpable me gênaient. Mes pensées étaient tournées vers l'histoire la plus significative qui se soit déroulée sur ces lieux, dans les rues étroites, dans les oliveraies magnifiques et sur les collines environnantes.

L'église du Saint-Sépulcre, reconstruite par les croisés il y a presque neuf cents ans, est bâtie sur le site présumé de la descente de croix du corps de Jésus. J'ai mis ma main sur l'endroit même où aurait été plantée la croix. En dépit de la tentation du doute que j'ai éprouvée sur l'authenticité de cet endroit si précis, j'ai été très émue. Hélas les disputes historiques dont on pouvait encore voir des traces dans l'église même, qui était et qui demeure littéralement un lieu divisé, ne manquèrent pas d'apporter une ombre regrettable à ce que je ressentais. Des factions de chrétiens se disputent le lieu depuis qu'il a été consacré. Aujourd'hui le lieu est divisé en six parties contrôlées chacune par six groupes composés de Grecs, de Franciscains, d'Arméniens, de Coptes, d'Éthiopiens et de Syriens. La clé principale du lieu est dans les mains des musulmans en qui les différentes Églises chrétiennes ont plus confiance qu'elles n'en ont entre elles[1].

Non loin de l'église se trouve le lieu où Salomon avait construit son temple et où Begin avait offert une prière. Ce sanctuaire avait été rénové pour la première fois après l'exil des juifs à Babylone, puis il fut restauré à nouveau par le roi Hérode le Grand. Il fut détruit au Ier siècle par les Romains, qui rasèrent la ville entière à l'exception des murailles et du mur occidental du temple, appelé le Mur des Lamentations. Cette structure qui survit encore, est un lieu sacré du judaïsme. J'ai vu là des hommes à longues barbes, la tête

1. En septembre 2004, un conflit violent éclata dans l'église du Saint-Sépulcre et des témoins filmèrent la scène qui montre des Grecs orthodoxes et des moines franciscains se battant à coups de pied et de poing en essayant de s'expulser mutuellement.

couverte d'un châle de prière, réciter des incantations, prier devant ce mur et y laisser des messages écrits sur des morceaux de papier qu'ils insèrent entre les pierres. Les juifs religieux adressent quotidiennement cette prière à Dieu : « Restaure le culte dans Ton temple à Sion.[1] »

Une partie importante de la loi juive est consacrée à des sacrifices qui pendant des siècles étaient offerts à l'intérieur du temple. Parmi les trésors du temple, il y avait un coffre recouvert d'or qui contenait les Dix commandements et qui était considéré comme l'incarnation de la promesse de Dieu à Israël, l'Arche d'Alliance[2].

À partir de la base du Mur des Lamentations, un chemin conduit à un lieu d'environ dix-sept hectares couvert de fontaines, de jardins et des bâtiments que les juifs appellent le Mont du Temple et que les musulmans considèrent comme «*Haram-al-Sharif*» ou «noble sanctuaire sacré». La tranquillité de ce lieu était bienvenue après le bruit de la ville. Le murmure des fontaines était apaisant et des fidèles y faisaient leurs ablutions avant la prière. L'intérieur de la mosquée Al-Aqsa était une oasis de fraîcheur, ornée de piliers et de colonnes et baignée de lumière. Le Haram avait été construit par les musulmans à la fin du VIIe siècle. Leurs sanctuaires commémorent la fameuse chevauchée nocturne de Mohammed de La Mecque à Jérusalem (*al-aqsa* veut dire «le plus éloigné»). Selon la tradition musulmane, Mohammed aurait commencé son ascension au ciel à partir du rocher aujourd'hui encastré sous le dôme doré. Différentes traditions juives croient que ce rocher est la fondation que Dieu a utilisée pour créer le ciel et la terre, ou l'autel sur lequel Abraham offrit le sacrifice d'Isaac à Dieu, ou encore le lieu où Jacob dormait quand il vit en rêve

1. Cette prière est extraite de l'*Amidah,* ou prière à réciter debout, qui est un recueil de bénédictions. Les personnes qui récitent une bénédiction doivent se tourner dans la direction d'Israël si elles résident en dehors d'Israël, dans la direction de Jérusalem si elles résident en Israël, mais en dehors de Jérusalem, ou dans la direction du Temple si elles se trouvent à Jérusalem.

2. L'Arche fut soit perdue, volée ou cachée par les Babyloniens qui conquirent Jérusalem vers l'an 587 avant Jésus-Christ. Contrairement à la scène finale du film *Les Aventuriers de l'Arche perdue,* elle n'a jamais été retrouvée.

l'échelle qui conduisait au ciel. Tragiquement, qui dit lieu saint dit aussi lieu convoité. Pendant les croisades, les chrétiens plantèrent une croix triomphale au sommet du dôme, firent un autel du rocher, couvrirent les inscriptions coraniques de textes latins et firent de la Mosquée Al-Aqsa le quartier général de leur état-major militaire. Aujourd'hui, le grand mufti palestinien de Jérusalem revendique le Mont du Temple et tous ses bâtiments, y compris le mur occidental, comme des lieux sacrés exclusivement musulmans. Des juifs fervents et passionnés font campagne pour reconstruire le temple et déplacer les sanctuaires musulmans ailleurs.

Habituellement, quand des diplomates se réunissent pour négocier une limite territoriale, ils arrivent avec des cartes et des suggestions pour essayer d'arriver à un compromis. Mais cela ne suffit pas au Moyen-Orient. Les Israéliens et les Palestiniens sont tout aussi attachés aux questions de sécurité et d'économie. Dans un tumulte de hurlements, ils présentent leurs arguments sur les mesures de sécurité, sur l'accès aux puits d'eau, sur les réseaux routiers et sur le contrôle des couloirs aériens. Tous ces points sont négociables, du moins potentiellement, si les parties concernées suivent un processus d'échange et de respect mutuel. Les discussions perdent toute chance d'aboutir, cependant, si les arguments avancés des deux côtés, concernant le droit de leurs positions respectives, sont fondés non pas sur une base de lois humaines et de jurisprudence, mais sur la base des promesses et des intentions de Dieu.

Comme on a pu le lire au début de l'année 2006, le rêve de paix au Moyen-Orient n'est jamais apparu aussi lointain. Les Palestiniens sont divisés entre eux. Les Israéliens en sont arrivés à dire qu'ils n'ont pas de partenaires avec qui faire la paix. Beaucoup pensent *a posteriori* que les négociations très médiatisées des années 1990 avaient été une erreur parce qu'elles partaient d'une confiance naïve en la sincérité de Yasser Arafat et de l'Organisation pour la Libération de la Palestine (O.L.P.) quand ils déclaraient leur volonté de reconnaître l'existence de l'État d'Israël. À mon avis, la vérité est plus complexe que cela. Pour comprendre les possibilités de l'avenir, cela vaut la peine d'étudier les raisons qui nous ont conduits dans l'impasse où nous sommes.

Jusqu'à la fin de l'an 2000, dernière année de notre mandat, le président Clinton, Dennis Ross, un envoyé spécial et moi-même avons eu beaucoup de mal aux côtés des leaders israéliens et palestiniens à trouver une solution pour contourner les obstacles au processus de paix. De tous ces obstacles, la question de Jérusalem était la plus épineuse. Les Palestiniens ne voulaient pas lâcher leurs arguments pour faire de Jérusalem la capitale de leur État, revendiquant cette ville comme « La Sainte », *Al Quds* en arabe. Ils réclamaient aussi toute souveraineté sur les « sanctuaires sacrés ». Au cours de nos discussions, nous avons exploré maintes solutions, en faisant preuve de créativité sur les définitions de termes tels que « juridiction » et « autorité ». Nous avons même demandé aux deux parties s'ils accepteraient ce que nous croyions être une idée nouvelle : « La souveraineté divine » pour attribuer les lieux les plus saints. Dans sa recherche sur la question du Moyen-Orient, le président Clinton prit le temps d'étudier des sections du Coran et de la Torah. À la fin, il proposa : « Ce qui est arabe dans la ville de Jérusalem devrait revenir aux Palestiniens et ce qui est juif devrait revenir aux Israéliens. » Ceci se serait concrétisé par la souveraineté des Palestiniens sur le « sanctuaire sacré » et les quartiers arabes, où les Palestiniens pourraient élire leur capitale, et la souveraineté des Israéliens sur le reste de la ville, inclus le Mur des Lamentations. Le premier ministre israélien, Ehoud Barak accepta la proposition du président. Dans cet accord, il acceptait de diviser Jérusalem une nouvelle fois, chose que plusieurs premiers ministres successifs, y compris Barak lui-même, avaient promis de ne jamais faire. Il consentait également à la création d'un État palestinien qui serait composé de 97 % de la Cisjordanie, de la bande de Gaza et de la partie Est de Jérusalem.

De toute évidence, nous n'étions pas les premiers à chercher à apporter la paix à Jérusalem. En 1192, Saladin et Richard Cœur de

Lion, tous deux à la tête d'armées décimées par des privations et des pertes humaines énormes, cherchèrent à mettre fin à la troisième croisade par des voies diplomatiques. Ironiquement, les termes que proposait Richard Cœur de Lion étaient proches de ceux que nous proposions (bien qu'il fût alors question d'un partage entre chrétiens et Arabes et non entre juifs et Arabes comme à présent). Richard Cœur de Lion proposait que les musulmans aient le contrôle du Dôme du Rocher et de la mosquée Al-Aqsa. Les chrétiens recevraient les lieux saints appartenant à leur foi et le reste de Jérusalem et les alentours de la ville auraient été partagés. Dans les lettres qu'ils échangèrent, les deux chefs insistaient sur le caractère primordial de la Ville sainte. Richard Cœur de Lion écrivit : « Jérusalem est pour nous un objet de culte que nous ne pourrions jamais abandonner, même s'il advenait qu'un seul de nous survive. » Ce à quoi Saladin répondit : « Jérusalem est encore plus sacrée pour nous qu'elle ne l'est pour vous, car c'est le lieu où le Prophète a accompli sa chevauchée nocturne et le lieu où notre communauté de foi se rassemblera au jour du Jugement Dernier. N'imaginez pas que nous y renoncerons ou tergiverserons sur ce point. » Finalement les négociations furent rompues à cause d'intrigues politiques diverses, de revers militaires et d'accusations de mauvaise foi. Richard Cœur de Lion battit en retraite et les chrétiens ne conservèrent que le droit d'entrée à Jérusalem en tant que pèlerins.

Huit cent quatre-vingt-huit ans plus tard, nos négociations échouèrent aussi. À la flexibilité de Barak, Arafat opposa un entêtement catégorique, rejetant purement et simplement le plan élaboré par Clinton. Dans un dernier effort pour sauver les négociations, nous fîmes appel aux leaders arabes d'Égypte, de Jordanie, du Maroc et de l'Arabie Saoudite. Nous espérions que leur soutien aiderait Arafat à dire oui. À la réflexion, leur soutien eut peu de poids. Les Égyptiens et les Saoudiens ne se montrèrent pas fermes vis-à-vis d'Arafat, et de toute manière, leurs gouvernements n'avaient pas suffisamment de crédibilité dans le monde arabe pour le persuader de prendre le risque personnel qu'un accord pouvait représenter pour lui. Pour toute explication, Arafat n'hésita pas à offrir une excuse toute faite, à savoir qu'il n'avait pas l'autorité, selon ses dires, de négocier des concessions sur les lieux saints de l'islam. Il ne pouvait pas signer de compromis ou « vaciller » sur des questions sacrées pour les musulmans dans le monde entier sans chercher sa propre mort. Et la pire de ses excuses fut de se servir d'un mensonge, apparemment populaire dans la propagande arabe, selon lequel les juifs n'ont aucun droit sur Jérusalem parce qu'en fait le premier et le second temple ont été construits sur d'autres lieux. Arafat aurait pu être le premier président d'un État palestinien reconnu par la communauté internationale. Il choisit au contraire les applaudissements de supporters qui le félicitèrent d'avoir refusé d'abandonner un centimètre carré de « terre arabe » ou d'avoir reconnu la souveraineté d'Israël sur le Mur des Lamentations. Quand il retourna en Cisjordanie, il fut accueilli par des pancartes et des banderoles qui l'acclamaient comme le « Saladin de la Palestine ».

La question qui se pose pour l'avenir est de savoir si aucun leader palestinien acceptera jamais ce qu'Arafat a refusé, même si la même offre devait être renouvelée. La réponse est d'autant plus compliquée que les musulmans sont sous les injonctions du Coran : « Combattez, pour la cause de Dieu, ceux qui vous attaquent… Exterminez-les partout où vous les rencontrerez et chassez-les des terres d'où ils vous ont chassés. » L'avenir est rendu encore incertain par la politique de longue date d'Israël qui s'entête à s'établir sur des territoires syriens et jordaniens occupés au cours de la guerre de 1967.

Les premières colonies juives civiles qui furent construites au milieu des années 1970 étaient justifiées par le gouvernement israélien par des questions spécifiques de sécurité, telles que la surveillance des hauteurs. Les gouvernements conservateurs menés à l'époque par Menahem Begin et Yitzhak Shamir sont arrivés au pouvoir, forts de l'idée d'un « grand Israël », pour « rétablir » leur souveraineté sur la Cisjordanie (qui comprend toute la Judée et la Samarie de la Bible) et essentiellement frustrer les aspirations de millions de Palestiniens. Sous leur leadership, les Israéliens reçurent des subsides pour les encourager à installer des colonies dans des lieux où les Arabes avaient toujours vécu historiquement. Begin appelaient ces territoires conquis « la terre libérée d'Israël[1] ». Shamir qualifia la construction des colonies de « travail sacré ». Un rabbin expliqua : « La rédemption du monde entier dépend de la rédemption d'Israël. Voilà d'où ressort notre influence morale, spirituelle et culturelle sur le monde entier. Toute l'humanité tirera des bienfaits et des bénédictions de l'établissement d'Israël sur l'ensemble de toutes ses terres. »

Le rabbin est libre de croire à l'influence qu'Israël a gagnée grâce à ses colonies, mais il est difficile d'en voir des preuves. Beaucoup d'Israéliens comprennent au contraire que les programmes agressifs de construction sur ces territoires disputés ont terni l'image de leur pays sur le plan moral, ont aggravé la colère des Arabes et ont contribué à renforcer les conditions d'existence misérables des Palestiniens. Les colonies ont aussi imposé une multiplication insoutenable des interventions des forces de sécurité israéliennes qui ont été envoyées pour protéger les colons de leurs voisins palestiniens appauvris. Il faut ici saluer le premier ministre Ariel Sharon qui, en août 2005, a reconnu la nécessité d'un retrait et a ordonné l'évacuation des troupes israéliennes et des colons de la bande de Gaza. La question de la Cisjordanie est toujours à résoudre cependant. Lorsque je repense aux longues décennies durant lesquelles aucun progrès n'a été fait, je me rallie à regret à Léon Wieseltier, journaliste au magazine *New Republic,* quand il dit : « L'idée d'un Israël élargi… a toujours été une mauvaise idée, moralement et stratégiquement. Cette idée transporta un petit nombre dans une sorte d'extase, au détriment de la sécurité d'un grand nombre, et de plus, elle empoisonna la politique d'une grande démocratie moderne avec des lubies de messianisme et de mysticisme. »

1. Entre 1977, date de la prise de pouvoir de Begin et 1992 quand Shamir le remplaça au pouvoir, le nombre de colonies israéliennes établies en Cisjordanie, dans la bande de Gaza, sur les hauteurs du Golan et dans la partie Est de Jérusalem, passa de 57 000 (dont 50 000 étaient dans la partie Est de Jérusalem) à plus de 240 000.

Israël allait encore payer un autre prix pour ces colonies. Yigal Amir, l'Israélien de dix-neuf ans qui assassina Yitzhak Rabin en 1995, réclama des sanctions religieuses pour son horrible crime. Un rabbin extrémiste l'avait assuré qu'il avait le devoir, selon la loi juive, d'assassiner Rabin, parce que le soutien que le premier ministre avait apporté au processus de paix avait compromis les droits des colons. Quand on lui a demandé s'il avait agi seul, Amir répondit que non. Il était convaincu qu'il avait agi avec Dieu.

Il est vrai que je n'ai pas toujours approuvé certaines politiques d'Israël, particulièrement en ce qui concernait les mesures agressives tenant aux colonies, mais je tiens à réaffirmer que je suis inconditionnellement engagée à préserver l'existence et la sécurité d'Israël. La majorité des Américains partagent cette opinion. Pourquoi ? Nous savons que les communautés juives ont été persécutées de tous les temps, depuis les années d'esclavage en Égypte jusqu'aux pogroms de la Russie des Tsars. L'holocauste ne peut pas se classer dans une série historique de persécutions, car il reste une tragédie à part, à un niveau qui dépasse l'intelligence, et que l'on ne doit jamais oublier afin qu'elle ne se reproduise jamais. Nous avons salué en la création d'Israël, non seulement la réhabilitation d'un peuple, mais aussi un geste décent fait par l'humanité toute entière. Nous nous rangeons derrière l'argument qui consiste à penser que les Arabes, qui ont plusieurs autres villes saintes et de vastes territoires, n'avaient pas d'effort considérable à faire pour laisser une langue de terre au petit État d'Israël dans le seul endroit au monde où ce peuple a eu une patrie. Nous avons aussi pu voir la démocratie florissante que les Israéliens ont su établir. À l'étranger, particulièrement dans les pays arabes, on remet en question le soutien que l'Amérique apporte à Israël. À la recherche d'une réponse, certains avancent des théories de complots entre les deux pays et on surestime aussi dans d'autres explications le nombre de juifs aux États-Unis. Selon une étude récente, ces estimations vont de 10 % à 85 %, quand, en fait, le chiffre exact est moins de 2 %. Dans une autre enquête conduite récemment, les résultats montrent que les Arabes croient que le « lobby sioniste » est l'influence la plus déterminante dans la politique étrangère américaine. La réalité est que nous Américains, de toutes tendances politiques, soutenons Israël parce que nous voyons dans cette société des qualités que nous reconnaissons et que nous admirons.

Évidemment, les Américains sont aussi attachés à Israël à cause des traditions religieuses que nous avons en commun. Pour les États-Unis, l'holocauste a sans doute été un point de non-retour dans l'avancement de la création d'un État juif, mais la politique américaine est enracinée dans la Déclaration Balfour, c'est-à-dire qu'il y a une terre promise et que les Israélites étaient les récipiendaires de cette terre. Le vrai cœur du problème pour nos diplomates a toujours été de réconcilier ce point de départ avec les droits légitimes des Palestiniens. Cette tâche serait rude dans n'importe quelle autre circonstance, mais pour certains Américains, leurs convictions religieuses transcendent toute considération de justice à l'égard des Palestiniens. Ces Américains sont en fait convaincus, par de nombreux passages de la Bible, que Jésus ne reviendra sur terre que lorsque le temple de Salomon sera reconstruit et que le combat ultime entre le bien et le mal, tel qu'il est décrit dans le livre de l'Apocalypse, sera enfin livré.

Il existe une série de romans à succès dont les scénarios décrivent que l'histoire se déroulera de cette manière. Quand la civilisation mourra, il s'en suivra une « Extase » au cours de laquelle seuls les chrétiens fidèles seront élevés au septième ciel et tous les autres seront abandonnés[1]. C'est alors qu'apparaît l'Antéchrist, déguisé en

1. Voici la description de « L'Extase » selon Jerry Fallwell : « Vous serez en route dans votre voiture. Peut-être serez-vous le conducteur. Il y aura plusieurs personnes dans la voiture avec vous, peut-être y aura-t-il une personne qui ne sera pas chrétienne. Quand la trompette sonnera, vous et les autres fidèles croyants dans cette voiture, serez instantanément enlevés, vous disparaîtrez, laissant derrière vous seulement vos vêtements et les choses physiques qui ne peuvent pas participer à la vie éternelle… D'autres voitures sur l'autoroute conduites par des croyants seront soudain incontrôlables et un chaos extraordinaire en résultera… sur toutes les autoroutes du monde. »

Secrétaire Général des Nations Unies. Pris au piège de ses promesses rassurantes, Israël signe un traité de paix dont une clause inclut la reconstruction du temple à Jérusalem, mais ce temple sera détruit plus tard par l'Antéchrist. Ceci engendre des tribulations au cours desquelles Dieu, dans le but d'encourager les mécréants à retrouver leur foi, fait pleuvoir des plaies sur la terre. Des armées venues de loin se rassemblent en une force de 200 millions de soldats pour attaquer Israël. La bataille a lieu près de la ville de Megiddo, dans la plaine d'Esdrelon, à moins de cent kilomètres de Jérusalem. C'est là que Jésus réapparaît, en descendant du ciel pour conduire les chrétiens fidèles et les 144 000 juifs convertis (les seuls à survivre) dans une victoire sanglante. Le règne du Christ sur la terre est alors instauré et dure un millénaire.

En 1999, un sondage conduit par *Newsweek* révéla que 40 % des Américains, plus de 100 millions de personnes, « croient que le monde prendra fin, comme la Bible le prédit, dans une bataille entre Jésus et l'Antéchrist ». Dix-neuf pour cent des personnes sondées pensaient que l'Antéchrist est vivant parmi nous. Treize pour cent croyaient en « l'Extase », y compris ceux qui continuent à afficher des autocollants sur le pare-choc de leurs voitures afin de prévenir charitablement les autres automobilistes qu'« au jour de l'Extase, cette voiture sera sans conducteur ».

Peut-être parce que j'ai été élevée dans la foi catholique qui ne met pas particulièrement l'accent sur le livre de l'Apocalypse, je conçois ce texte moins comme une carte qui nous mènerait par des codes élaborés à la fin du monde, que comme une vision apocalyptique qui résulte de la lutte que les premiers chrétiens durent mener pour survivre à la répression religieuse de Rome. Je suis aussi troublée par les visions rapportées de l'Antéchrist. Pendant les croisades, Richard Cœur de Lion entendait ses conseillers religieux lui dire que Saladin était l'Antéchrist. Rien de bon n'est sorti de telles assurances. Martin Luther, qui lança la Réforme, déclara que le Pape était l'Antéchrist et l'Europe fut déchirée par les Guerres de religion pendant les cent années qui suivirent. L'Église orthodoxe russe vit l'Antéchrist en Napoléon et on se lança dans de nouvelles guerres. Le langage de l'Apocalypse est si dramatique que l'on est tenté de transférer les rôles de personnages spécifiques sur des amis et surtout sur des ennemis. On est fasciné par un sens narcissique de l'Histoire que l'on aimerait voir atteindre son zénith de notre vivant. Il n'est pas difficile d'imaginer le passé sans notre présence, mais imaginer l'avenir en notre absence est moins séduisant, alors on essaie d'imaginer autre chose.

* * *

La fin du monde pourrait bien nous mettre tous d'accord. Il serait inexcusable cependant de voir nos leaders s'en remettre à cette supposition pour justifier leur propre inaction et nous laisser au milieu du chaos et non en paradis, quand les événements leur donneraient tort. Prédire la fin du monde n'est pas une politique étrangère soutenable. Œuvrer pour la paix l'est, ce qui a souvent renvoyé les politiciens et les prédicateurs dos à dos. En janvier 1998, Bill Clinton a invité le premier ministre israélien, Benjamin Netanyahou et Yasser Arafat à la Maison Blanche. Son but était de les persuader de relancer le processus de paix qui avait été interrompu par des actes terroristes et par une augmentation sensible de la colonisation. La veille de la réunion, Netanyahou s'est entretenu avec des leaders de la droite chrétienne qui l'ont ovationné comme « le Ronald Reagan d'Israël » et l'ont encouragé, à mon avis de façon irresponsable, à ne pas accepter de compromis. Des chrétiens d'extrême-droite engagés politiquement et d'autres critiques de l'Administration Clinton soutenaient que l'engagement des États-Unis dans le processus de paix imposait une pression trop forte sur Israël. Dans leur esprit, toute politique qui amènerait Israël à rendre de nouveaux territoires aux Palestiniens serait, soit contraire à la Bible, soit dangereuse pour la sécurité d'Israël, ou néfaste dans les deux cas.

Quand le président George W. Bush arriva au pouvoir, il était bien déterminé à ne pas répéter ce qui constituait à ses yeux les erreurs de Clinton. Il refusa de traiter avec Arafat, se garda de nommer un négociateur à plein temps pour la région et ne s'engagea pas dans le conflit entre les Israéliens et les Palestiniens qui fit plus de quatre mille morts. L'avantage de cette politique était peut-être de garder en réserve les ressources diplomatiques de l'Amérique à d'autres fins, mais il y avait un revers à cette politique et il causa une profonde détérioration de la position de l'Amérique parmi les Arabes et les musulmans.

Malheureusement les problèmes à résoudre avant qu'une paix permanente ne devienne possible ne firent que s'aggraver pendant le premier mandat du président Bush. Les années de combats permirent au groupe Hamas, historiquement opposé à la paix, de gagner une supériorité sur son rival laïque, le Fatah, le groupe le plus important au sein de l'O.L.P. L'économie de la Palestine cessa de fonctionner, mais sa production de bombes, de grenades et de mortiers s'accrut. La barrière de protection élevée par les Israéliens à travers une grande partie de la Cisjordanie créa, de facto, une limite territoriale que les Palestiniens ne pourront pas accepter, mais sans laquelle les Israéliens ne pourront pas se sentir en sécurité. Les leaders d'Israël ont toujours refusé les demandes des Palestiniens de libérer les Arabes de prison si, aux yeux d'Israël, ces prisonniers avaient « du sang sur les mains » et il y a aujourd'hui beaucoup plus de prisonniers qu'il n'y en avait en 2000.

La mort de Yasser Arafat en novembre 2004 a enfin ouvert la voie à une nouvelle forme de leadership du côté palestinien. Le successeur d'Arafat, Mahmoud Abbas, homme très différent, fut bien accueilli. Pendant les négociations de 1990, il était le leader palestinien vers qui nous nous tournions le plus souvent pour avoir des échanges francs. Il ne se livrait pas en toute confiance, mais il ne se posait pas non plus en interlocuteur arrogant. Il affirmait que la solution aux problèmes des Palestiniens pouvait se trouver dans les échanges des négociations. Durant sa présidence, Abbas remit en question l'éternel consensus palestinien qui consistait à croire que la violence était le plus sûr chemin du progrès. Contrairement à Arafat, il ne nourrissait pas les chimères de restauration d'une domination arabe qui irait du Jourdain jusqu'à la Méditerranée. Son but était de créer un État palestinien durable, qui pourrait seulement être construit dans un processus de paix.

Le problème c'est qu'Abbas, bien qu'élu démocratiquement, manquait d'une base politique solide. Le Fatah, l'organisation dont il avait hérité d'Arafat, avait une réputation bien méritée de corruption et était minée par des rivalités idéologiques, personnelles et générationnelles. Abbas était dans une situation d'autant plus hasardeuse que les États-Unis, non seulement n'ont pas compris l'urgence impérative de venir à son aide, mais l'ont assailli de demandes qu'il n'était pas en mesure de satisfaire, ce qui le laissa dans une position intenable. Ses opposants palestiniens l'ont cloué au pilori, l'accusant d'être l'homme d'Israël et de l'Occident. Et cependant on l'a laissé sans ressources pour subvenir aux besoins les plus élémentaires du peuple palestinien. Dans l'espoir que la situation puisse s'améliorer avec un peu de temps, il reporta les élections législatives de juillet 2005 à janvier 2006. Cette tactique s'avéra vaine parce que le Fatah ne faisait que perdre en popularité. Quand les élections ont enfin eu lieu, le Hamas s'est trouvé majoritaire, à la grande surprise du Fatah, des États-Unis et sans doute du Hamas lui-même.

La progression du Hamas semble avoir précipité le processus de paix à son plus bas niveau depuis sa genèse il y a une quinzaine d'années. Le Hamas, comme l'O.L.P. à ses débuts, ne reconnaît pas l'existence d'Israël et n'a aucune intention de renoncer à la violence, ni de désarmer. Aucun accord de paix ne pourra être signé dans ces conditions. Le seul espoir, en attendant un accord, est une suspension des hostilités qui permettrait à chaque camp de faire une pause. Le Hamas devra tenir ses promesses faites pendant la campagne électorale de « changement et de réforme ». Ces promesses ont peu d'impact sur la question d'Israël et concernent essentiellement la gouvernance du peuple palestinien.

Les Israéliens ont aussi beaucoup à faire. Avant son hospitalisation à la suite d'une attaque cérébrale en janvier 2006, Ariel Sharon avait embarqué les Israéliens dans un projet qui devait les sécuriser en agissant unilatéralement pour les isoler des Palestiniens. Ce projet, qui n'a jamais été détaillé, visait à assurer la survie d'un État juif en majorité, en laissant autant de juifs et aussi peu de Palestiniens que possible sur un territoire contrôlé par les Israéliens. La partition de Jérusalem et le retrait d'Israël derrière les frontières d'avant 1967 étaient totalement exclus de ce projet. Les étapes déjà accomplies dans la réalisation de ce projet incluent la construction de la barrière de sécurité, le redéploiement de Gaza, et le renforcement des colonies dans Jérusalem et alentour. Ce qui sera plus difficile à réaliser c'est la fermeture de certaines colonies en Cisjordanie afin de préserver l'avenir de certaines autres.

Devant l'opposition de son propre parti, le Likoud, Sharon créa le Kadima, une coalition qui ralliait le soutien de tendances très diverses. L'avenir nous dira si les successeurs de Sharon seront capables de poursuivre une stratégie cohérente. Mais il reste que tant que le Hamas dominera la scène politique, Israël retardera la reconnaissance d'un État palestinien et la politique de Sharon de séparation des juifs des Palestiniens restera en vigueur.

Le Moyen-Orient est un lieu où les blessures se referment rarement et où les injustices ne sont jamais oubliées. Le temps n'est pas favorable à la paix. Mais pour les Palestiniens, le temps sera un facteur essentiel pour développer les institutions dont ils ont besoin pour se gouverner en toute responsabilité. Une administration efficace demande de l'honnêteté, de l'expertise et une capacité d'ouverture vers un compromis. Autant de qualités qui semblent manquer aux leaders du Fatah et du Hamas. Cependant le peuple palestinien a fait entendre par les urnes qu'il attendait plus de ses leaders qu'il n'a reçu dans le passé. Le fait que les élections se soient déroulées démocratiquement est un signe encourageant et constitue un premier pas vers la création d'un gouvernement responsable et compétent. Tant de pas restent à faire que les interventions de pays et d'organisations étrangères sont indispensables. Cependant cette aide extérieure ne pourra progresser que si elle ne facilite pas la tâche du Hamas ou celle d'autres éléments extrémistes qui cherchent à avoir recours à la violence.

Les commentateurs les plus optimistes ont suggéré que le Hamas gagnerait en modération si on lui accordait une participation au gouvernement. Personnellement j'en doute. Je pense au contraire qu'un statut politique accordé au Hamas attiserait les dissensions en son sein. Pragmatistes et idéologues vont chercher à avoir l'avantage sur la question. Les États-Unis devraient faire tout ce qui est en leur pouvoir pour promouvoir les forces plus modérées chez les Palestiniens, mais notre absence sur la scène ces huit dernières années a diminué notre influence et notre crédibilité.

Les changements de leadership en Israël et en Palestine ont créé une nouvelle dynamique politique qui a sans doute réduit les chances de paix à court terme. Et à long terme, quelles chances a-t-on ? Les chances de paix sont-elles mortes ? Sans idées nouvelles, je crains que oui.

J'ai souvent été tentée d'attraper les négociateurs palestiniens et israéliens par les oreilles et de les secouer pour essayer de les faire réfléchir avec bon sens. Je me suis résignée à espérer que nous pourrions trouver les mots justes, dans tous les sens du terme, pour écrire un texte qui permette aux leaders des deux camps de présenter un accord acceptable par les deux peuples. En dépit des nombreux revers essuyés, je veux encore croire que la composition d'un tel texte reste une possibilité. Un arrangement qui suivrait les grandes lignes tracées par Bill Clinton offrirait aux deux camps les meilleures chances imaginables dans un contexte raisonnable. La question est de savoir si la logique de la paix aura un jour assez d'élan pour déterminer l'avenir du Moyen-Orient. Faire appel à la raison et persuader chacun qu'il y va de son propre intérêt est sans doute la seule façon de procéder, mais comme on le sait, il ne s'agit pas tout simplement de diviser un lot de territoires, car si c'était le cas, la question aurait été résolue depuis longtemps. S'il s'avère que l'occasion de nouvelles négociations se présente, il faudra faire appel à l'art de la diplomatie traditionnelle sans aucun doute, mais encore faudra-t-il que nous trouvions une entente sur une certaine intelligence de la volonté de Dieu en la matière.

Historiquement, les Américains ont toujours pensé qu'il était sage de parler de Dieu le moins possible dans les négociations au Moyen-Orient. Ce qui se comprend, étant donné le caractère instable de la région. Mais il n'est pas réaliste d'isoler la religion de l'histoire qui l'accompagne dans une recherche de paix. Sharon a fait référence à Jérusalem en ces termes : « La capitale d'Israël est réunie pour l'éternité. » Aussi divisés qu'ils soient, les Palestiniens s'unissent pour dire qu'ils ne donneront aucune considération à l'idée de deux États sans que Jérusalem soit leur capitale. Les colonies israéliennes en Cisjordanie sont inamovibles. Or, mêmes les propositions de paix les plus accommodantes qui viennent de la part des Arabes exigent le retour de tous les territoires annexés en 1967. L'acharnement de Sharon dans son combat contre la seconde intifada avait pour but de convaincre les Palestiniens que toute résistance était sans espoir. Pendant le retrait de Gaza, les Palestiniens portaient des T-shirts avec l'inscription : « Aujourd'hui Gaza, demain la Cisjordanie et Jérusalem. » Depuis le VIIe siècle, les musulmans ont contrôlé Jérusalem pendant 1 300 ans. Israël est devenu un état il y a moins de soixante ans, ce qui n'est que le temps d'un clin d'œil dans l'histoire. Qu'est-ce qui tient le plus au cœur des Palestiniens à ce tournant de l'histoire : une chance infime, qui demanderait une orgie sanglante, de revivre la victoire de Saladin, ou bien une vraie chance d'élever leurs enfants dans la dignité et la paix ? Rêvent-ils d'être des martyrs ou des bâtisseurs de paix ?

Jimmy Carter n'avait pas hésité à parler de religion quand il avait réuni les leaders d'Égypte et d'Israël à Camp David. Bill Clinton avait pu aller aussi loin qu'il l'avait fait parce qu'il comprenait les données historiques de la situation et qu'il était à l'aise dans des discussions à caractère religieux. À l'avenir, les négociateurs ne pourront pas franchir le chemin d'ouverture pré-requis à moins qu'ils ne puissent trouver un vrai moyen d'aborder la question des prétentions conflictuelles et d'amener chacun à réévaluer ses privilèges. Est-ce du domaine du possible ? Je n'en ai pas la réponse. Mais j'aime l'observation de George Bernard Shaw qui disait : « L'homme rationnel s'adapte au monde. L'homme irrationnel s'acharne à faire que le monde s'adapte à lui. Donc tout progrès dépend de l'homme irrationnel. »

Si les fanatiques peuvent justifier la poursuite de conflits permanents par des passages du Coran ou de la Bible, je crois que d'autres peuvent y trouver des commandements inverses qui les supplanteront. Dans ce sens, l'*Alexandria Process* [1] créé en 2002 et soutenu par l'Association Mosaïca, Centre de Coopération œcuménique, est une initiative intéressante. La philosophie de cette initiative est que la paix entre les nations et les peuples ne pourra pas exister sans une réconciliation entre les religions et les cultures. Et donc la religion dont le pouvoir est source d'hostilité, doit se transformer en facteur de tolérance et de compréhension. Les principes de l'*Alexandria Declaration,* c'est-à-dire la défense de la paix, de la non-violence, et du respect des lieux sacrés, furent invoqués en 2003 dans la résolution de l'assaut de l'Église de la Nativité par des combattants palestiniens. Et ces mêmes principes servirent de référence lorsqu'en 2004 des personnalités religieuses musulmanes se réunirent pour discuter du problème de la propagande antisémite dans les sociétés arabes. Et dans le quotidien, ces principes sont encore appliqués dans les centres « Adam », situés en Israël et dans les territoires palestiniens. C'est le rabbin Michael Melchior, un pacifiste courageux et éloquent, qui fut à l'origine de ces centres et qui continue à être le moteur de leur élan pacifiste.

1. L'*Alexandria Process* est un processus de dialogue entre des leaders religieux (chrétiens, juifs et musulmans) en Terre Sainte, dans le but de créer une compréhension mutuelle et de travailler à la paix. C'est à la demande de Shimon Perès, alors premier ministre d'Israël, que l'archevêque de Canterbury essaya de réunir les leaders religieux. L'*Alexandria Declaration* a été signée en janvier 2002 par 14 leaders religieux : 6 rabbins, 4 cheiks et 4 évêques. *(Note du traducteur.)*

Melchior est fortement encouragé par le cheikh Imad Faloudji, un des fondateurs du Hamas qui quitta cette organisation à cause des attaques sur les populations civiles qui représentent une violation des principes de l'islam.

Ceux qui sont certains que l'intention de Dieu est de faire du Moyen-Orient le lieu de l'Apocalypse devraient au moins réfléchir sur le passage du prophète Isaïe qui annonce que ce temps sera celui où Dieu sera adoré, non seulement par les Israélites, mais aussi par les Égyptiens et les Syriens. Le prophète déclare : « Ce jour-là, Israël sera la troisième avec l'Égypte et l'Assyrie, une bénédiction au milieu de la terre. Dieu la bénira en disant : « Peuple d'Égypte soit béni et que l'Assyrie, fruit de mon labeur, soit bénie et qu'Israël, ma descendance, soit bénie. » Depuis le temps de Mohammed, les musulmans et les juifs ont adoré le même Dieu. Il arrivera peut-être un temps, aussi lointain qu'il puisse paraître, où l'*Alexandria Process* pourra enfin maîtriser la situation. C'est alors que, selon les mots de Yitzhak Rabin, les Israéliens et les Palestiniens « puiseront aux mêmes grandes sources spirituelles pour se pardonner mutuellement les angoisses qu'ils se sont infligées réciproquement, et ils pourront ensemble déposer leurs armes et cultiver en commun des moissons abondantes dans les champs mêmes où ils se firent la guerre ». Le temps viendra peut-être où tous écouteront la sagesse du Coran : « Si l'ennemi se tourne vers la paix, tourne-toi aussi vers la paix et fais confiance à Allah. »

Jusqu'à l'aube de ce jour, le dilemme au cœur de la Déclaration Balfour prévaudra, la force de caractère des leaders du Moyen-Orient sera mise à l'épreuve, on continuera à débattre de la position des États-Unis, les peuples de la région vivront encore dans la peur, et la tension millénaire entre les musulmans, les juifs et les chrétiens exacerbera une confrontation qui s'étend bien au-delà du Moyen-Orient et qui menace véritablement la planète entière.

Chapitre 10

« Le plus grand djihad »

Pris d'une grande anxiété causée par la sécheresse, les habitants d'Israël se rassemblèrent sur les pentes du Mont Carmel pour être témoins d'une compétition. D'un côté, il y avait 450 prêtres de Baal, le Dieu cananéen de la fertilité. De l'autre se tenait Élie, prophète de Yahvé, Dieu d'Abraham, de Moïse et de David. Parmi les spectateurs il y avait Achab, le roi faible et inconstant de Samarie. L'enjeu de cette rencontre consistait à déterminer quel dieu était le plus puissant. La preuve requise était un signe sous la forme d'un feu qui enflammerait un autel sur lequel on offrirait un taureau en sacrifice. Les partisans de Baal ouvrirent la compétition, prièrent, chantèrent, dansèrent et se fouettèrent avec des verges pendant des heures, mais leurs efforts furent vains. Élie les nargua : « Criez fort car c'est un dieu. Il est ou bien en train de parler ou occupé à une activité. Il peut aussi être en voyage, à moins qu'il ne soit en train de dormir et il faut donc le réveiller. » Puis ce fut le tour du prophète Élie. Il construisit un autel, utilisant douze pierres pour représenter les douze tribus d'Israël. Il immergea son offrande dans l'eau, invoqua le Seigneur et recula. En quelques secondes le feu consuma le sacrifice. Les témoins présents se jetèrent au sol et crièrent : « Le Seigneur est Dieu, le Seigneur seul est Dieu. »

Plus de 2 800 ans plus tard, les rapports humains avec le divin n'ont pas beaucoup changé. On cherche toujours des signes, ici sur terre, nous observons les événements qui nous révéleront la nature de Dieu et son sens dans nos vies.

Le 11 septembre 2001, les tours jumelles du World Trade Center à New York se sont écroulées, consumées par le feu. Fallait-il y voir un signe ?

« Dieu continue de soulever le rideau et permet aux ennemis de l'Amérique de nous donner probablement ce que nous méritons », déclara Jerry Falwell dans une intervention télévisée deux jours après la tragédie. Il poursuivit : « Je crois vraiment que les païens, les partisans de l'avortement, les féministes, les homosexuels et les lesbiennes qui essaient si agressivement de vivre des vies parallèles, les adhérents de l'*ACLU*[1] et les groupes tels que *The People for the American Way*[2], ont tous essayé de laïciser l'Amérique et je les dénonce en leur disant : Vous avez votre part de responsabilité dans ce qui est arrivé ».[3]

Falwell n'était pas le seul à voir la main de Dieu dans les attaques des terroristes. Les leaders d'Al-Qaïda étaient persuadés que leur succès était la preuve de la bénédiction de Dieu. Une cassette vidéo montre Oussama Ben Laden et un cheikh saoudien fêter leur coup après l'attaque, remerciant Dieu de leur avoir donné une "victoire aussi décisive", et échanger des histoires de rêves prémonitoires dans lesquels certains de leurs amis avaient vu que des avions s'écraseraient sur des tours. Le cheikh exultait : « Ce sera le plus grand djihad de l'histoire de l'islam ».

Dans la tradition des anciens Hébreux, triomphes et défaites étaient couramment attribués à la volonté divine. Le Seigneur promet en effet : « Si vous obéissez en tout, alors je serai l'ennemi

---

1. *ACLU, American Civil Liberty Union* : Union pour la défense des droits civils. La mission de cette organisation est de garantir les droits constitutionnels des citoyens tels que les droits accordés par le premier amendement, l'égalité des citoyens devant la loi, le droit à un procès en cas de perte de la liberté et le droit de préserver sa vie privée. *ACLU* est une association de tendance progressiste, soutenue par la gauche et dénoncée par la droite américaine comme antipatriotique sous l'administration de G.W. Bush. *(Note du traducteur.)*
2. *The People for the American Way,* fondée en 1981 par Norman Lear, est une organisation de défense de la démocratie à l'américaine. *(Note du traducteur.)*
3. Confronté à un déluge de critiques, Falwell s'excusa un peu plus tard pour ses remarques.

de votre ennemi et l'adversaire de vos adversaires. » Les premiers musulmans attribuèrent à Allah les victoires militaires qu'ils remportèrent et qui permirent la propagation de leur religion. Les catholiques espagnols étaient sûrs que l'empire qu'ils conquirent outre-mer au XVe et au XVIe siècles représentait la récompense que Dieu leur envoyait pour avoir persécuté les chrétiens hérétiques, les musulmans et les juifs. Quand la Grande-Bretagne et les autres puissances européennes ont colonisé l'Afrique, elles étaient persuadées d'œuvrer pour Dieu. Et comme nous l'avons vu précédemment, beaucoup d'Américains ont vu l'accroissement de la puissance de leur nation comme un signe de la providence. L'hymne de Julia Ward Howe, « *The Battle Hymn of the Republic* » qu'elle composa après une visite à un camp de l'armée, au début de la Guerre de Sécession, attribuait de façon incroyable la lutte à mort des Nordistes contre les Sudistes à la volonté de Dieu.

C'est humain de voir notre travail comme l'œuvre de Dieu et de défendre notre mission comme celle de Dieu. En tant qu'individus nous pouvons nous faire plaisir dans ce sens sans causer beaucoup de mal et il en résultera même peut-être un certain bien. Mais quand il s'agit d'une nation, croire que ses succès et ses échecs sont une conséquence directe des désirs de Dieu risque vraisemblablement de créer des difficultés. Si une nation est victorieuse, ses leaders vont agir avec arrogance et se croire tout-puissants. À l'inverse, une nation qui connaîtrait la défaite pourrait éprouver une rancœur et une amertume qui mettrait dos à dos les différents partis s'accusant chacun d'avoir provoqué la colère de Dieu. Quelle que soit la situation, une nation qui s'en remet totalement à Dieu et s'adresse à lui en disant : « Tout dépend de vous », risque de négliger son devoir d'agir par elle-même selon ses responsabilités. Bien qu'écrits dans un contexte très différent, les vers suivants d'Emily Dickinson expriment bien le dilemme : « La "Foi" est une belle invention / Quand les hommes savent voir / Mais il est prudent d'avoir un microscope / Dans l'urgence d'une situation. »

Peu de temps après les attaques du 11 septembre, j'ai été invitée à parler dans la grande église presbytérienne de la ville de Saint

Paul, dans l'État du Minnesota. Les gens étaient serrés dans les bancs et on sentait qu'il y avait une émotion forte dans l'assistance. En montant en chaire, j'avais aperçu des mouchoirs dans les mains de beaucoup de personnes. Dans ma mémoire le seul autre moment d'unité nationale comparable avait été l'assassinat de John Kennedy. Je ne me sentais pas capable de faire un sermon, mais je voulais saisir aussi précisément que possible ce que le 11 septembre voulait dire et ce qu'il ne voulait pas dire :

> Je ne vois aucun signe de la main de Dieu dans ces crimes, pas plus que je ne vois de trace de religion ou de conscience sociale dans leur motivation. Ceux qui ont commis ces actes ne peuvent pas se réclamer de l'islam, car leurs actes ont trahi les enseignements de cette foi qui exhorte les fidèles à la miséricorde. Ceux qui ont commis ces actes ne cherchent pas à défendre les Palestiniens car leurs leaders ont exprimé leur colère et leur peine devant ces attaques. Ils n'ont cure des pauvres, car ils n'ont pas utilisé leurs ressources pour les secourir mais pour leur enseigner la haine. Ce ne sont pas des fous car ils ont agi de sang-froid selon un scénario des plus calculés. Ces crimes représentent le mal le plus pur, absolument sans aucune justification politique, culturelle ou spirituelle.

En présence d'une tragédie, nous nous demandons souvent pourquoi un Dieu qui est à la fois tout-puissant et bon peut laisser de tels événements se produire. La réponse tient en partie dans la liberté qui nous est impartie de penser et d'agir selon notre propre volonté. Certains parmi nous se servent de cette liberté pour construire, soigner, enseigner ou composer des œuvres d'art, alors que d'autres vont faire exploser des tours. Ce sont nos actions et non celles de Dieu (pas plus que celles de Satan, même si nous aimerions l'en accuser). Quand un enfant est emporté par la maladie ou par un accident, on ne peut que ressentir angoisse et cruauté et accuser le destin injuste. Cyclones, tremblements de terre et tsunamis sont pour moi de l'ordre de la seule nature. Le reste de la réponse dépasse bien évidemment notre entendement. Les prédicateurs essaient vaille que vaille de nous expliquer que nous marchons dans la foi et non dans la lumière. Mais le fait est que nous marchons, que nous avons une responsabilité de veiller à notre bien-être et de nous protéger les uns les autres. Les attaques du 11 septembre ont élargi le champ de nos responsabilités et de nos obligations.

Dans les semaines qui suivirent les attaques, le président George W. Bush a démontré aux sceptiques qu'il était capable de vrai leadership. En s'adressant simultanément aux deux chambres du Congrès, il remplit sa promesse de campagne électorale d'être un rassembleur. Il remarqua que les peuples du monde entier avaient répondu aux événements tragiques par des prières en anglais, en hébreu et en arabe. Et il prit soin de faire remarquer que les victimes du 11 septembre regroupaient des gens de quatre-vingts nations différentes. Il remercia les organisations internationales et nos amis d'Europe, d'Afrique, d'Amérique Latine et d'Asie. Le président fit la promesse d'utiliser tous les moyens en son pouvoir pour lutter contre « les organisations terroristes à l'échelle mondiale ». Il expliqua aussi qu'Al-Qaïda représentait « une frange de l'islam que les théologiens de la foi musulmane et la majorité des religieux avaient rejetée, un mouvement marginal qui ne faisait que corrompre les enseignements pacifiques de l'islam ». Ces mots d'apaisement prononcés par le président semblaient vouloir unir le monde contre Al-Qaïda et ses supporters. Ce qui était évidemment la bonne stratégie. Afin de vaincre les forces de la terreur, l'Amérique allait avoir besoin d'amis et d'alliés partout et plus particulièrement dans le monde arabe et dans les sociétés musulmanes.

La dramatisation solennelle du discours du président plaçait le monde devant un choix absolu : « Chaque nation dans chaque région du globe doit maintenant prendre une décision. Vous êtes avec nous ou vous êtes avec les terroristes[1]. » Dans les semaines qui suivirent, la plupart des pays n'hésitèrent pas à faire leur choix.

Les alliés de l'Amérique au sein de l'OTAN invoquèrent pour la première fois les textes de défense et d'assistance mutuelle prévus dans

1. En offrant ce défi, le président Bush a très bien pu se référer à la mise en garde de Jésus : « Celui qui n'est pas avec moi est contre moi » (Luc 11, 23). Il est moins probable qu'il ait essayé de rappeler au monde l'affirmation de Lénine durant la Révolution russe : « Celui qui n'est pas avec nous est contre nous. »

le Traité de l'Atlantique Nord, en qualifiant les attaques d'agression contre l'alliance tout entière. À l'exception de l'Irak, tous les gouvernements du monde musulman, y compris l'Iran et l'O.L.P., condamnèrent les attaques. Quand les troupes américaines furent déployées en Afghanistan pour éliminer les forces des Talibans et traquer Al-Qaïda, des pays alliés tels que le Canada, le Japon et l'Australie se sont empressés de venir à l'aide. Le Pakistan, en dépit de ses liens avec les leaders afghans radicaux, accepta aussi de venir à l'aide. La Chine et la Russie, elles-mêmes aux prises avec des mouvements musulmans séparatistes sur leurs frontières, ont promis leur solidarité. Et même les musulmans qui avaient initialement protesté contre l'invasion de l'Afghanistan se sont tus quand il s'est avéré que la majorité des Afghans accueillaient favorablement la défaite des Talibans extrémistes. Aux États-Unis, soixante intellectuels, réunis en un groupe qui comprenait des chrétiens, des juifs, des musulmans et des athées, signèrent une lettre soutenant l'intervention militaire en Afghanistan, appelant cette opération une défense de « la morale humaine universelle » et « une guerre juste ». Pendant des mois après le 11 septembre, il semblait que l'Administration Bush allait réussir à unifier la plupart des Américains et des gouvernements étrangers dans la lutte contre une menace commune.

En tant que démocrate, j'étais fière de la façon dont les membres de mon parti se rallièrent derrière la Maison Blanche. Des membres du Congrès et des officiels qui avaient servi sous Clinton furent les premiers à applaudir. À chaque occasion qui se présentait, j'offrais moi-même mon propre soutien aux positions du président. Quand les forces des Talibans furent vaincues, j'étais parmi ceux qui s'en sont réjouis. Quand j'étais au gouvernement, j'avais rencontré des femmes et des jeunes filles dans un camp de réfugiés au Pakistan, près de la passe de Khaïber et je les avais écoutées raconter leurs récits de privations et d'oppression. J'avais promis à ces réfugiées que l'Amérique ne les oublierait pas. J'espérais enfin qu'elles allaient pouvoir regagner leur pays et rentrer dans leurs foyers pour vivre en sécurité dans le respect de leurs droits.

J'approuvais aussi la décision du Pentagone de capturer et de détenir des individus soupçonnés de terrorisme, pensant que les détenus seraient interrogés dans des délais raisonnables qui permettraient de déterminer s'ils devaient être poursuivis ou remis en liberté.

Bref, j'étais un faucon en faveur de la guerre. Et donc, quand le *Conseil Œcuménique des Églises* s'opposa aux actions militaires en Afghanistan, je n'étais pas d'accord. Quand Gore Vidal avança l'argument que l'invasion était motivée par les intérêts des pétroliers, je pensais qu'il avait perdu la tête. Et quand Alice Walker suggéra que, en ce qui concernait Oussama Ben Laden, « le seul châtiment efficace est l'amour », j'étais soulagée de savoir qu'elle était une auteure couronnée d'un prix littéraire mais pas notre Chef des Armées.

Dans les semaines qui suivirent les attaques, beaucoup de commentateurs firent une comparaison entre ce qui s'était passé le 11 septembre et l'attaque de Pearl Harbor par les Japonais en 1941. Dans les deux cas l'Amérique avait été prise au dépourvu, les attaques avaient causé une destruction massive sur le sol américain et ces attaques furent le point de départ d'hostilités sur une plus grande échelle. Dans le cas d'Hawaï, les troupes américaines, les navires et les avions américains furent bombardés par des avions identifiés clairement comme appartenant à un État ennemi, un pays qui avait des forces armées en uniforme, et dont les frontières étaient bien définies. Les responsables des attaques du 11 septembre ne portaient pas d'uniforme, ne brandissaient pas de drapeau, n'étaient pas à la tête d'une armée de l'air et ne se réclamaient d'aucune nation ni d'aucune alliance de nations. Leurs attaques ne visaient pas d'objectif militaire, mais avaient pour but de tuer autant de personnes que possible.

En février 1998, Ben Laden avait proclamé une *fatwa*[1] par laquelle lui et d'autres leaders terroristes appelaient les musulmans

---

1. Une *fatwa* est, dans l'islam, un avis juridique donné par un spécialiste de loi religieuse sur une question particulière. En règle générale, une *fatwa* est émise à la demande d'un individu ou d'un juge pour régler un problème où la jurisprudence musulmane n'est pas claire. Un spécialiste pouvant donner des *fatwas* est appelé un mufti. *(Note du traducteur.)*

à tuer partout les Américains. Parmi les raisons invoquées, il citait l'imposition de sanctions par l'Amérique contre l'Irak, le soutien des États-Unis à Israël et la présence des forces armées américaines en Arabie Saoudite. Il accusait l'Amérique d'avoir déclaré la guerre à Allah, au Prophète et à tous les musulmans. Pour se donner un semblant d'autorité, il citait des jugements cléricaux qui avaient trait à l'obligation religieuse de repousser les attaques contre la foi. Il appelait tous les musulmans à se joindre à lui pour attaquer « les troupes américaines de Satan ».

Les prétentions de Ben Laden mises à part, il n'a aucune autorité pour instruire les musulmans sur leurs obligations religieuses. Même le mollah Mohammed Omar qui lui donnait asile et le protégeait en Afghanistan avait admis : « Ben Laden n'est pas qualifié pour proclamer des *fatwas*, parce qu'il n'a pas accompli les douze années requises d'études coraniques pour prétendre au titre de mufti. Seuls les muftis peuvent lancer des *fatwas*. Ben Laden n'est pas un mufti et donc toute *fatwa* qu'il ait pu proclamer est illégale, nulle et non avenue. » La déclaration du mollah n'a pas empêché Ben Laden d'être pris au sérieux. La branche sunnite de l'islam est en partie décentralisée. Il n'existe pas de personne ou d'institution qui détienne une autorité pour parler officiellement au nom de tous les pratiquants de cette religion et qui puisse discréditer Ben Laden de façon à dissuader ceux qui sont les plus conditionnés à accepter son message.

Pendant mes années comme Secrétaire d'État, Ben Laden était un fugitif poursuivi dans les recoins les plus isolés de la planète. À notre connaissance aucun gouvernement en dehors de l'Afghanistan ne soutenait ses activités. C'était un terroriste, un assassin qui avait tué des musulmans et que son pays natal, l'Arabie Saoudite, avait désavoué et sa patrie d'adoption, le Soudan, avait expulsé. J'étais consciente qu'il cherchait à attirer les sympathies du monde musulman, mais il semblait disposer de peu d'atouts pour séduire ses adeptes, si ce n'était en leur offrant l'occasion d'exprimer leur colère et de se faire exploser en bombe vivante, pour mourir en « martyrs ». Toutefois, un démagogue est toujours dangereux quand il dit aux gens ce qu'ils veulent entendre et il suffit d'une poignée de terroristes pour créer d'immenses problèmes.

Proclamer que l'Amérique avait déclaré la guerre à l'islam n'avait aucun sens, bien évidemment. Sous le président Clinton, les États-Unis avaient été en première ligne pour défendre les musulmans en Bosnie et au Kosovo, pour favoriser l'établissement d'une démocratie en Indonésie, pour dénoncer les violations des droits de l'homme par les Russes en Tchétchénie et pour essayer de trouver un accord de paix au Caucase et au Moyen-Orient. Sous Carter et sous Reagan, l'Amérique avait aidé les moudjahiddins à chasser l'Union Soviétique de l'Afghanistan.

Il n'est jamais simple de prouver que quelque chose n'existe pas, mais il est encore plus complexe de le prouver à un auditoire profondément sceptique. De nombreux musulmans qui n'avaient que faire de Ben Laden partageaient cependant son opposition à la politique des États-Unis et ils étaient enclins à l'écouter quand il parlait de « purifier » la Terre Sainte des incroyants, de restaurer la domination musulmane à Jérusalem, et de raviver l'esprit de combat qui avait existé aux premiers temps de l'islam. Ces musulmans auraient sans doute opiné si on leur avait dit que les Américains devaient être tenus responsables collectivement des politiques intolérables du gouvernement des États-Unis au Moyen-Orient et dans le Golfe arabo-persique. Après les attaques terroristes contre les ambassades américaines au Kenya et en Tanzanie en 1998, le Département d'État offrit une récompense de cinq millions de dollars pour la fourniture de tout indice qui aurait conduit à l'arrestation de Ben Laden. Ceci eut pour effet de générer un torrent de dons magnanimes à l'adresse de Ben Laden de la part de riches Arabes. Bien que des gouvernements musulmans ne promouvaient, ni n'approuvaient les idées de Ben Laden, certains de leurs citoyens le soutenaient.

Ben Laden cherche à inciter les populations à le soutenir en faisant appel à un amalgame de ressentiment, d'envie et de culpabilité. Il fait référence à des événements d'un passé lointain auxquels peu de gens pensent encore, en dehors du monde musulman, mais que nombre de musulmans ne peuvent pas oublier : la destruction de l'Empire Ottoman, l'attribution à des puissances chrétiennes de terres qui faisaient partie du monde arabe, au Moyen Orient et en Afrique du Nord, et même l'expulsion d'Espagne des Arabes et de populations juives, par les rois catholiques, l'année où Christophe Colomb s'embarqua pour le Nouveau Monde. Les musulmans qui proclament que leur foi est attaquée peuvent paraître paranoïaques aux yeux des Occidentaux, mais c'est un fait que les frontières du monde musulman ont été considérablement réduites au cours des derniers siècles. Quand les Français sont entrés dans Damas en 1920, leur commandant, le Général Henri Gouraud, se rendit sur la tombe du héros le plus révéré parmi les combattants de l'islam. Gouraud déclara : « Saladin, nous voilà. Ma présence en ce lieu consacre la victoire de la croix sur le croissant. » En colonisant les États arabes, des représentants des puissances occidentales ont intentionnellement favorisé le développement d'élites laïques qui ont usurpé le pouvoir aux leaders religieux. Pendant ce temps les apparatchiks communistes de l'Union Soviétique ont passé des décennies à essayer de laver le cerveau de millions de musulmans en leur matraquant l'idée que Dieu n'existait pas. Des leaders nationalistes panarabes tels que Gamal Abdel Nasser d'Égypte dénonçaient l'islam comme l'ennemi du progrès. Le rêve sioniste se réalisa grâce aux puissances occidentales et au détriment des Arabes.

Le but de Ben Laden est de récolter une moisson d'amertume, en cultivant ces doléances et d'autres revendications plus récentes. Il veut créer une scission intégrale avec les musulmans "intégristes" d'un côté, et l'Occident de l'autre, exactement ce que nous devrions éviter à tout prix. Ben Laden et ceux qui partagent sa pensée, restent figés dans les injustices du passé et ne se tournent pas vers les chances que l'avenir offre. Quand ils invoquent le Coran, ils évitent les passages tels que : « Le temps viendra peut-être où Dieu établira des liens d'amour et d'amitié entre toi et ceux que tu vois comme tes ennemis, car Dieu détient pouvoir sur toutes choses. Dieu est infiniment miséricordieux et rempli de compassion. » Mais au lieu de ces versets, Ben Laden et ses disciples préfèrent les commandements coraniques qui incitent à brandir les armes et à trucider les infidèles. Ils n'ont rien à offrir qui puisse améliorer ou enrichir la vie des hommes sur la terre, ils sont seulement préoccupés par la gloire dont ils comptent se couvrir dans l'autre monde. Pour eux, leur propre morale va de soi, et la révélation de Dieu leur ordonne de tuer.

Les terribles événements du 11 septembre ont fait plus de trois mille victimes. Ce jour-là marqua aussi l'émergence d'un nouveau défi, fort complexe, lancé contre la sécurité nationale des États-Unis. À la différence des communistes qui s'affirmaient « athées », ce nouvel ennemi proclame qu'il est engagé au service de Dieu. Dans sa réponse, l'Amérique doit faire preuve d'ingéniosité, non seulement en se donnant les moyens de prévenir toute nouvelle attaque, mais encore en diffusant un message bien ciblé qui saperait les fondements sur lesquelles l'ennemi s'appuie.

Chapitre 11

« Dieu veut que je sois président »

Quand le président Bush présenta son choix très tranché après le 11 septembre, son message était clair : le monde a changé et l'Amérique va se défendre. L'intervention militaire que les États-Unis ont conduite en Afghanistan a donné du poids à ce message en dispersant les militants d'Al-Qaïda et en renversant les Talibans. À la suite de quoi les étapes à suivre me semblaient évidentes : d'abord *agir militairement* afin d'empêcher Al-Qaïda de trouver refuge au-delà de la frontière afghane au Pakistan. Ensuite *agir politiquement* en établissant des institutions démocratiques dans toutes les provinces de l'Afghanistan, et en s'assurant que les fiefs des éléments extrémistes ne resurgiraient pas. Enfin *agir diplomatiquement* en ralliant les pays frontaliers de l'Afghanistan – l'Iran, le Pakistan et les pays musulmans de l'Asie centrale –, pour forger la coalition la plus forte possible contre Al-Qaïda. Le but ultime étant de détruire le réseau de Ben Laden autant que faire se pourrait, d'isoler les derniers récalcitrants et d'empêcher qu'une branche ne reprenne racine ailleurs.

À ces fins, je m'attendais à voir le président continuer à mettre l'accent sur les thèmes qu'il avait adoptés avec tant de succès dans les semaines qui avaient suivi le 11 septembre, à savoir, chercher à créer une unité globale, achever la défaite des terroristes, et travailler avec nos alliés pour tendre la main aux Arabes et aux musulmans.

Ces attentes ne se sont pas concrétisées. À un moment où il eut été logique et essentiel de persévérer dans cette direction, le président changea de cap.

Au lieu de persévérer pour éliminer Al-Qaïda, il adopta une nouvelle politique qui allait produire exactement l'effet inverse. En 2002, dans son discours sur l'état de l'Union, il se concentra, non plus sur les terroristes ni sur la construction d'une nation, qui avait été à peine ébauchée en Afghanistan, mais sur un soi-disant « Axe du mal » qui comprenait l'Iran, l'Irak et la Corée du Nord. Dans des remarques qu'il fit plus tard en public cette année-là, il mit l'accent non pas sur le besoin urgent de créer une coalition antiterroriste multinationale, mais sur l'intention unilatérale des États-Unis de maintenir « une force militaire au-delà de tout besoin de défense ». En rendant publique sa stratégie de sécurité nationale, le président affirmait le droit d'attaquer des nations étrangères, même en l'absence de menace imminente, s'il avait un doute sur les intentions de ces pays d'attaquer un jour les États-Unis. C'était là la fameuse et controversée « doctrine de prévention », qui déclarait que l'Amérique avait un droit que nous ne reconnaîtrions jamais comme légitime chez aucune autre nation qui avancerait cette même doctrine. Il demanda aussi au Congrès d'approuver une nouvelle génération d'armes nucléaires pour renforcer l'arsenal déjà si redoutable que l'Amérique possède.

Ces éclats de rhétorique musclée valurent au président les applaudissements de ses admirateurs, mais n'eurent aucun effet pour renforcer la sécurité des Américains. Au contraire, ce discours compliquait ce qui aurait dû être un choix simple. Le président avait demandé à tous les pays de s'opposer à Al-Qaïda. À présent, il leur demandait de s'opposer à Al-Qaïda et de cautionner en même temps une vue inconditionnelle de la puissance des États-Unis. Placés devant un tel choix, nombre d'entre eux qui avaient un dégoût profond pour toute forme de terrorisme, ne pouvaient cependant pas se résoudre à s'*aligner sur* les États-Unis. En ignorant le conseil de Théodore Roosevelt qui recommandait de parler à voix douce, le gouvernement américain commença, sans s'en rendre compte, à changer les priorités des autres pays qui commencèrent à détourner leur attention des terroristes pour se mettre à surveiller ce que l'Amérique pourrait bien concocter.

En septembre 2002, la venue du président Bush à New York pour assister à l'Assemblée Générale annuelle des Nations Unies, réunit un vaste auditoire. Si j'avais été en mesure de lui donner un conseil, je lui aurais dit de rallier les nations contre Al-Qaïda, de remercier les gouvernements qui nous avaient aidés à poursuivre les terroristes et de faire appel aux leaders religieux, aux intellectuels et aux éducateurs pour qu'ils ne cessent d'affirmer dans leurs messages que le terrorisme est injustifiable quelles que soient les circonstances. Mais le président choisit au contraire de demander l'appui du Congrès pour renverser Saddam Hussein. Au cours de l'automne, quand le président évoqua le défi que représentait Al-Qaïda, il le caractérisa moins comme une lutte multinationale contre une menace globale que comme une campagne pour traduire les terroristes devant la « justice américaine », comme si le mot « justice » seul ne suffisait pas.

En janvier 2003, le président eut une nouvelle occasion pour dévoiler ses priorités lors de son discours sur l'état de l'Union. Cette fois, il consacra quatre fois plus de temps à parler de l'Irak que d'Al-Qaïda, citant le nom de Saddam Hussein dix-huit fois, mais passant sous silence celui de Ben Laden. Pour étayer la décision qu'il avait déjà prise d'envahir l'Irak, le président associa de manière simpliste Al-Qaïda au gouvernement de Bagdad, les décrivant comme les deux volets de la même menace. Cette tactique conduisit beaucoup d'Américains à conclure que Saddam Hussein avait été impliqué dans les attaques du 11 septembre. Pour quelle autre raison, en effet, irait-on le poursuivre ? Et cette nouvelle vision permit aussi au gouvernement d'accuser ceux qui remettaient en question l'invasion de l'Irak de faire preuve de faiblesse dans la lutte contre le terrorisme. Ainsi des pays comme l'Allemagne et la France furent sévèrement fustigés par le Secrétaire à la Défense, Donald Rumsfeld et méprisés comme des traîtres par certains membres du Congrès. Ceci était injuste. Des soldats français avaient servi sans relâche aux côtés des forces américaines en Afghanistan où Al-Qaïda avait ses bases, et l'Allemagne y avait dirigé les forces de sécurité internationales.

Dans les mois qui précédèrent la guerre contre l'Irak, un ton triomphal se fit entendre parfois dans la rhétorique de l'Administration Bush. Ceux qui préparaient la guerre parlaient de « choc effroyable et [de] coup ultime », que la puissance militaire américaine serait capable d'assener à l'ennemi. Le vice-président Richard Cheney prédit que nos soldats seraient accueillis en « libérateurs ». Condoleezza Rice parlait du projet de l'Amérique de transformer tout le Moyen-Orient. Aux critiques qui l'attaquaient pour avoir échoué à rallier une coalition internationale plus imposante, le président répondit : « Il se peut que nous nous retrouvions tout seuls à un certain moment. Ça ne m'inquiète pas. Nous sommes l'Amérique. »

Pendant ces mois, l'Administration réussit de fait à mobiliser l'opinion américaine en sa faveur et à persuader Tony Blair en Grande-Bretagne, et quelques autres leaders étrangers, de fournir des troupes pour l'invasion. Mais quel rapport ces succès avaient-ils avec une victoire contre le terrorisme ? Cette question était en fait de la plus haute importance car si le but de l'Amérique était d'isoler les terroristes, Al-Qaïda aussi avait un but. Sa stratégie était d'attirer dans son camp, ou tout au moins de neutraliser, tout musulman opposé à la politique des États-Unis. Ben Laden cherchait à s'associer, selon ses propres déclarations, à la quête des Palestiniens pour recouvrer la terre sacrée et à la lutte des Arabes dans la résistance à l'invasion et à l'occupation de l'Irak par des impérialistes chrétiens. Il y a un lien crucial entre des attaques contre l'islam et une occupation étrangère, car on s'aperçoit dans les études faites sur les attentats-suicides que la motivation des kamikazes est rarement purement religieuse. Les campagnes de terreur sont presque toujours orchestrées pour forcer un repli d'un territoire dont l'occupation est controversée. Les roulements de tambour de l'Amérique ont rendu la tâche d'Al-Qaïda beaucoup plus facile qu'elle n'aurait dû l'être.

Dans les semaines qui ont suivi le 11 septembre, l'opinion internationale était, pour une majorité écrasante, favorable aux États-Unis. En deux ans, une image très différente s'est dessinée. En Indonésie, qui est l'État musulman le plus peuplé, l'attitude envers l'Amérique est passée d'une cote favorable de soixante-quinze pour cent en 2000 à un pourcentage négatif de quatre-vingt-trois pour cent en 2003. Les pays musulmans craignaient dans une large majorité une attaque des États-Unis. Au Pakistan, pays stratégique qui s'était déclaré favorable aux États-Unis, le soutien à la guerre contre le terrorisme connut une chute dramatique jusqu'à seize pour cent. En 2005, les pourcentages de soutien restaient dramatiquement bas : douze pour cent en Jordanie, dix-sept pour cent en Turquie, et trente et un pour cent au Liban.

Qui plus est, les motivations des États-Unis dans leur lutte contre le terrorisme ne sont pas considérées comme sincères. Beaucoup de personnes, et pas seulement dans les sociétés musulmanes, croient que les buts véritables des États-Unis sont d'avoir la mainmise sur le pétrole, de vaincre les musulmans, de faire avancer la cause d'Israël et de dominer le monde. Autant de points qui vont dans le sens des arguments d'Al-Qaïda. Un groupe de recherche du Département d'État rapporta que dans un grand nombre de pays les États-Unis sont désormais vus, « moins comme un symbole d'espoir, que comme une force dangereuse contre laquelle il faut se mesurer », et qu'en Égypte, au Maroc et en Arabie Saoudite, « George Bush représente une plus grande menace contre la paix dans le monde qu'Oussama Ben Laden ». Les historiens devront résoudre cette énigme un jour et essayer de comprendre comment des terroristes apatrides et dont la tête est mise à prix, peuvent en fait rivaliser, de façon crédible, avec le leader du pays le plus puissant du monde, dans les perceptions du public et dans les débats de politique mondiale.

Comme le président Clinton avant lui, le président Bush a dit et répété avec la plus grande sincérité que les États-Unis ne sont pas engagés dans une guerre de religion. Il sait fort bien qu'il serait diplomatiquement maladroit, particulièrement en ces temps si troublés, d'insinuer que l'Amérique a une relation toute particulière avec Dieu. Le président a une façon de parler, cependant, qui trahit ses intentions. Sa rhétorique, bien que calquée sur celle que des chefs de l'exécutif ont utilisée avant lui, est néanmoins un exemple extrême, enraciné dans une vision missionnaire truffée d'images religieuses. Ce n'est pas un hasard si Al-Qaïda trouve des oreilles attentives quand ses leaders dépeignent Bush comme un croisé des temps modernes.

Ainsi le président a déclaré à plusieurs reprises que l'Amérique avait l'obligation morale de « libérer le monde du mal » – tâche surhumaine s'il en est. Il a proclamé que « le but de l'Amérique va au-delà de la mise en œuvre d'un processus. L'Amérique a l'intention de produire un résultat : mettre fin aux terribles menaces proférées contre le monde civilisé. » Dans son fameux discours connu comme « Mission Accomplie », prononcé en mai 2003, après l'invasion de l'Irak, le président cita le prophète Isaïe : « Aux captifs, sortez. Et à ceux qui sont dans les ténèbres, soyez libres. » Ceci n'était peut-être qu'une image rhétorique, mais les mots résonnaient très fort. Le président parlait des fruits de la victoire militaire américaine, alors qu'Isaïe parlait de la victoire que Dieu avait accordée à Israël en libérant les captifs de l'esclavage. Quand Saddam Hussein a été fait prisonnier, le président a affirmé que l'Amérique faisait le travail de Dieu en rendant la liberté au peuple irakien. Quand un journaliste lui demanda si son père approuvait la guerre contre l'Irak, il répondit : « Vous savez, ce n'est pas à lui qu'il faut que je m'adresse en matière de force. Il y a un Père plus haut placé, à qui je peux faire appel. » Avant même d'annoncer sa candidature à la Maison Blanche, il avait confié aux chrétiens évangéliques : « Je crois que Dieu veut que je sois président[1]. »

---

1. Dans une interview sur la chaîne NBC, dans l'émission *Meet The Press* le 27 mars 2005, on demanda à Richard Land qui représentait la convention des baptistes du Sud si la citation était correcte. Il répondit : « Oui elle est correcte, mais elle est incomplète. Et la presse continue à la citer hors de son contexte, ce qui change totalement son sens. Il a expliqué,

La difficulté, bien sûr, n'est pas dans le fait que l'Administration Bush ait cherché à exercer un leadership moral, parce que pratiquement tous les gouvernements des États-Unis ont cherché cette dimension morale. Le problème est que la rhétorique est allée presque jusqu'à justifier la politique des États-Unis en termes explicitement religieux, ce qui fait penser à l'image d'un toréador avec sa cape rouge écarlate devant le taureau. C'est exactement l'arène où Al-Qaïda cherche le combat. Avec un leader fort, les États-Unis peuvent unifier le monde dans un rejet des massacres de personnes innocentes. Mais nous ne rassemblerons jamais personne en proclamant qu'un désaccord avec le président des États-Unis est un désaccord avec Dieu.

Quand le président Bush parle, tout naturellement, de la lutte contre les terroristes en termes de lutte entre le bien et le mal, présente-t-il un contraste vraiment absolu ? Si Al-Qaïda n'incarne pas le mal, le mal n'existe pas. Mais qui peut prétendre incarner le bien ? Je suis une Américaine et profondément fière de l'être, mais je ne peux moi-même affirmer, dans aucun sens strict du terme et en toute honnêteté, que nous incarnons le bien. Il est possible que nos leaders aient les meilleures intentions du monde, mais que ce soit dans notre combat contre le terrorisme ou dans la poursuite de tout autre but, nos motivations sont souvent impures, notre préparation souvent imparfaite, nos renseignements souvent incomplets et nos actions en souffrent. Ceci a toujours été vrai, à chaque étape de l'histoire des États-Unis, et c'est vrai aussi dans une proportion plus ou moins grande pour toutes les nations. Jésus de Nazareth, lui-même, répondit à un étranger qui l'appelait « bon maître » : « Pourquoi m'appelles-tu bon ? Nul n'est bon que Dieu seul. » En combattant le terrorisme, il serait plus correct de parler de confrontation entre le

---

et c'était en sortant d'un service religieux, le matin de son inauguration pour le terme de son second mandat de gouverneur du Texas, que le pasteur méthodiste avait parlé de façon émouvante et avait dit entre autres choses : « Dieu a un but pour votre vie et un plan pour cette vie », et sa mère s'est penchée sur son fils et lui a dit : « George, c'est à toi qu'il s'adresse. » Bush est rentré à la résidence du gouverneur, a rassemblé plusieurs d'entre nous et nous a dit : « Je crois que Dieu veut que je sois président, mais si ça ne se réalise pas, tout ira bien malgré tout. »

mal et ce qui est « plutôt bien », ou entre le mal et ce qui n'est « pas trop mal », ou encore entre le mal et « le mieux que nous puissions faire ». Nous pourrions aussi adopter la formule d'Abraham Lincoln qui parlait de lutte entre le mal et « le bien tel que Dieu nous fait voir le bien ».

J'ai inclus ces remarques dans un discours au printemps 2004 et j'ai ajouté : « Je dis ceci sans vouloir critiquer le président Bush, parce que je pense qu'en général il pèse ses mots et parce que je suis tentée comme tout le monde de faire des remarques qui appellent les compliments. Nous désirons tous vivement croire ce que nous voulons croire et ce qui nous réconforte dans nos croyances. Mais la foi ne conduit pas toujours à la sagesse. Et dans la poudrière qu'est le monde d'aujourd'hui, nous avons tout à gagner à éteindre les incendies au lieu d'en allumer de nouveaux. »

L'avertissement que j'avais pris soin d'émettre ne réussit pas à dissuader la presse favorable au président de voler à son secours. Le lendemain même, le présentateur du journal télévisé de la chaîne Fox News, Sean Hannity me traita de « gauchiste aux abois » et en pure rhétorique posa la question de savoir si la gauche avait tellement soif du pouvoir pour s'abaisser si honteusement pour le reconquérir. Un de ses collègues suggéra avec un sourire plein de mépris que ma politique pour combattre le terrorisme devait consister à « chanter *Kumbaya* en arabe ».

Comme nous l'avons vu précédemment, le président est loin d'être le premier à mettre Dieu dans ses plans d'action. Avant lui, les anti-esclavagistes, les leaders des droits civils et les organisateurs des mouvements humanitaires ont tous suivi ce modèle. Cependant, c'est une tactique dont il faut user avec prudence. Or, cette vertu ne semblait pas guider les républicains au cours de leur convention en 2004. On entendit alors le coprésident de la délégation de l'Iowa déclarer : « GOP[1] veut dire "God's Official Party", c'est-à-dire "Parti

1. Le Parti républicain, aussi appelé GOP (anglais : *Grand Old Party*), est l'un des deux grands partis politiques américains contemporains.

officiel de Dieu". » Le programme électoral des républicains texans affirmait : « Les États-Unis d'Amérique sont une nation chrétienne. » Le comité national républicain de l'éducation supérieure sollicitait des fonds pour offrir au président « le bouclier de Dieu ». Le vice-président Cheney cita un historien qui aurait écrit : « Quand les États-Unis ont été fondés, les étoiles ont dû danser dans les cieux. » Et dans son discours d'acceptation de sa nomination par son parti, le président Bush déclara : « Comme les gouvernements qui nous ont précédés, nous avons la vocation, qui nous vient d'au-delà du firmament, de défendre la liberté. »

Le président Bush est fier de la foi qu'il met dans ses propres jugements sur le bien et le mal, et sur ses perceptions des volontés de Dieu. Il considère ce niveau de perception comme une qualité essentielle chez un président. « Il est vital que vous sachiez ce à quoi vous croyez, ou vous risquez d'être ballottés de ci, de là, au gré des flatteries de vos amis ou des attaques de vos critiques », confia-t-il à un auditoire à l'automne 2004. « Il est crucial que le président de l'Amérique soit constant. » Et il poursuivit : « Le président de l'Amérique doit fonder ses décisions dans ses principes, dans ses convictions profondes dont il ne doit jamais se départir. »

Qui pourrait remettre de telles affirmations en question ? Il est certain qu'un leader doit avoir confiance en lui-même, mais il faut savoir discerner les limites de la confiance en soi et la différencier d'une certitude arrogante qui veut toujours avoir raison. La confiance naît d'un effort à apprendre tout ce que l'on peut pour comprendre un problème. On acquiert une certitude arrogante quand on pense tout savoir sur une question. Un leader confiant portera un jugement ferme sur ce qui est la meilleure solution, mais il acceptera aussi de revenir sur un problème quand de nouvelles informations seront disponibles. Un leader arrogant sera réticent à recevoir de nouveaux faits qui viendraient remettre en question ce qu'il pense.

Être capable de porter un jugement moral fait certainement partie des responsabilités d'un leader et notre nature humaine nous porte à penser en termes absolus, mais il faut rester circonspect. Peu d'entre nous peuvent se vanter d'avoir 10/10 de vision morale. Si nous sommes certains d'avoir raison, nous allons être moins enclins à explorer des alternatives ou à développer un plan de rechange si le plan initial fait long feu. Nous pourrions être si sûrs du bien-fondé de notre cause que nous en oublierions de persuader les autres de la valeur de notre position. Et nous courons encore le risque d'être si assurés de nos objectifs que nous en oublierions de nous donner les moyens appropriés de les mettre en œuvre. L'histoire ne nous offre que trop d'exemples d'entreprises qui ont échoué, en dépit des croyances de ceux qui les ont lancées. Les convictions profondes du président Bush ont conduit l'Amérique, après les attaques du 11 septembre, à envahir et occuper de manière prolongée un pays qui n'avait aucun lien avec ces attaques. Cette action a élargi le fossé entre les musulmans et les États-Unis, a redonné vie à Al-Qaïda et a rendu le défi au terrorisme une tâche d'autant plus complexe.

Chapitre 12

Les conséquences inattendues de la guerre d'Irak

On lit dans les écrits de Saint Augustin : « Les causes des guerres et les hommes qui les déclarent conditionnent énormément les conflits armés que nous devons engager. »

À peu près 1 600 ans plus tard, en mars 2005, le cardinal Pio Laghi essaya de persuader le président Bush de ne pas mettre à exécution ses plans d'invasion de l'Irak. Le cardinal, envoyé spécial du Vatican, mit en garde contre les victimes civiles et la détérioration des relations entre les chrétiens et les musulmans. Il pressa le président de considérer qu'il ne serait ni moral ni légal d'attaquer un pays, même pour mettre fin à un régime aussi infâme que celui de Saddam Hussein. Le président Bush ne bougea pas de ses positions. Il répondit simplement : « La guerre améliorera la situation ».

Dans un discours cette même semaine, j'ai avancé l'argument que « même s'il y avait une raison juste d'envahir l'Irak, l'Amérique serait sans doute sage de ne pas entrer en guerre dans les circonstances actuelles ». J'étais très inquiète des conséquences d'un nouveau conflit qui allait nous détourner de l'offensive menée pour capturer Oussama Ben Laden et que Al-Qaïda allait exploiter pour recruter de nouveaux terroristes dans ses rangs. J'émis aussi une mise en garde contre les divisions internes irakiennes qui ne manqueraient pas de compliquer la résolution du conflit. Une autre de mes grandes préoccupations était le manque de soutien de la communauté internationale et j'ai dit clairement que même si les États-Unis avaient le pouvoir de gagner la guerre sans participation étrangère, on ne pourrait pas établir de démocratie durable sans un engagement international. Je pense que certaines personnes au gouvernement, particulièrement au Département d'État et aussi dans les rangs des militaires, avaient des vues proches des miennes, mais leurs opinions comme les miennes n'eurent aucun poids.

Je n'ai jamais eu d'illusions sur Saddam Hussein, et mes doutes sur la légitimité de cette guerre étaient fondés sur d'autres critères. Quand j'étais au pouvoir, j'avais moi-même affirmé que des attaques militaires mesurées étaient justifiées pour pénaliser l'Irak suite à ses positions, y compris son refus de coopérer avec les inspections des Nations Unies sur ses stocks d'armes. Maintenant que j'étais hors du gouvernement, en me fondant sur les informations rassemblées par nos services de renseignements, je pensais que l'Irak possédait sans doute des armes chimiques et biologiques, mais que le pays n'avait pas les moyens de déployer ces armes hors de ses frontières. On n'avait pas de preuve que le pays avait repris ses travaux de mise au point d'armes nucléaires. Mais il était facile de penser que Saddam Hussein essaierait de les reprendre si on le laissait faire. Cependant il était très surveillé, comme une bête traquée. L'armée irakienne était sous l'interdiction d'acheter de nouvelles armes et elle était entourée de forces supérieures. Même le contrôle de son espace aérien lui échappait. Saddam Hussein avait aussi été prévenu que son pays serait rasé s'il essayait d'envahir un autre pays. En règle générale, les personnes qui se font ériger des statues ne sont pas suicidaires. Après avoir subi des sanctions pendant plus d'une décennie, l'Irak n'était pas en position d'attaquer qui que ce soit.

En 2001, Colin Powell qui était Secrétaire d'État, résuma la situation correctement quand il déclara qu'il pensait franchement que les sanctions avaient joué un rôle efficace. Il ajouta : « Saddam Hussein n'a pas développé de capacité réelle d'armes de destruction massive. Il est incapable de déployer une force armée contre ses voisins. En conséquence, toutes les mesures politiques que nous avons prises ont renforcé la sécurité des voisins de l'Irak et nous avons bien l'intention de continuer à imposer ces mesures. » Powell ne précisa pas cependant combien de temps ces mesures seraient maintenues. Au début de 2002, le président Bush avait décidé de les abandonner, pour les remplacer par les préparatifs pour l'invasion.

La tradition de « la guerre juste » présente une série d'étapes qu'il faut franchir avant que la décision de se lancer dans un conflit puisse être légitimée. Ces étapes incluent premièrement une cause juste, deuxièmement une intention droite, troisièmement une autorité reconnue, quatrièmement une chance raisonnable de succès, cinquièmement un équilibre favorable entre le bien que l'on compte accomplir contre le mal que l'on va causer. Quand les intentions du gouvernement devinrent claires, tout un ensemble de voix se firent entendre de diverses autorités religieuses qui se rallièrent au Vatican en déclarant que l'invasion qui se préparait était loin de répondre à ces critères. L'évêque méthodiste de Chicago exprima son rejet en disant : « Il est impossible de réunir les critères de "la théorie de la guerre juste" qui pourraient justifier cette aventure irresponsable. Il ne s'agit pas d'un acte d'autodéfense. On est loin d'avoir épuisé toutes les options. On peut imaginer que les conséquences dévastatrices d'une invasion de l'Irak dépasseront dans une large proportion l'agression initiale de Saddam Hussein. Les civils innocents, particulièrement les femmes et les enfants ne seront pas protégés. »

Petros VII d'Alexandrie, le second patriarche de l'Église chrétienne orthodoxe, émit un avertissement contre l'invasion de l'Irak qui « serait perçue comme une attaque contre l'islam » et aurait « des conséquences injustes, graves et de longue durée ». Le comité exécutif du Congrès mondial de la religion et de la paix lança un appel à Bagdad pour que l'Irak se soumette aux résolutions du Conseil de sécurité des Nations Unies, mais exprima aussi « la crainte qu'une action militaire contre l'Irak ne crée un désastre humanitaire à longue portée, ne déstabilise la région, et n'encourage les tendances extrémistes ». Un réseau protestant, *Appel au Renouveau*, proposa une alternative en six points à la guerre, qui comprenait entre autres la condamnation de Saddam Hussein par un tribunal international, des inspections forcées, des secours humanitaires et une attention particulière sur l'éventualité de la menace de kamikazes.

Les supporters de la politique de l'Administration Bush rejetèrent ces alternatives, en rétorquant que les attaques du 11 septembre avaient rendu les critères conventionnels de guerre juste obsolètes. Ils rappelaient que les États-Unis étaient vulnérables, susceptibles de subir une attaque-surprise par un ennemi qui glorifiait la mort et donc que rien ne pouvait arrêter. Ils évoquèrent la possibilité que Saddam Hussein s'associe, ou s'était déjà associé avec Al-Qaïda, et qu'il serait en mesure de leur fournir des armes redoutables. Même si les États-Unis ne pouvaient pas prouver que l'Irak aidait Al-Qaïda, cela ne voulait pas dire que l'Irak n'aidait pas Al-Qaïda. Donald Rumsfeld déclara : « L'absence de preuves n'est pas une preuve d'absence. » Ces arguments étaient suffisants pour gagner le soutien des conservateurs, de certains chrétiens modérés et de groupes juifs[1].

En présentant leurs intentions, les officiels de l'Administration faisaient référence au « danger grandissant » du régime irakien. Condoleeza Rice utilisa même l'image d'un nuage atomique, pour illustrer que notre inaction pourrait conduire à une destruction nucléaire. Je me suis moi-même laissée impressionner par la présentation de Colin Powell aux Nations Unies devant le Conseil de sécurité. Avec à ses côtés, George Tenet, le directeur de la CIA, Powell débita une litanie de soupçons graves et il affirma, à ma plus grande surprise, que l'Irak possédait un arsenal mobile de laboratoires d'armes biologiques. Ce témoignage eut un impact décisif. Malheureusement, ce que Powell ne savait pas, c'est que les détails accablants de son rapport, y compris les laboratoires mobiles, étaient

1. L'association nationale des chrétiens évangéliques, par exemple, qualifia la proposition d'invasion d'acte d'autodéfense. Le congrès du judaïsme réformé accepta de soutenir l'action militaire, mais seulement si toutes les autres options pour résoudre le problème, telles qu'apporter la « preuve de l'existence d'armes de destruction massive », avaient été explorées auparavant.

des mensonges. Des Irakiens en exil, dont un indicateur en particulier, alias « Curveball », avaient inventé ces scénarios de toutes pièces, dans le but exprès d'inciter l'Amérique à entrer en guerre[1]. Et comme nous allions vite le découvrir, les armes de destruction massive n'existaient pas.

Avec le recul du temps, on sait maintenant que le gouvernement irakien représentait une menace de moins en moins grave envers tous ses voisins et seul le peuple irakien le craignait. De toute évidence l'Irak ne représentait aucune menace vis-à-vis des États-Unis ou vis-à-vis des alliés des États-Unis. Il n'y avait pas de preuve que Saddam soit dans un complot avec Al-Qaïda. L'Administration Bush, qui venait de remporter une victoire diplomatique en obtenant le retour des inspecteurs d'armes en Irak, ne pouvait aucunement forcer ces inspecteurs à mettre un terme prématuré à leur mission, transformant ainsi une victoire en échec. Il manquait aux États-Unis l'« autorité légitime » pour engager une guerre contre l'Irak. On ne pouvait vraiment pas prétendre avoir agi pour mettre en place une résolution du Conseil de sécurité, alors qu'une majorité du Conseil s'opposa au projet du président. Selon un officiel britannique qui rapporta des conversations avec des officiels américains, au cours de l'été 2002, « Bush voulait renverser Saddam par une opération militaire, qu'il justifierait par la double menace du terrorisme et des armes de destruction massive. Mais il s'est avéré que les renseignements et les faits autour de cette opération n'étaient fondés que sur la volonté de mettre en œuvre cette politique. »

À ses débuts, la guerre avait atteint un but louable en renversant Saddam Hussein. Il devint clair rapidement, toutefois, que le prix de

1. Il semble, selon toutes les sources disponibles, que le Secrétaire Powell s'était efforcé diligemment de s'assurer de la véracité des renseignements qu'il allait rapporter aux Nations Unies. Il avait posé les bonnes questions. Ce sont les réponses qu'il a reçues qui étaient fausses. En septembre 2005, au cours d'une interview pour la chaîne ABC, avec la journaliste Barbara Walters, Powell a dit : « Il y avait des personnes parmi nos services secrets qui savaient à l'époque que certaines des sources n'étaient pas crédibles et n'auraient pas dû être prises en compte, mais ces personnes n'ont pas parlé. Cela m'a totalement déstabilisé. »

cette « mission accomplie » avait été gravement sous-estimé. Les officiels de l'Administration s'étaient attendu à une guerre facile suivie d'une transition supportable, relativement peu coûteuse et sans risque. Mais parce qu'ils n'avaient pas envisagé de difficulté, ils n'avaient pas non plus de plan de rechange en cas d'échec. Au cours d'une réunion d'information au Département d'État très peu de temps avant l'invasion, je suivis patiemment la présentation des hauts fonctionnaires du Département de la Défense qui commentaient des graphes et donnaient les grandes lignes de ce à quoi ils s'attendaient. J'ai finalement levé la main pour intervenir : « Tout cela est très bien » leur ai-je dit, « mais où sont vos plans d'action pour l'après-guerre ? » Au lieu de me répondre, les officiels me rassurèrent, me dirent de ne pas m'inquiéter, que tout avait été prévu et que tout irait bien. Ils étaient tous extrêmement confiants. Le bilan du régime de Saddam me permettait au moins d'accepter que l'on avait des raisons de partir en guerre. Je ne comprenais pas cependant que l'on prenne la décision de partir en guerre à ce moment précis, sans assez de troupes, sans l'équipement adéquat nécessaire, sans stratégie réaliste pour restaurer l'ordre et sans une analyse sérieuse de l'environnement où on demanderait à des hommes et des femmes américains de risquer leurs vies.

Les militaires américains se sont battus en Irak avec l'expertise et le courage qui les caractérisent. En revanche, la direction du Pentagone a conduit l'occupation de l'Irak en commettant une série d'erreurs tragiques. Dès le départ, les forces se sont avérées incapables d'assurer la sécurité. La reconstruction économique est restée mort-née. L'attribution des contrats pour cette reconstruction était conduite par une politique de traitements de faveur. L'approche unilatérale de l'Administration éloigna nos alliés, tandis que le coût en vies humaines et en dollars prenait des proportions alarmantes. Alors que j'écris ce livre[1], plus de 2 400 soldats des forces

1. L'édition originale de ce livre est parue aux USA en 2006. À l'approche de la parution de cette édition française en août 2008, les dernières statistiques sont : plus de 4 000 tués et 30 000 blessés *(Note du traducteur).*

de coalition ont été tués et 16 000 ont été blessés, parmi lesquels on compte un très grand nombre d'invalides à vie. Plus de cent mille civils irakiens innocents sont morts aussi. Et plus de 250 milliards de dollars que l'on aurait pu utiliser pour combattre Al-Qaïda, pallier aux catastrophes naturelles ou faire face à toutes les autres nécessités du monde ont été monopolisés par la guerre d'Irak. Et ce faisant, les ressources humaines militaires des États-Unis, y compris celles de la Garde nationale et des corps de réserve, ont été dangereusement ponctionnées.

Un des critères de la guerre juste est « une intention droite ». Sur ce point, si l'on note l'Administration, on peut lui donner la moyenne. Le président était sincère en disant à l'envoyé du Vatican que la guerre « améliorerait les choses ». En fait il croyait tellement avoir raison qu'il a négligé d'écouter l'avis de ses amis, aux États-Unis et à l'étranger. D'après ses propres déclarations, sa logique s'enchaîne de la façon suivante : le bien et le mal existent dans le monde, Saddam Hussein est l'incarnation du mal, donc le renverser est un acte qui, non seulement fera avancer le bien en soi, mais servira aussi de modèle de transition démocratique aux autres Arabes. Là où le bât blesse dans un tel raisonnement, c'est que les complexités de l'histoire et de la religion en sont carrément absentes.

Le mandat qui établit l'autorité britannique sur une partie importante du Moyen-Orient après la Première Guerre mondiale n'était pas limité à la Palestine. Il s'étendait aussi sur trois provinces nouvellement démantelées de l'Empire ottoman : l'une était peuplée essentiellement de Kurdes, la seconde d'Arabes sunnites et la troisième d'Arabes chiites. Les territoires étaient situés le long des fleuves du Tigre et de l'Euphrate dont la vallée était le berceau de l'ancienne Mésopotamie. Pour les besoins de leur administration, les Britanniques ont rassemblé les trois provinces disparates en un seul pays : l'Irak.

Comme les leaders américains quelque quatre-vingts ans plus tard, les Britanniques s'attendaient à être reçus à bras ouverts par leurs nouveaux sujets. Après tout, ils venaient de libérer les peuples de cette région de leurs oppresseurs ottomans de longue date. Le commandant britannique, le lieutenant général Sir Frederick Maude, rencontra les officiels autochtones et les rassura en ces termes : « Nos armées ne viennent pas dans vos villes et dans vos terres en conquérants ou en ennemis, mais en libérateurs… [C'est notre vœu] que vous soyez prospères comme dans le passé, quand vos terres étaient fertiles, quand vos ancêtres donnaient la littérature, l'art et la science au monde et quand Bagdad était une des merveilles du monde. »

Les mots polis du général ne mirent pas de baume au cœur pour ces populations. Les Irakiens n'avaient aucun intérêt à substituer un maître chrétien à un maître musulman. Ils voulaient se gouverner eux-mêmes. Au cours de l'été 1920, une rébellion couvait dans tout le pays. Les insurgés coupèrent les voies ferrées, attaquèrent des villes et assassinèrent des officiers britanniques. Les Anglais répondirent de façon impitoyable, avec des bombes et des gaz chimiques, massacrant tout autant rebelles et civils. Les autorités chiites de l'Irak, qui avaient conduit la rébellion, refusèrent de se soumettre. Quand les Britanniques purent enfin rétablir l'ordre, ils installèrent une monarchie constitutionnelle qui favorisait la minorité sunnite et laissait les chiites marginalisés et très amers. Quant au pétrole de l'Irak, il fut réparti entre les Britanniques, les Français, les Hollandais et les Américains.

Bien que le mandat britannique expirait officiellement en 1932, l'Irak resta sous la protection de la couronne jusqu'en 1958, quand un groupe de militaires factieux sortit du rang et renversa la monarchie. Un coup d'État s'en suivit qui propulsa Saddam Hussein au pouvoir en 1979, et il devint président. Hussein qui était un sunnite laïque prit pour modèle Joseph Staline et brutalisa tous ceux qui s'opposaient à lui ou remettaient sa politique en question, et il était particulièrement cruel envers les chiites et les Kurdes.

Ce fond historique explique qu'au printemps 2003, quand Bagdad est tombée, les troupes américaines allaient rencontrer une population très divisée, profondément méfiante envers l'Occident et instinctivement hostile à la vue d'une armée en grande partie chrétienne qui occupait une ville ayant servi pendant des siècles de capitale à l'islam pendant son âge d'or. Inutile de se demander pourquoi, à nouveau, les bonnes intentions et les beaux discours allaient échouer.

Bien que l'on puisse espérer et prier pour qu'il en advienne autrement, l'invasion de l'Irak et ses conséquences pourraient bien devenir les pires désastres en politique étrangère de toute l'histoire américaine. La décision d'envahir l'Irak est déjà étudiée en science politique comme un cas d'école en matière d'impréparation. Il est en effet extraordinaire que le succès du plus grand pari de l'Administration Bush en politique internationale dépende de la continuité de l'influence d'un ayatollah, né en Iran, âgé de soixante-quinze ans et qui souffre d'une insuffisance cardiaque. Quand la chute de Saddam Hussein bouleversa totalement le cours de la politique irakienne, la minorité sunnite, qui avait longtemps dominé, fut supplantée par la majorité chiite qui avait été opprimée depuis aussi longtemps et dont le leader le plus influent était le grand ayatollah Sistani.

À la différence des religieux chiites de l'Iran, qui veulent exercer un pouvoir politique, Sistani est un "ermite" en quelque sorte. Il fait partie d'une tradition chiite majoritaire dans laquelle le clergé reste à l'écart de la routine de la vie publique, tout en se gardant le droit d'affirmer ses points de vue à des moments critiques. Depuis la chute de Bagdad, Sistani a rempli ce rôle de manière créative. Au lieu de répéter l'erreur qui consiste à se rebeller ouvertement contre une puissance militaire occidentale, Sistani a trouvé moyen de faire travailler les occupants dans son sens. En 2003, quand les États-Unis ont dévoilé un plan en plusieurs étapes pour que l'Irak élise une assemblée et rédige une constitution, Sistani s'y opposa totalement, non pas parce que le processus n'était pas démocratique, mais parce qu'il ne l'était pas suffisamment. Les Américains voulaient suivre un processus rigoureusement contrôlé, qui établirait les règles avant que les élections n'aient lieu. Sistani déclara qu'une constitution rédigée par des représentants non américains serait illégitime. Il insista pour que les élections aient lieu en premier. Après avoir essayé de passer outre cette exigence, puis avoir essuyé un échec dans leur tentative de compromis, les officiels des États-Unis, étant donnée leur propre rhétorique de démocratie, n'eurent pas d'autre choix que de céder. Le soutien que l'ayatollah apporta au scrutin qui suivit, permit d'en assurer le succès en dépit des menaces terroristes. Il déclara même que les femmes avaient le devoir de voter, que leur mari le veuille ou non. Les candidats que Sistani soutenait l'emportèrent sur ceux qui étaient associés de plus près aux États-Unis.

L'ayatollah Sistani opère comme ses prédécesseurs auraient pu le faire il y a des siècles, avec pour seule différence ses moyens de communication. Il pratique l'ascèse, vit dans une petite maison dans la ville sainte chiite de Nadjaf et il choisit de ne pas parler ou de ne pas prêcher en public. Il refuse de rencontrer les officiels des États-Unis en tête-à-tête. Son image est attentivement soignée par un cercle de conseillers avisés et son aura est magnifiée par le réseau d'organisations sociales et charitables sur lesquelles il a la haute main. Sistani n'est pas assez fort pour dicter la marche à suivre à l'Irak, mais aucune autre faction ne peut parvenir à ses fins sans son approbation. Il utilisera ce pouvoir pour s'assurer que l'islam joue un rôle prééminent dans la création des lois qui régiront la société. La sagesse de Sistani sera mise à l'épreuve constamment tant que les musulmans conservateurs, opprimés depuis si longtemps, se battront avec les modérés et les avocats des droits des femmes, pour fixer le degré de tolérance et de pluralisme dont l'Irak nouveau jouira.

Parmi les leaders les plus controversés et rivaux de Sistani, il y a Moqtada Al-Sadr, un jeune religieux descendant d'une grande famille. L'arrière-grand-père de Al-Sadr avait acquis un renom en tant que leader des chiites contre les Anglais en 1920. Son père, qui a été assassiné par des hommes de main du gouvernement en 1999, était aussi une figure de proue parmi les religieux. Al-Sadr est déterminé à maintenir la tradition familiale de rébellion, mais apparemment serait indécis sur la façon de s'y prendre. Il a suivi une stratégie contradictoire, faisant parfois appel à sa milice désorganisée, Al Mahdi, pour attaquer des troupes de la coalition et parfois se mettant sur la défensive, parfois encore promettant de renoncer à la violence et de passer à la politique. Son rôle est primordial parce que ses méthodes démagogiques font de lui le leader le plus populaire parmi les chiites et les sunnites les plus démunis de Bagdad. Cet ascendant le rend maître du jeu et c'est grâce à lui que le pays s'unifiera ou au contraire se déchirera. Les progrès de l'Irak dépendent de lui seul. Si son nom est associé à un schéma d'unité nationale, il y a des raisons d'être optimiste. Si son nom est lié à de nouvelles émeutes et de nouveaux combats, les dangers ont toutes chances de se multiplier.

Tandis que les chiites et les Kurdes ont gagné en influence à la chute de Saddam, les Arabes sunnites ont perdu de leur pouvoir. Après avoir dominé les institutions du gouvernement pendant plus de huit décennies, les sunnites se trouvent soudain exclus. En 2003, les officiels américains ont cassé les rangs des militaires irakiens et empêché les anciens membres du gouvernement de Saddam d'exercer dans la fonction publique. Ces mesures préjudiciables ont privé le pays d'une structure de sécurité et ont mis des dizaines de milliers de sunnites au chômage à une période où il n'y avait pas d'autres emplois à pourvoir. De nombreux Arabes sunnites ont été choqués de se trouver soudain déclassés. Certains pensent en toute bonne foi qu'ils constituent la majorité de la population de l'Irak, alors qu'en réalité les chiffres officiels sont plus près de vingt pour cent.

Les sunnites n'ont pas de leader de prestige comparable à Sistani. Certains parmi leur élite ont été assassinés et on reproche à d'autres leur association avec Saddam Hussein dans le passé. Parmi les sunnites rentrés d'exil, beaucoup ne sont pas suffisamment connus. Les plus influents ont appelé à la résistance face à l'occupation, mais il n'y a pas de consensus en ce qui concerne les mesures à prendre, à cause de leur désaccord sur la justification de la violence. Et au milieu de tout cela, un nombre indéterminé de terroristes, recrutés à partir des États arabes sunnites, ont été attirés en Irak par la perspective de faire la guerre contre les Américains (c'est-à-dire contre les athées ou les chrétiens), contre les Iraniens (c'est-à-dire les chiites) et contre les agents juifs qu'ils accusent de vouloir piller leur pays et attaquer leur foi. Le plus connu de ces étrangers est un terroriste né en Jordanie, Abu Musab al-Zarqaoui, qui a acquis une triste notoriété suite aux enlèvements et exécutions barbares diffusés sur internet. On attribue à Zarqaoui certaines des attaques les plus spectaculaires qui se soient produites en Irak, mais des dizaines de gangs ont revendiqué la responsabilité d'attentats-suicides, d'attaques contre des forces de sécurité, de meurtres et de sabotages. Le tout pris dans son ensemble constitue une insurrection, une sorte de monstre à dix têtes dont les rangs n'en finissent pas de grossir, qui menace de ruiner le pays et de plonger l'Irak dans une lutte de factions de plus en plus grave. En partie parce que cette insurrection est très décentralisée, elle a démontré une capacité inquiétante d'absorber ses pertes sans perdre le ressort nécessaire pour perpétrer ses actes criminels. Les rebelles n'ont aucune chance de restaurer un contrôle sunnite sur l'Irak, mais il ne semble pas probable non plus qu'on puisse les faire disparaître de la scène par une défaite militaire. Il se pourrait toutefois que des querelles internes conduisent à leur autodestruction. Leur but est essentiellement de chasser les troupes de la coalition et tuer toute personne qui a coopéré avec cette alliance. Dans une interview avec le magazine *Time*, un candidat kamikaze qui s'entraînait pour devenir une bombe humaine a déclaré : « Il faut d'abord se débarrasser des Américains en Irak, ensuite on s'occupera des autres détails. »

Les leaders américains décrivent la confrontation avec l'Irak comme une bataille entre les forces de tyrannie et les forces de liberté et ils essaient, en vain, de minimiser la dimension religieuse inhérente au conflit. Toute la population n'est pas religieuse évidemment, et des millions de personnes sont tellement aux prises avec les difficultés d'une survie quotidienne qu'elles ont peu de temps ou d'énergie à consacrer à quoi que ce soit d'autre. Cependant, la plupart des Irakiens se définissent par leur identité religieuse. Depuis la chute de Bagdad, les leaders religieux ont démontré à maintes reprises leur capacité à faire descendre dans la rue un grand nombre de personnes pour défendre une cause jugée importante. La présence militaire américaine était tolérée par la majorité des Irakiens au début de la guerre parce que Sistani avait donné l'ordre d'obtempérer. Mais cette position a été dénoncée par beaucoup d'Arabes sunnites, en partie à cause de leur association avec les intellectuels musulmans, un groupe d'élite sunnite, qui affirment que la résistance est un devoir religieux. Bien que la plupart des Irakiens religieux ne soient pas fanatiques, il y en a qui le sont. Il est possible de prendre un journal presque tous les jours et d'y lire des histoires de gens qui déclarent être prêts à mourir (ou à tuer) si un imam le leur demande. Mustafa Jabbar, par exemple, est un jeune de vingt-trois ans qui a un fils encore tout bébé. Lui et sa femme ont affirmé dans une interview qu'ils « ligoteraient volontiers leur bébé avec des explosifs pour le faire sauter » si Moqtada al-Sadr le leur demandait.

Une des nombreuses ironies de la politique des États-Unis est que l'Administration Bush, en dépit de toutes ses initiatives fondées sur la foi chrétienne, est beaucoup plus à l'aise dans ses rapports avec les leaders laïques qu'elle ne l'est avec les Irakiens et les partis politiques irakiens pour qui la religion est décisive. Ceci est vrai même quand ces leaders sont d'orientation modérée et de façon générale favorables aux Américains.

Cette réalité se révéla au cours des préparatifs pour le premier tour des élections en janvier 2005. L'Institut national démocratique (NDI) dont je suis la présidente travaillait directement avec les partis politiques irakiens alors qu'ils préparaient cet événement historique. Nos programmes étaient conçus pour aider les partis à comprendre les mécanismes du processus électoral, à organiser et à diffuser leurs idées, à établir les listes électorales et à faciliter la participation des femmes. Notre Institut ne pouvait avoir une chance de jouer un rôle dans un contexte aussi déchiré par des dissensions que s'il restait neutre. Il ne devait surtout pas prendre parti.

C'est pour cette raison que je fus offusquée d'apprendre qu'il y avait un débat au Département d'État sur la question de faire parvenir des fonds de dix millions de dollars d'aide matérielle à des partis laïques que nous considérions d'un bon œil. Dès que nous eûmes vent de cette idée dangereuse, Ken Wollack, le directeur du NDI, et Les Campbell, l'attaché aux affaires du Moyen-Orient, ont émis une protestation. De concert avec des délégués d'autres organisations pour l'établissement de la démocratie, ils rappelèrent au gouvernement que le but fondamental de la politique des États-Unis était d'aider le peuple irakien à élire et à mettre en place lui-même un gouvernement légitime. Si nous nous mettions à favoriser un parti, nous confirmerions tous les soupçons à notre égard, nos discours sur la démocratie seraient ridiculisés et notre attitude vis-à-vis de l'islam serait remise en question. Nous avons prévenu l'Administration que si un tel jeu allait se jouer, notre Institut se verrait dans l'obligation de suspendre ses propres programmes parce que sa crédibilité serait remise en cause et la situation déjà très tendue deviendrait intolérable.

L'idée d'aider des candidats spécifiques fit l'objet de discussions sérieuses pendant des mois avant que les hauts responsables du Département d'État mettent finalement leur veto. Toutefois, des idées semblables ont été émises lors d'élections suivantes. À ma connaissance, ni le Département d'État, ni aucune autre agence fédérale n'a jamais donné suite à ces idées. Vu tout ce que l'Amérique a investi en Irak, il est tentant d'essayer de favoriser des solutions qui iraient dans notre sens, mais il faut savoir avant tout si nous croyons à la démocratie ou non. On peut discuter de la décision d'envoyer des troupes se battre et mourir en Irak, mais leur demander un tel sacrifice et commettre nous-mêmes un acte de sabotage contre l'établissement de la démocratie serait franchement honteux.

L'invasion de l'Irak a été un acte délibéré qui avait pour but de prouver la puissance de l'Amérique. Mais le contraire s'est produit : l'invasion a exposé les limites de cette puissance. Le président Bush s'est engagé dans la guerre parce qu'il pensait que cette intervention militaire était nécessaire pour assurer la sécurité des Américains. Il n'avait certainement pas l'intention de causer ce qui en a résulté, à savoir un changement historique dans le pouvoir des musulmans sunnites et chiites, non seulement en Irak, mais dans toute cette région du Moyen-Orient. L'installation d'un gouvernement permanent en Irak marque une première dans l'histoire des chiites qui sont maintenant à la tête d'un État arabe important. Les officiels des grandes capitales sunnites de l'Arabie Saoudite, de la Jordanie et de l'Égypte ne voient pas d'un bon œil l'émergence du « croissant » chiite qui règne désormais du Barhein jusqu'en Iran, en Irak, en Syrie et au Liban. Au cours d'une visite à Washington au printemps 2005, le roi Abdallah de Jordanie m'a parlé de son inquiétude au sujet d'une éventuelle confrontation entre les sunnites et les chiites qui pourrait bien s'envenimer jusqu'à devenir le plus grave problème du Moyen-Orient, plus grave encore que le conflit israélo-arabe. Pendant un millénaire, les sunnites ont dominé l'islam. À l'avenir le pouvoir sera partagé plus équitablement, mais personne ne sait ce que ce changement apportera. Le roi Abdallah nous avertit cependant qu'il serait dangereux de laisser les extrémistes chiites en Iran et en Irak se présenter comme les descendants légitimes du Prophète Mohammed. Les modérés des deux côtés chercheront à limiter l'influence des radicaux, mais il faut rester conscient du conflit potentiel qui peut aller d'échanges verbaux agressifs jusqu'à des assassinats et qui pourrait aussi provoquer une escalade jusqu'à une rivalité de pouvoir nucléaire entre les sunnites et les chiites.

Une autre conséquence de la guerre, que personne n'avait envisagée, est l'influence grandissante de l'Iran dans cette région. Des milliers de citoyens iraniens vivent dans les villes saintes de Nadjaf et Karbala. De nombreux leaders de l'Irak actuel ont passé des années d'exil en Iran et y ont gardé des liens forts. Alors que les relations sont distantes entre l'Irak et les autres capitales arabes sunnites, Téhéran et Bagdad entretiennent de bons rapports mutuels que l'on a pu observer au cours de visites officielles de haut niveau où des promesses de coopération, y compris dans le domaine de la défense et de la sécurité, ont été faites. Les forces des milices chiites qui contrôlent la sécurité dans tout le Sud de l'Irak sont en réalité alliées à l'Iran et de ce fait jouissent d'un plein accès à leurs services de renseignements et de sécurité. La guerre a déjà éliminé l'ennemi numéro un de l'Iran, Saddam Hussein. À présent deux autres de ses adversaires, les États-Unis et les extrémistes sunnites, sont engagés dans un conflit sanglant. Au sein de l'Iran, un religieux conservateur, farouchement anti-israélien, se frotta les mains devant le succès des élections de 2005. En effet pour un mollah de Téhéran il est difficile d'imaginer une succession d'événements plus favorables.

Si les choses s'étaient passées selon les plans des Américains, les milices chiites, ainsi que les milices kurdes au Nord, auraient été démantelées depuis longtemps et intégrées dans une armée nationale. Ce scénario ne semble pas prêt de se dérouler dans un avenir proche, ni même dans un temps plus lointain. Au lieu de trouver une unité nationale, l'Irak est en train de se désintégrer complètement. Même si les Kurdes vont, pour le moment, se contenter d'une autonomie clairement délimitée, leur objectif à long terme est d'acquérir leur indépendance et de former l'État du Kurdistan. Les chiites du Sud ont attendu deux ans avant de déclarer officiellement leur intention d'établir une région autonome, (dotée de nombreux puits de pétrole et du port de Bassorah dans le Golfe arabo-persique) qui sera gouvernée par des pouvoirs et des privilèges totalement séparés de Bagdad. Si la religion et les identités ethniques jouent un rôle primordial indéniable dans la politique de l'Irak, n'oublions pas celui que joue l'argent. En exerçant un contrôle sur les frontières, les différentes milices s'arrogent des privilèges énormes et extorquent des profits considérables aux convois illicites. En gagnant des juridictions sur le pétrole, les leaders régionaux espèrent obtenir des contrats lucratifs des investisseurs étrangers. Si le centre du pays reste pauvre et faible, ce sera la revanche des régions sur la capitale après les décennies de suprématie et d'exploitation de Bagdad. Pour les politiciens américains, cependant, une division de l'Irak en trois parties inégales ne serait pas acceptable parce que cette situation diviserait aussi la région du Moyen-Orient, renforçant les tensions entre les sunnites et les chiites et rendant encore plus complexes les relations entre les Turcs et les Kurdes. L'Irak divisé ne présenterait pas les qualités de stabilité et de démocratie requises pour un prochain retrait des troupes américaines avec le sentiment d'une mission accomplie. Les conseillers américains ont avisé les chiites et les Kurdes de cesser de parler de scission et au contraire les ont encouragés à travailler avec les sunnites pour bâtir un seul pays unifié. Ce projet réussira seulement si suffisamment d'Irakiens croient que c'est à la fois possible et souhaitable, en dépit des divisions du passé et des crimes actuellement commis.

Reste la situation de la minorité chrétienne en Irak, qui compte près d'un million de personnes incluant les Assyriens, les catholiques chaldéens, les Arméniens et les Syriens. Dans l'esprit des militants musulmans, les chrétiens sont associés aux Américains et pour cette raison, nombre de leurs églises ont été bombardées. La plupart des chrétiens irakiens sont déterminés à ne pas se laisser intimider, mais des milliers d'entre eux ont déjà fui. Les problèmes que les communautés chrétiennes connaissent sont exacerbés par la présence de missionnaires zélés qui sont venus dans les fourgons de l'armée américaine en Irak.

Après la bataille de Bagdad, l'administrateur en chef de l'Association américaine des chrétiens évangéliques a prédit que : « L'Irak deviendra le centre de la propagation de l'évangile de Jésus-Christ en Iran, en Libye [et] à travers le Moyen-Orient. Le président Bush a déclaré que la démocratie allait se répandre à partir de l'Irak dans les pays voisins. L'Irak libre nous permettra aussi de répandre les enseignements de Jésus-Christ même dans les nations où les lois ne nous laissent pas pénétrer. »

Les communautés chrétiennes en Irak sont presque aussi anciennes que la chrétienté elle-même et elles ont survécu car elles n'ont pas essayé de convertir les musulmans. Selon l'archevêque catholique de Bagdad : « La façon dont les prédicateurs sont arrivés ici… avec les soldats… n'a pas été une bonne chose. Je crois qu'ils avaient l'intention de convertir les musulmans, alors que les chrétiens de ce pays n'avaient jamais envisagé de le faire depuis l'avènement de l'islam. » Personne n'est mieux intentionné, ni armé de plus de courage que des missionnaires prêts à s'aventurer dans des zones jugées dangereuses. Mais vu la situation actuelle en Irak, même la perception de chrétiens prosélytes ne favorise pas la politique américaine et le prosélytisme ne réduira en rien les dangers que les soldats américains affrontent.

En dépit des conséquences contraires à toutes les attentes des Américains dans leur plan d'invasion, l'Administration Bush est encore persuadée que la promesse du président d'« améliorer les choses » peut être tenue. Pour vérifier cette conviction, j'ai assisté à une réunion à la Maison Blanche le 5 janvier 2006, qui rassemblait tous les anciens Secrétaires d'État et Secrétaires à la Défense. C'était une assemblée très digne et suffisamment expérimentée pour que je me sente presque jeune. Nous nous sommes réunis dans le salon Roosevelt, où l'on écouta un discours très ferme du président suivi d'un rapport en vidéoconférence par notre ambassadeur à Bagdad. Quand la vidéo s'avéra pratiquement inaudible, je me suis souvenu de tous les incidents techniques qui avaient interrompu des réunions quand j'étais au pouvoir. Même à la Maison Blanche, au XXIe siècle, on attend davantage de la technologie qu'elle ne peut apporter.

Pendant que nous étions assis là, les collaborateurs du président nous distribuèrent une brochure qui contenait une citation optimiste du vice-président Cheney et une série d'argumentaires sur les bénéfices politiques et militaires réalisés. Après un autre compte rendu, cette fois donné par le commandant militaire américain en Irak, on nous accorda la chance d'avoir une conversation avec le président. Les anciens Secrétaires à la Défense, et il y en a beaucoup en remontant jusqu'à McNamara, ont parlé tactiques militaires avec le commandant-en-chef et ont exprimé leurs craintes des conséquences des déploiements prolongés des forces armées envoyées au loin. Quand mon tour arriva, j'ai remercié le président de nous avoir reçus et j'ai partagé l'espoir d'autres participants que nos troupes seraient victorieuses. Mais je lui ai aussi confié mon inquiétude devant le déclin de la position de l'Amérique dans le monde et combien l'Irak rend la tâche tellement plus difficile pour faire face aux dangers qui se présentent ailleurs dans le monde. Le président m'a remerciée de mes opinions mais il a aussi réfuté mes critiques. Nous sommes ensuite passés dans le Bureau ovale pour une photo de groupe. La réunion s'était passée de façon courtoise, mais je le crains, sans rien produire de concret.

Bien que la politique des États-Unis ait subi de nombreux revers en Irak, l'Administration continue à parler de « victoire ». À la vérité, la chance de remporter une victoire claire et nette comme dans la première guerre du Golfe, n'a sans doute jamais existé en Irak. Plus de cinq ans après l'invasion, l'avenir de l'Irak reste sombre. À la fois en Irak et en Amérique, on sent que la coalition militaire, de par sa présence même, sert sans doute autant à unir et à soutenir l'insurrection qu'à lui infliger une défaite. Même les actions de formation et d'entraînement des forces militaires et de police de l'Irak pourraient se retourner contre nous si ces forces n'accordaient pas leur allégeance aux leaders qui représentent tout le pays. Il y a une ligne ténue, et cependant très importante, entre la création d'une véritable armée nationale et le simple entraînement à la manipulation des armes d'un large groupe qui n'a ni cohésion, ni affinités.

En envahissant l'Irak, les États-Unis ont pris la responsabilité morale d'aider les Irakiens à devenir une démocratie qui fonctionnerait raisonnablement et en paix. Au point où nous en sommes aujourd'hui, le fait que l'Irak devienne un seul État possédant un leadership légitime et pouvant indépendamment garantir la sécurité de ses citoyens, serait considéré comme un vrai succès. Ce résultat est encore possible si l'insurrection commence à faiblir, victime de ses propres dissensions internes et de ses désaccords sur les tactiques à suivre et les objectifs à atteindre. On voit émerger en même temps une lueur d'espoir dans le fait que beaucoup d'Irakiens, de toutes les composantes de la nation, sont pour la première fois engagés ouvertement dans l'action politique et dans le débat sur le type de société qu'ils veulent pour leur pays. La démocratie contient le pouvoir de susciter l'espoir. Et cependant respecter les droits de ses opposants politiques peut être considéré comme trop risqué par ceux qui ont vécu dans la peur de Saddam et qui vivent maintenant dans l'incertitude qui a suivi son départ et la peur de la guerre. Il reste à la stratégie américaine de redonner l'espoir d'une prospérité économique grâce aux efforts d'un gouvernement représentatif qui en fera la promesse. Chacun continue de s'interroger pour savoir si cette stratégie peut encore réussir malgré les défis politiques, les problèmes de sécurité et malgré la peur viscérale que les Irakiens ressentent à la fois envers tout étranger et les uns envers les autres.

Contre les avis des experts, le président Bush a fait le pari que l'invasion de l'Irak serait une victoire malgré les complexités de la religion et de l'histoire, l'absence de justification d'une "guerre juste" et le manque de soutien international qui en résulta. Pour justifier son pari, il a exagéré à la fois les dangers que le gouvernement de l'Irak présentait, et les bénéfices que l'on tirerait de faire tomber Saddam Hussein. Ce qui est plus grave c'est qu'il a aussi promis aux troupes des États-Unis que « la menace terroriste contre l'Amérique et le monde serait affaiblie dès que Saddam serait désarmé ». La réalité est que l'invasion et l'occupation de l'Irak ont accru les dangers de cette menace.

Chapitre 13

Faire face à Al-Qaïda

J'ai passé la moitié de ma vie d'adulte à étudier les gouvernements communistes. Dans leurs jours de gloire, entre les années 1950 et le début des années 1980, ces gouvernements régnaient sur la moitié du monde. Les idées que sous-tendait le communisme étaient très intelligemment présentées et avaient un réel pouvoir de séduction. Pour les masses défavorisées, ces idées offraient la promesse d'un soulagement face à leur situation précaire : le droit à un travail, l'accès à l'éducation et aux soins médicaux, un logement et de quoi manger à leur faim, le tout financé par des économies fondées sur une planification centralisée.

Afin de faire des adeptes, la propagande communiste avait besoin de présenter en spectre la laideur du démon concurrent. Ils créèrent une image de l'Occident corrigée par un miroir déformant. L'Occident fut donc dépeint comme une civilisation connue, non pas pour sa prospérité et sa liberté, mais pour son racisme, sa criminalité, ses drogues, son chômage et ses méthodes d'exploitation. En matière de politique étrangère, l'Occident fut dénoncé comme une puissance impérialiste et agressive, qui exploitait les pays moins développés pour récolter des bénéfices pour les entreprises multinationales. Pour un très grand nombre de populations dans des recoins perdus du monde, ces images déformées furent bien accueillies. Elles ne pouvaient qu'espérer un mieux. La majeure partie de l'Afrique, de l'Asie et du Moyen Orient avait été le théâtre de la colonisation et en avait subi la domination. Leurs ressources naturelles avaient été prospectées et exploitées sans pratiquement aucun bénéfice pour les populations indigènes. Cependant le communisme échoua parce que ses idées, une fois mises en pratique, ne portaient aucun fruit. À la fin des années 1980, les leaders communistes eux-mêmes ne pouvaient prétendre contribuer à créer des sociétés égalitaires, pas plus qu'à établir des économies modèles qui « enterreraient » l'Occident. Quand le système communiste commença à s'effondrer, sa chute fut rapide.

À la différence des marxistes, les leaders d'Al-Qaïda et leurs alliés n'ont aucune vision d'un nouvel ordre économique cohérent qu'ils chercheraient à établir et ils ne font aucune promesse d'un monde meilleur à leurs hommes de main qui perpétuent les actes de terrorisme sur leurs ordres, et qui sont d'ailleurs frustrés à cet égard. Al-Qaïda se garde bien de se présenter comme une panacée. Son but est de s'imposer en maître d'une religion. Contrairement au communisme à la fin de la révolution de 1917, Al-Qaïda n'est à la tête d'aucun gouvernement et ne règne sur aucun territoire défini. Mais à l'instar du communisme, Al-Qaïda a été en mesure de gagner des alliés parce que sa colère et ses actes visent des cibles qui, au moins aux yeux de certains, semblent mériter ce qu'on leur inflige.

L'argument le plus probant d'Al-Qaïda est que les musulmans sont attaqués de toutes parts et les musulmans de bonne foi se sentent un devoir de répondre à ces attaques. Les terroristes comparent les troupes des États-Unis en Afghanistan et en Irak aux hordes mongoles qui ont déferlé sur ces régions au IIIe siècle, terrorisant les populations, pillant les trésors et détruisant les mosquées. Cette thèse, qui prétend que l'islam est la cible de maintes attaques, n'est pas défendue seulement par les extrémistes. Au contraire, c'est maintenant une idée couramment partagée par les populations des pays arabes ou à majorité musulmane. Ces populations pensent que les musulmans sont menacés non seulement par les troupes américaines mais par les sionistes armés par les États-Unis au Moyen-Orient et par les régimes complices dans le Caucase, en Asie centrale, au Cachemire, en Chine, dans les Balkans, en Indonésie, aux Philippines, en Thaïlande et dans certaines parties de l'Afrique. Plus humiliantes encore sont les rumeurs qui circulent selon lesquelles le monde arabe est sous l'emprise de gouvernements qui ont vendu leur âme à l'Amérique ou qui sont devenus athées, tels les baassistes en Syrie ou les Turcs laïques, et qui se démarquent de la version islamique des concepts de « la cité sur la colline » ou « d'une nation sous l'autorité de Dieu ». Les valeurs culturelles islamiques sont aussi perçues comme en voie de disparition, battues en brèche par l'influence omniprésente de l'Occident considéré comme matérialiste, pornographique et superficiel. Cette image de l'Occident est particulièrement forte parmi les jeunes au chômage remplis d'amertume et de frustration.

Un des arguments favoris du président Bush est d'affirmer que les terroristes d'Al-Qaïda commettent leurs actes de destruction parce qu'ils « haïssent la liberté ». Oussama Ben Laden s'est défendu en répondant que si c'était le cas, pourquoi n'aurait-il pas attaqué « la Suède par exemple ». Comme le président Bush, il dépeint un conflit entre le bon défenseur et le méchant agresseur, en intervertissant les rôles évidemment. En 2004, un des comités du Conseil du Département d'État affirma : « Les musulmans ne haïssent pas notre liberté, mais ils haïssent notre politique. » Le comité conclut : « Les actions des Américains et les événements qui s'en suivent renforcent l'autorité des partisans du djihad et ont tendance à légitimer leurs actions parmi les musulmans. » Ce qui a commencé comme un mouvement marginal est désormais un réseau qui s'étend dans toute la communauté. À l'image du communisme qui séduisait les pauvres comme un moyen de défier l'Occident, Al-Qaïda se définit davantage par la cible qu'il attaque que par ce qu'il représente en soi.

Les leaders terroristes jouent intensivement sur les sentiments en défendant leur cause. Ils évoquent les origines de l'islam quand Mohammed et ses guerriers islamistes proclamaient leur foi et partaient en guerre contre les hérétiques et les non-croyants. Les événements du 11 septembre eurent un effet psychologique crucial et furent célébrés comme « l'attaque sainte qui détruisit les infidèles américains insensés et permit à de nombreux jeunes hommes de se réveiller de leur profond sommeil ». Depuis cette date, la fréquence des attaques de kamikazes s'est fortement accrue et le nombre des groupes engagés dans cette pratique ignoble est passé d'une demi-douzaine à plus de trente.

Selon les terroristes, le temps est venu à présent pour les vrais musulmans de se définir par leurs actions et de s'assurer une place en paradis en prenant part à un combat sacré. Les futurs combattants sont séduits par la promesse de jouir de plaisirs de la chair et la perspective de se voir attribuer la permission de choisir soixante-dix amis ou parents pour les accompagner au paradis. Cette crédulité simpliste est rendue encore plus dangereuse par la technologie du XXIe siècle. Des milliers de sites internet célèbrent les exploits des « martyrs », se lamentent sur le sort des victimes musulmanes et cherchent à recruter des adhérents. Un magazine sur internet proclame : « Oh, mon frère moudjahid, pour te joindre aux grands camps d'entraînement, nul besoin de voyager à l'étranger. Seul chez toi ou avec un groupe de frères, toi aussi tu peux commencer à t'entraîner. » À la façon de fans de football, de clubs de numismates ou de femmes dans un cercle de couturières qui se réunissent pour façonner une jupe, des djihadistes se rassemblent en communautés internationales virtuelles pour partager l'enthousiasme qui les unit. Certains passeront de la simple curiosité à un engagement actif. Des liens se créent ainsi par le réseau des ombres, grâce à des agents recruteurs qui opèrent au Moyen-Orient, en Asie centrale et en Asie du Sud, en Afrique du Nord, en Europe et vraisemblablement en Amérique.

Depuis le 11 septembre, les actions de lutte contre le terrorisme menées par les États-Unis ont réussi à porter atteinte de manière sérieuse aux réseaux d'Al-Qaïda. Des dizaines de leaders ont été tués ou arrêtés, des camps d'entraînement ont été démantelés, des cellules ont été fermées et des attaques ont été déjouées. Il leur est maintenant plus difficile de communiquer entre eux et les têtes des réseaux doivent désormais agir avec une extrême prudence. Le président Bush a bien résumé la nouvelle réalité quand il a dit : « Si les terroristes sont occupés jour et nuit à se garder des forces qui les traquent, ils ont moins de temps disponible pour s'armer, s'entraîner ou planifier de nouvelles attaques. » Cependant il reste que des volontaires surgissent à un rythme alarmant pour prendre la place de ceux qui sont morts ou de ceux qui sont forcés de se cacher. En novembre 2005, par exemple, des insurgés ont quitté l'Irak pour la première fois pour une mission en Jordanie, où ils tuèrent cinquante-sept personnes réunies dans un hôtel pour un mariage. Selon un rapport de la CIA, l'Irak pourrait bien être un terrain plus favorable à l'entraînement des terroristes que ne l'était l'Afghanistan dans les années 1980, parce que l'Irak sert de laboratoire vivant pour les combats en zones urbaines. Les experts en terrorisme craignent que des cadres issus d'une vingtaine de pays soient entraînés en ce moment pour commettre des assassinats et des kidnappings, fabriquer des bombes et attaquer des sites fortifiés. Claude Moniquet, le directeur général du centre européen des renseignements stratégiques pour la sécurité du territoire, pense que : « Il se prépare sans doute une nouvelle génération de terroristes, composée de gosses qui avaient entre douze et quinze ans le 11 septembre 2001 et qui, en un an ou deux, sont arrivés au même niveau idéologique de violence que leurs aînés à qui il avait fallu dix ans ou plus pour en arriver là. »

Si l'on veut vaincre Al-Qaïda et ses alliés, il faut vraiment détruire cette pépinière. Il faudra remporter une victoire politique aussi décisive que la victoire obtenue par la démocratie sur le communisme.

Aucun gouvernement au monde ne reconnaît Al-Qaïda, ce qui représente un avantage en théorie. Une des raisons de cette unanimité est le désir d'Al-Qaïda de remplacer le système actuel des États nationaux par un seul gouvernement religieux, un califat, qui imposerait son autorité à tous les musulmans. Quel régime, en effet, se ferait l'avocat de sa propre dissolution ? En revanche, cet avantage s'annule si l'on considère notre incapacité à saisir Al-Qaïda, et inversement la capacité d'Al-Qaïda à survivre. Pendant la Guerre froide, il était possible de mesurer nos progrès sur une carte où l'on pouvait facilement identifier les pays faisant partie du bloc communiste, les pays dans le camp du monde libre et les pays non-alignés. Aujourd'hui, évaluer les progrès réalisés n'est pas aussi simple que de dresser une liste des bons et des méchants et de cocher ceux que l'on capture ou tue. Les nouvelles recrues se rallient à un réseau qui s'étend de plus en plus. Et les groupes, qui se forment sous l'inspiration d'Al-Qaïda, agissent en fait indépendamment, tant pour élaborer leurs plans d'action que pour les financer. Donald Rumsfeld se lamentait en ces termes : « On ne peut pas savoir si l'on est en train de gagner ou de perdre la guerre contre le terrorisme. Est-ce que l'on capture, tue ou dissuade plus de terroristes chaque jour que les *madrassas*[1] et les chefs religieux extrémistes ne recrutent et ne déploient ces recrues contre nous ? » La question de Rumsfeld me rappelle le jeu de société « Serpents et Échelles »[2] auquel je jouais dans mon enfance et encore aujourd'hui avec mes petits-enfants. Au moment précis où vous pensez gagner, vous arrivez sur une case de serpent, vous dégringolez et il vous faut repartir à zéro.

Au cours de la dernière décennie, les États-Unis ont investi des millions de dollars pour réorganiser leurs services de renseignements, former leurs personnels de sécurité, améliorer leurs services à l'étranger et renforcer leur défense intérieure. Autant de choses nécessaires, qui en fait ont encore besoin d'être développées. Mais la vérité est que nous n'avons pas encore compris la meilleure façon de faire face à la menace terroriste. Les méthodes conventionnelles d'application des lois sont insuffisantes et les théories militaires sur

1. Madrassa : le mot désigne une école, mais aussi une université musulmane.

2. « Snakes and Ladders » « Serpents et Échelles » est un jeu de société très ancien, originaire de l'Inde. Dans ce jeu hindou, chacun des serpents était associé à un vice (tel le vol ou le mensonge) et chaque échelle représentait une vertu (la patience, la sobriété). Arriver au but c'était arriver au paradis ou atteindre le Nirvana. La nouvelle version du jeu appelée « Chutes and Ladders » « Chutes et Échelles » n'a pas cette dimension morale.

le sujet ne sont pas adéquates. Les porte-parole de l'Administration ont cherché à nous rassurer en citant le nombre de membres d'Al-Qaïda tués ou capturés. Mais comme le fait remarquer Rumsfeld dans son mémorandum : « Qu'est-ce que cela veut dire ? » Al-Qaïda n'est pas un gang de criminels que l'on peut cerner dans les rues, ni une armée que l'on peut décimer sur un champ de bataille. C'est plutôt un virus qui passe d'une personne infectée à une autre et qui gagne en virulence à chaque « péché », réel ou non, commis par les États-Unis.

Face à cette situation, il faudrait que les leaders de l'Amérique s'abstiennent d'engager des actions que les terroristes risquent d'exploiter pour gagner de nouveaux convertis, mais hélas, cette contrainte n'est pas notre fort. Les attaques du 11 septembre nous ont tous révulsés. Le spectacle des atrocités commises contre les soldats américains et les civils irakiens ne font qu'aggraver nos réactions émotionnelles. Les terroristes cherchent à nous provoquer et ils y réussissent. Témoins, les propos d'un colonel en retraite de l'armée américaine, qui s'est adressé aux participants du Forum sur la religion et la sécurité, à Washington, à l'automne 2004 :

> « D'une part, nous avons besoin de… capturer et de tuer autant d'ennemis que possible, de leur montrer que nous sommes les plus forts, les plus terribles et les plus redoutables et que notre force est sans rival dans le monde, que nous ne reculerons devant rien pour atteindre notre but… D'autre part, nous avons besoin de cibler des leaders indirectement. Nous avons besoin de… les séparer de ceux qui les suivent et ainsi faire en sorte que la base qui les soutient s'effondre. [Et] nous devons nous engager sur ces deux fronts et poursuivre la guerre à l'échelle mondiale. Il faut que nous combattions les islamistes extrémistes engagés… de l'Afrique à l'Asie du Sud-Est, en Amérique Centrale et en Amérique du Sud, ainsi qu'en Europe de l'Est. »

À mon avis beaucoup d'Américains seraient d'accord avec ces propos. J'ai participé à des dizaines de réunions depuis le 11 septembre et je n'ai encore jamais entendu personne dire que nous devrions réagir autrement que de manière ferme et décisive. Et de toute évidence, les deux objectifs présentés par le colonel, s'imposer militairement et éliminer les parties hostiles, sont tout à fait fondés. Il est essentiel de séparer les terroristes purs et durs de leur base. Mais comment le faire ? Est-ce en combattant « les militants islamistes extrémistes » où qu'ils soient ? Cette approche épuiserait nos ressources militaires, nous mettrait l'opinion internationale à dos, et raviverait l'accusation que notre intention est de refaire les croisades. Il est clair que cet objectif est beaucoup trop vaste.

Il y a des millions de musulmans politiquement engagés qui ont une interprétation étroite de l'islam. Ils peuvent être d'horizons divers, mais la plupart de ces gens sont sans doute anti-occidentaux, dépourvus d'esprit démocratique, choqués par la présence de l'Amérique en Irak, hostiles envers Israël et impatients d'imposer leurs propres valeurs morales aux autres. Mais ils ne sont terroristes que s'ils commettent des actes terroristes ou en sont complices. Nous devrions chercher à engager des débats avec nos adversaires idéologiques pour présenter tous les arguments que nous possédons. Mais notre gouvernement n'a pas lieu de les attaquer militairement, simplement sur la base de leurs croyances. De même que nous n'avons pas assassiné de communistes pour le simple fait qu'ils étaient communistes, nous ne parviendrons jamais à la paix si nous tombons dans le piège de voir en chaque musulman un ennemi mortel que nous allons juger sur ses opinions politiques qui n'ont pas de place parmi nous. L'ennemi est Al-Qaïda et ses variantes. De même si l'on cherche à imposer une image de la puissance militaire américaine, en invoquant sa supériorité, sa capacité de frappe imparable, sa force redoutable ou ses interventions « qui ne reculent devant rien », on ne risque pas de toucher la majorité silencieuse islamique, ni d'essayer de la persuader de condamner le terrorisme. Au contraire, un tel affichage de force peut conduire à renforcer les affirmations des terroristes qui déclarent, eux aussi, être « prêts à tout ».

Le style de terrorisme pratiqué par Al-Qaïda sera vaincu quand ses arguments-clé seront enfin perçus comme des mensonges par ceux qui sont les plus enclins à les recevoir comme des vérités. Nous ne pouvons pas nous attendre à voir les défenseurs de l'islam abandonner cette image d'eux-mêmes. Nous pouvons, cependant, espérer persuader certains d'entre eux que des attaques contre des innocents dans des bus, des trains et des avions ne sont pas les moyens de défendre l'islam. Ce message ne devrait pas être trop complexe à faire passer. Tuer des civils, des enfants et leurs propres frères musulmans au nom de l'islam est un mélange d'hérésie et d'hypocrisie qui dépasse l'imagination. Mais il faut dire que l'établissement d'un dialogue qui permettrait de combler le fossé culturel est encore plus difficile à concevoir. Selon une étude menée par le Département de la Défense, « le problème crucial qui entrave les efforts diplomatiques américains envers le monde musulman n'est pas "la dissémination de l'information", ni même la manière dont on présente le "bon message" ou dont on le fait passer. Le problème fondamental réside dans la crédibilité. Honnêtement, il n'y en a aucune et de ce fait la communication entre les États-Unis et le monde des musulmans et de l'islam est coupée aujourd'hui. »

Quelle est la cause de cette rupture ? Quand le colonel parlait d'attaquer « l'islam militant extrémiste », il faisait référence aux hommes monstrueux qui, en Irak et ailleurs, décapitent ou font exploser des innocents. Sa colère est compréhensible et nous la partageons tous. Les leaders musulmans qui font preuve de responsabilité ont condamné ces meurtres de civils de quelque façon qu'ils soient exécutés. Mais beaucoup de musulmans voient également les visages de femmes et d'enfants non combattants tués accidentellement au cours d'opérations militaires américaines. On estime le nombre de civils tués par les forces de la coalition en Irak à au moins 100 000. Si l'on tient compte des milliers d'autres qui ont été blessés, de ceux dont les maisons ont été détruites, ou de ceux dont les vies ont été bouleversées par l'intervention militaire américaine, il ne faut pas s'étonner des attitudes hostiles que l'on rencontre.

Les musulmans nous reprochent aussi les mauvais traitements des prisonniers en Irak, en Afghanistan et à Guantanamo. Les traitements abusifs à la prison d'Abou Ghraïb et d'autres centres de détention sont inexcusables. Certains avancent, en guise de défense, que ces actes sont difficilement comparables avec les atrocités qui ont été perpétrées au cours des âges et n'ont rien à voir avec les nombreux actes outranciers commis par Al-Qaïda et les insurgés irakiens. Il y a bien une raison cependant pour que l'envoyé du Vatican ait appelé le scandale des prisonniers « une offense contre Dieu » et « une humiliation beaucoup plus grave que le 11 septembre pour les États-Unis ».

La question de la torture est plus simple à analyser dans son principe que dans sa pratique. Ceux parmi nous qui se souviennent du Vietnam, se souviennent aussi des demandes faites par les autorités américaines pour que le Vietnam du Nord adhère aux conventions de Genève concernant le traitement des prisonniers de guerre. Depuis que Jimmy Carter a fait des droits de l'homme une priorité pour les États-Unis, le Département d'État a régulièrement dénoncé les gouvernements étrangers qui détenaient des prisonniers en secret, leur refusant tout accès à un procès en règle ou leur refusant tout contact avec des organisations humanitaires. Selon le président Bush, le mauvais traitement des prisonniers n'est pas une pratique américaine. Mais la réalité est plus complexe. Particulièrement depuis le 11 septembre, les officiels américains ne sont guère d'humeur à observer des procédures de lois très techniques dans les détails et le public américain n'a pratiquement pas demandé de comptes. Notre colère à voir les tours s'effondrer a implicitement fait surgir la question : pourquoi ne pas infliger de souffrances à nos ennemis, surtout si ces souffrances produisent des renseignements qui pourraient sauver des vies ? Après tout, il y a une dizaine d'années, des autorités aux Philippines ont fait usage de la torture pour faire parler des suspects et ces interrogatoires ont permis de déjouer un complot de détournement d'avions. La culture populaire américaine, de plus, a depuis longtemps idolâtré le genre de personnage typiquement incarné par John Wayne ou Clint Eastwood : ce type qui en impose et fait payer les méchants sans se soucier des lois.

En 2005, le héros de la production télévisée *24* a utilisé la torture à plusieurs reprises pour obtenir des renseignements qui allaient permettre de protéger l'Amérique contre des attaques terroristes. Dans ce drame, quand le président refuse d'autoriser la torture, il est dépeint comme un faible. Quand un avocat des droits de l'homme s'y oppose, il est présenté comme un homme dupe vis-à-vis des partisans du mal. Tout semble favoriser la torture : la personne qui subit la torture est de toute évidence maléfique, les renseignements qu'elle détient sont d'une importance vitale, le tout se joue contre la montre et le bourreau, beau et viril, ne fait « que son devoir ». Mise à part la manipulation de la télévision, beaucoup d'entre nous pouvons imaginer des circonstances plausibles où l'utilisation de mesures abusives serait justifiée pour obtenir des renseignements.

Depuis le 11 septembre, cette question a attiré l'attention de beaucoup d'experts en droit et en morale. Alan Dershowitz, professeur à Harvard a provoqué un scandale en prônant un système selon lequel la torture, comme les écoutes téléphoniques, pourrait être autorisée par un juge dans le cas d'une cause juste.[1]

Une telle idée est sûre de faire long feu. L'Amérique, comme la plupart des pays, condamne officiellement la torture. En 2003 et 2004 des textes qui ont fait surface au Département de la Justice semblaient légitimer l'usage de la torture, mais l'Administration Bush a vite pris de la distance par rapport à ces interprétations. Nous serons toujours fermement opposés à la torture : c'est une question de principe. Mais il reste que, dans la réalité, des doutes hantent encore les esprits.

Ceci n'est pas acceptable. Il faut que cette question soit débattue à nouveau. Premièrement la vie réelle n'est pas le feuilleton *24*. Il est illusoire de penser que la torture soit un moyen efficace pour

---

1. Dershowitz ne défend pas la torture. Son argument est fondé sur la probabilité que des personnes détenant une autorité seront amenées à pratiquer la torture dans des cas extrêmes et qu'il est donc préférable qu'elles se soumettent à un cadre juridique pour en obtenir la permission plutôt que d'agir en dehors de toute supervision légale.

obtenir des renseignements exacts. Si la torture produit des résultats dans certains cas, en général, elle n'apporte rien. Napoléon, qui n'est pas connu pour sa compassion, faisait déjà l'observation suivante il y a deux siècles : « La coutume barbare qui consiste à battre des hommes que l'on soupçonne de détenir des renseignements importants doit être abolie. Il a toujours été reconnu que cette manière d'interroger les hommes en les soumettant à la torture ne produit rien qui vaille la peine. »

Deuxièmement, comme John McCain l'a fait remarquer, le débat n'est pas de savoir ce que sont nos ennemis, ce débat nous définit nous-mêmes. Si nous justifions la torture ou si nous l'acceptons sous certaines circonstances, nos ennemis en feront autant. Les gouvernements qui appliquent des méthodes abusives sur leurs prisonniers de façon routinière se tourneront vers les États-Unis pour se justifier. Nous nous battons pour que nos prisonniers soient traités de façon humaine dans les prisons de pays étrangers et nous ne pouvons pas nous permettre de compromettre cette position. Voulons-nous être connus comme un pays qui pratique la torture et qui fait en sorte que d'autres pays fassent de même ? Et quel serait alors notre but ? Vaincre les terroristes ? C'est exactement l'inverse qui se produirait. Guantanamo, nous dit-on, a réussi à mettre certains terroristes du cru 2002 hors de combat, mais ce résultat a son prix : le cru 2006-2008 a élargi ses rangs de façon remarquable. Il y a longtemps que ce centre de détention aurait dû être fermé. Quant au scandale d'Abou Ghraïb, c'est le meilleur cadeau qu'on ait pu faire à ceux qui orchestrent la propagande d'Al-Qaïda.

Ce qui est particulièrement choquant c'est que la plupart de ceux qui ont subi des traitements abusifs semblent être innocents, ou dans les meilleurs des cas, ils paraissent savoir très peu de choses. Il est profondément dérangeant de voir le spectacle des gardes américains s'acharner à humilier et à blesser les prisonniers arabes simplement parce qu'ils en ont le pouvoir et que ça les distrait. Tandis que la plupart des soldats américains cherchaient à créer des liens de compréhension mutuelle et d'amitié avec les musulmans, les gardes et les interrogateurs, ainsi que les supérieurs qui leur donnaient des instructions, faisaient montre d'un profond mépris pour la culture arabe et les droits de l'homme fondamentaux. Leurs actions semblaient vouloir renforcer les sentiments d'animosité de nombreux musulmans qui se sentent attaqués et se placent en victimes.

Il est difficile, pour nous qui avons foi en l'Amérique, d'admettre des erreurs, mais ces abus étaient graves et ils ne peuvent pas être effacés par de simples punitions légères envers ceux qui sont au bas de l'échelle hiérarchique de l'armée. Les hauts responsables doivent assumer la responsabilité de ces actes. Sinon il sera virtuellement impossible de changer la terrible perception négative que les musulmans ont acquise aujourd'hui des États-Unis. Depuis que les photos honteuses d'Abou Ghraïb ont été diffusées, elles ont fait le tour des communautés arabes avec des photos de Palestiniens et d'enfants irakiens morts. « Où Sont Les Hommes ? » liton dans les titres au-dessus des photos et « Qui Vengera Notre Dignité ? » Dans une région où la mémoire joue un grand rôle, je crains que ces images n'attisent encore la violence antiaméricaine pour plusieurs générations à venir.

Je sais par expérience que les militaires américains font tout en leur pouvoir pour épargner les populations civiles. Mais je sais aussi que les leaders politiques sont capables de mettre nos troupes dans des situations où les civils subiront de lourdes pertes et ces situations sont pratiquement inévitables. Le résultat est qu'une victoire militaire peut en fait se solder par une défaite politique. Comme ce fut le cas au Vietnam, on pourra gagner des batailles, mais on perdra la guerre. Sans une stratégie politique solide et efficace, les États-Unis ne pourront pas venir à bout d'Al-Qaïda.

Cette stratégie doit commencer par une confiance en notre mission. Ben Laden et ses hommes de main n'ont rien de concret à offrir, à personne. Les attaques du 11 septembre leur ont donné une visibilité et une aura qu'ils ne méritent pas et qu'ils ne pourront pas maintenir sauf erreur de notre part. Notre tâche est de garder les projecteurs braqués sur leur nihilisme, leur cruauté et leurs mensonges. Si nous parvenons à le faire, nous attirerons vers nous le soutien dont nous avons besoin. Confiance, oui, mais gardons-nous d'excès de confiance, car il nous faut gagner notre cause devant les auditoires les plus sceptiques.

La Commission nationale sur le 11 septembre a écrit dans son rapport :

> Ben Laden et les terroristes islamiques croient fermement en leurs déclarations. Pour eux, les États-Unis sont la source de tout mal, « la tête du serpent », et il faut les convertir ou les détruire. Ce n'est pas une position qui offre une grande marge de négociation. Il n'y a aucun point commun, pas même un respect commun de la vie humaine, qui puisse servir de base de départ pour un dialogue. Les seules issues possibles sont une destruction ou une exclusion totale.

La Commission a absolument raison de reconnaître Ben Laden et ses partisans comme des irréductibles, mais cette même commission dit aussi que la décision de lancer les attaques du 11 septembre était loin d'être unanime. Le mollah Omar, leader des Talibans se serait opposé à une attaque contre les États-Unis, par crainte de représailles. Le grand financier d'Al-Qaïda était d'accord avec lui. Le plus grand théologien d'Al-Qaïda a affirmé que les attaques étaient contraires aux enseignements du Coran. Le conseiller spirituel de longue date d'Abou Musab al-Zarquaoui, le chef des insurgés en Irak, a rompu avec lui à cause de son désaccord sur les attaques des kamikazes lancées sur les civils. Ces différences ne veulent pas dire que l'Occident devrait chercher à « négocier » avec Al-Qaïda, mais cela veut dire qu'au sein des réseaux terroristes, il y a une vaste diversité d'opinions et nous avons tout intérêt à exploiter cette diversité.

Beaucoup, et peut-être même la plupart de ceux qui sont recrutés comme terroristes, ne seraient pas prêts à entendre des arguments logiques et resteraient sourds à des appels à la conscience, mais certains d'entre eux peuvent encore être qualifiés « d'acteurs rationnels », une définition que j'ai apprise à l'université. Il est peut-être réaliste de penser qu'on puisse les convaincre que des actes meurtriers contre des civils constituent en soi une attaque contre l'islam et non un moyen de gagner des défenseurs. Il se peut encore que certains soient plus réticents que d'autres à laisser familles et amis derrière eux. Et peut-être aussi que parmi ces recrues, il y en a qui sont motivées à accomplir certaines missions dans leur environnement proche, mais n'ont qu'un vague intérêt à s'attaquer aux États-Unis ou à l'Occident dans son ensemble. Qui sait, certains accepteraient peut-être des offres de travail ou des compensations matérielles ? Nous avons tout intérêt à ne pas traiter les réseaux terroristes en bloc. Comme d'autres groupes, ils sont composés d'individus pour qui il ne faut pas perdre tout espoir sans avoir tout essayé pour les rallier à notre cause. Au Yémen, depuis 2002, des intellectuels musulmans ont interpellé des membres emprisonnés d'Al-Qaïda et les ont engagés dans un débat sur leurs tactiques à la lumière du Coran. Ils ont ainsi convaincu plus de 350 d'entre eux de renoncer à la violence et de coopérer avec les autorités. Le juge Hamoud al-Hitar, qui est à l'origine de cette initiative explique : « Si l'on étudie le terrorisme dans le monde, on comprend qu'il y a une théorie intellectuelle sous-jacente et toute idée intellectuelle peut être vaincue par l'intellect. » Autrement dit, la meilleure façon d'éradiquer une mauvaise idée est de la remplacer par une bonne idée.

Il importe que l'islam donne une place aussi prééminente à la loi. À Amman en 2005, 180 intellectuels musulmans de quarante-cinq pays, y compris des États-Unis, représentant huit courants de pensée des écoles islamiques, se sont réunis pour un congrès sur « Le véritable islam ». Leur but était de discréditer les zélés qui ne cherchent que leur propre publicité en diffusant des fatwas sans avoir de qualifications pour le faire et qui cherchent à justifier la violence contre d'autres musulmans en rejetant les victimes comme des apostats. Ces experts cherchaient à retourner les excès commis par les terroristes contre eux-mêmes et à appliquer la loi islamique de manière à dénoncer le fossé choquant qui existe entre les prétentions saintes des terroristes et leurs actions qui sont tout sauf saintes. Le terrorisme sera éventuellement vaincu de cette façon même, à savoir par de vrais musulmans qui s'uniront pour protéger l'islam des meurtriers qui sont en train de le détruire.

Afin de tenir tête aux extrémistes islamistes, il faudra mettre en œuvre toutes les ressources dont nous disposons en politique étrangère, y compris nos réseaux de renseignements et nos forces armées. Il y aura sans aucun doute des moments où des cibles terroristes se présenteront et où il faudra recourir à la force. Mais il serait erroné cependant de penser que le terrorisme est avant tout une menace militaire. Si c'était le cas, nous l'aurions vaincu il y a longtemps. C'est avant tout un défi politique et psychologique et il doit être combattu sur le terrain politique et le terrain psychologique. Les États-Unis ne pourront rien faire pour amoindrir la haine que certains Arabes et musulmans ressentent envers nous, mais il n'est pas nécessaire de changer la façon de penser de tout le monde.

Selon Václav Havel, « le communisme n'a pas été vaincu par la force militaire, mais par la vie, par l'esprit humain, par la conscience, par la résistance de l'Être et de l'homme à la manipulation ». Il a été vaincu, autrement dit, parce que ceux qui s'y opposaient ont été capables de révéler le meilleur de la nature humaine et de dénoncer les mensonges d'un système qu'ils finirent par éliminer. Les terroristes peuvent encore réussir dans certains cas à forcer des barrières élevées contre eux, mais ils ne réussiront jamais à nous faire oublier nos valeurs, à moins qu'on ne les laisse faire, car nos valeurs sont à long terme la clé de notre triomphe et celle de leur défaite.

La fin de la Guerre froide a été retransmise à la télévision. Assise dans mon bureau, je voyais des étudiants danser au milieu des débris glorieux du Mur de Berlin, et des foules déchaînées faire la fête dans les nouvelles capitales libres de l'Europe de l'Est et de l'Europe centrale. Je me souviens particulièrement de ma joie au spectacle de la Place Wenceslas à Prague, où Václav Havel et d'autres héros de la « Révolution de velours », ont accepté de prendre la tête de la Tchécoslovaquie pour la conduire dans une ère d'indépendance et de liberté. « C'est fait », me suis-je dit, à ce moment-là. « Dieu merci. »

Comment notre confrontation avec la terreur se terminera-t-elle ? Très différemment, peut-on penser. Il peut se produire des événements spectaculaires. Peut-être avec la parution de ce livre verra-t-on enfin la capture de Ben Laden ou sa défaite. En Irak, Al-Zarquaoui aura peut-être disparu de la une des journaux. Sans aucun doute les attaques, les arrestations et les dépositions continueront. Il semble peu probable cependant que nous assisterons par exemple à une répétition de la scène sur la place Wenceslas. Je doute fort que nous puissions un jour allumer nos téléviseurs et nous exclamer : « C'est fait. » Dans le pire des cas, nous assisterons à des séries d'attaques (on ne peut exclure la possibilité d'attaques biologiques, voire nucléaires) qui viseront de multiples cibles nouvelles. Nous verrons peut-être d'autres régions ou des pays entiers offrir asile aux extrémistes violents. Nous pourrions aussi assister à une division plus profonde de l'islam entre ceux qui vivront leur foi de façon pacifique et ceux dont les esprits auront été empoisonnés par la haine.

Dans le meilleur scénario imaginable, l'inverse se produira : les attaques se feront plus rares, les régions où les terroristes opèreront sous protection seront moins nombreuses et l'islam trouvera une voix unifiée. Si cela devait se passer, notre confrontation se terminera sans qu'on en perçoive la fin. Ben Laden ou son successeur enregistreront une vidéo où ils nous menaceront de nous brûler vifs, mais personne ne diffusera cette vidéo, parce qu'à ce moment-là les terroristes ne bénéficieront plus d'un gramme de soutien du public. En arrivera-t-on là ? La réponse à cette question ne s'éclaircira que progressivement et sera fondée sur des événements qui pourront se passer sur un vaste théâtre, de l'archipel de Malaisie aux montagnes du Caucase et à la côte de l'Afrique du Nord. Le plus important sera le monde arabe, qui est le berceau de l'islam. Et au sein de ce monde, le pays dont la direction sera de la plus haute importance sera vraisemblablement le royaume de l'Arabie Saoudite.

Chapitre 14

Le dilemme saoudien

Au cours de l'été 2004, un Arabe saoudien me confia : « J'ai très peur, personne ne voit clairement la voie où mon pays s'engage. Nous voulons progresser, mais nous voulons aussi vivre comme les bons musulmans vivaient il y a quatorze siècles. Nous voulons changer, mais nous pensons que le changement est la voie de la damnation. Nous voulons que le peuple ait un rôle dans la direction du pays, mais nous ne voulons pas de démocratie. Nous voulons dialoguer avec l'Occident, mais nos imams prêchent chaque vendredi que tous les Occidentaux et les non-musulmans seront damnés. »

Le fondateur et l'unificateur de l'Arabie Saoudite moderne, le roi Ibn Saoud, déclarait au début du XXe siècle : « Mon royaume survivra dans la mesure où il restera un pays difficile d'accès, où l'étranger n'aura d'autre but, une fois ses affaires faites, que de repartir. » Une déclaration publiée au début du XXIe siècle par la famille royale saoudienne affirmait le contraire : « Nous sommes partie intégrante de ce monde et nous ne pouvons nous en dissocier. Nous ne pouvons pas être de simples spectateurs, tandis que le reste du monde progresse vers un nouvel ordre planétaire. »

Depuis les attaques du 11 septembre, quantité de livres qui pourraient remplir une bibliothèque, et autant d'articles, ont été publiés dans les pays occidentaux suggérant que l'Arabie Saoudite est essentiellement un pays maléfique – le berceau, le nid nourricier et le banquier de la terreur commise au nom de l'islam. Comme les citations ci-dessus l'indiquent, un terme plus approprié que « maléfique » serait « en pleine confusion ».

Aucun autre pays n'a essayé d'embrasser la modernité de façon plus soudaine que l'Arabie Saoudite. Et cependant il existe peu d'autres pays qui aient été moins préparés psychologiquement que l'Arabie Saoudite à se moderniser. Les cultures saoudiennes ont été fortement influencées par le wahhabisme, mouvement sunnite puritain qui remonte au XVIIIe siècle et s'est établi fermement quand la branche saoudienne a conquis la péninsule arabique dans les années 1920. Les adeptes de la doctrine du wahhabisme cherchaient à revenir à ce qu'ils considéraient comme l'islam pur et authentique.[1]

Ils imposèrent une sorte d'uniforme national, blanc pour les hommes et noir pour les femmes. Ils interdirent la musique et privèrent le pays de sa diversité régionale et culturelle. Il en résulte une société qui vit sous un contrôle rigide et dont les lieux publics sont surveillés par la police religieuse qui interdit, entre autres, toute manifestation publique affectueuse entre les sexes, y compris les marques d'affection familiales. La danse fait partie des interdits et les femmes n'ont pas le droit de conduire une voiture en ville. Le royaume définit son identité par sa mission de conservation des mosquées saintes de La Mecque où le prophète Mohammed est né, et de Médine, où il est enterré. Ce statut est une grande source de fierté, mais il impose aussi un large conformisme. L'accès au culte est limité pour les musulmans chiites et il est interdit aux non-musulmans. Les adultes non-musulmans ne peuvent même pas être enterrés en terre saoudienne. Quatre-vingt dix pour cent des livres publiés dans le royaume traitent de sujets religieux, et la plupart des diplômés universitaires sont spécialisés en études islamiques. Le Coran sert de constitution au pays.[2]

---

1. Parce que le terme wahhabisme est lié à des connotations négatives, beaucoup d'adeptes de cette doctrine préfèrent qu'on les appelle des « salafistes » ; ils cherchent à se modeler sur les premières générations de musulmans.
2. En 1992, les Saoudiens ont cependant établi un texte de gouvernance : « Code de gouvernement » qui d'une certaine manière ressemble à une constitution.

Les Saoudiens aspirent à vivre un idéalisme qui fasse de leur pays une oasis de pureté, isolée de l'Occident, et protégée de sa vulgarité.

Et cependant l'Arabie Saoudite possède un quart des réserves de pétrole du monde, ce qui représente un avantage à double tranchant en quelque sorte, un cadeau empoisonné, parce que cette manne a amené les Saoudiens à entrer en contact étroit avec les nations industrialisées et à devenir profondément matérialistes eux-mêmes. Le pétrole est depuis longtemps l'étalon de la richesse, et le choc du prix du baril depuis les années 1970 a multiplié leur richesse. Des barons industriels occidentaux avides d'en tirer profit ont signé avec les Saoudiens des contrats chiffrés en milliards de dollars dans les domaines de la construction immobilière, de la technologie et du secteur tertiaire. Au fur et à mesure que les pétrodollars s'accumulaient, les princes saoudiens étaient de plus en plus photographiés dans les night-clubs de la jet-set, vêtus à l'européenne dans le luxe le plus chic, et leurs femmes habillées par les grands couturiers. Vingt ans plus tôt, un prince aurait habité dans une maison modeste faite de briques sèches, avec un espace à l'écart pour recevoir les doléances du peuple. À présent, ce même prince s'est construit des domaines où ses palais sont meublés du mobilier le plus cher et équipés des derniers gadgets électroniques, le tout protégé jalousement derrière de hauts murs.

La Révolution iranienne de 1979 a menacé de jouer les trouble-fête. Presque immédiatement après avoir pris le pouvoir, l'ayatollah Khomeyni a cherché à fomenter une rébellion contre le gouvernement saoudien, qu'il décrivait comme « non-islamique ». La menace s'est concrétisée en novembre de cette année-là, quand des militants ont monté une protestation massive et ont pris des otages à la grande mosquée de La Mecque. Les rebelles dénoncèrent la famille royale comme une dynastie corrompue et demandaient qu'elle soit renversée. À la suite d'un siège qui dura trois semaines, les forces de sécurité saoudiennes lancèrent une attaque bien orchestrée et tuèrent quelques-uns des insurgés. Les autres furent faits prisonniers et décapités par la suite. Le gouvernement chercha à rétablir son autorité vis-à-vis du pouvoir religieux en leur donnant les rênes de l'éducation et leur accordant les pouvoirs de police sur la conduite des citoyens et des visiteurs étrangers. Le code social saoudien devint plus strict, donnant plus de pouvoir aux éléments les plus conservateurs de la société. Ces tendances furent renforcées par des intellectuels extrémistes de Syrie et d'Égypte, qui dans leur désir de fuir leurs gouvernements laïques, ont amené avec eux un radicalisme panislamique qui était encore plus engagé et encore plus politique que la doctrine traditionnelle du wahhabisme.

Pendant tout ce temps, la montée des prix du pétrole transforma l'Arabie Saoudite en un État-providence par excellence. À la fin des années 1980, tout Saoudien avait accès gratuitement aux soins médicaux et aux échelons de l'enseignement supérieur. Tout diplômé universitaire, garçon ou fille, avait droit à 50 000 dollars pour investir dans une PME. À sa majorité, tout citoyen mâle recevait un terrain et un prêt de 80 000 dollars pour se construire une maison. L'électricité et l'eau étaient gratuites. Les Saoudiens et leurs conseillers croyaient que ce bon temps durerait. Ce ne fut pas le cas. Le pays fut mis à genoux par manque de prévoyance pour l'avenir, par ses dépenses excessives et par une explosion démographique.

Entre 1981 et 2001, la population saoudienne a plus que doublé. Si les femmes saoudiennes continuent à enfanter au taux de natalité actuel (7 enfants par femme), la population doublera encore d'ici 2020. Quand tous ces jeunes chercheront du travail, beaucoup seront déçus. Le chômage a augmenté de 20 % tandis que la production par habitant est inférieure à ce qu'elle était il y a quarante ans. Les revenus du pétrole, qui étaient de 22 000 dollars par Saoudien en 1980, sont tombés à 4 000 dollars en 2004 en dépit de l'envolée des prix. Les villes saoudiennes, qui à leur création étaient rutilantes, sont désormais semblables aux grandes villes partout ailleurs dans le monde, sales par manque d'entretien, et enlaidies par leur lot de bidonvilles.

Il y a eu une montée du ressentiment social et le contraste entre les styles de vie occidentaux et islamiques est devenu plus flagrant. Avec la prolifération des antennes-paraboles de télévision par satellite et la diffusion des images montrant la souffrance du peuple arabe et musulman, le sentiment anti-occidental s'est renforcé. Tout au long des années 1990, on imposa une présence militaire américaine en établissant des bases en Arabie Saoudite pour dissuader Saddam Hussein d'envahir à nouveau le Koweït. Cette présence fut perçue comme une désacralisation de la Terre Sainte de l'islam et constitua un *casus belli* pour Oussama Ben Laden et Al-Qaïda.

La convergence de ces facteurs prit une autre dimension après le 11 septembre. Soudain, l'Arabie Saoudite, où étaient nés quinze des dix-neuf terroristes responsables des attaques, ne faisait plus figure d'une société riche et ordonnée. Et depuis, la dynastie saoudienne est assaillie de toutes parts. Certains en Occident accusent la famille royale de financer les terroristes, tandis qu'Al-Qaïda l'accuse d'être en collusion avec le même Occident. Al-Qaïda affirme que la monarchie n'est pas légitime. La rhétorique du président Bush qui parle de transformer et de démocratiser le Moyen-Orient, si on la prend au pied de la lettre de sa logique, aboutit aux mêmes conclusions. En politique intérieure, le régime est confronté à des demandes d'ouverture politique, de la part des femmes qui se sentent laissées-pour-compte, de la part des intellectuels en mal de réformes et de la part des minorités chiites et de la jeunesse désenchantée. Les forces religieuses conservatrices se battent contre tout changement qui réduirait leur influence. C'est un peu comme si chacun voulait se faire entendre en priorité sur la marche à suivre pour gouverner le pays.

Le gouvernement saoudien se retrouve au milieu d'un terrain miné. Pour s'en sortir, il lui faudra avant tout discréditer et isoler ceux parmi ses leaders religieux qui militent pour le terrorisme. Il lui faudra moderniser son économie, créer des centaines de milliers d'emplois et repenser son attitude vis-à-vis des femmes. Il lui faut fournir des réponses aux critiques qui viennent de l'Occident, sans avoir l'air de donner raison à Al-Qaïda qui l'accuse d'être trop proche des Occidentaux. Un tel programme est une gageure pour une société dont les leaders les plus puissants sont septuagénaires et octogénaires et issus d'un monde qui ne les a préparés qu'à un isolement relatif, fondé sur de vieilles coutumes et des vérités toutes simples.

Le gouvernement saoudien a-t-il une part de responsabilité dans les attaques du 11 septembre ? La réponse est non. Est-il de mèche avec Al-Qaïda ? Évidemment pas. Est-ce de mauvais augure que des groupes de Saoudiens soient partis des États-Unis quelques jours seulement après le 11 septembre ? Là encore la réponse est négative selon le rapport de la commission indépendante qui a enquêté sur les événements et a conclu que la liste de tous les passagers a été passée au peigne fin par le FBI et « aucune personne qui a embarqué sur ces vols de rapatriement n'avait de lien avec les terroristes ». Les leaders saoudiens sont des partisans de la préservation de leur culture, et non des extrémistes. Ils cherchent avant tout à assurer la stabilité dans leur royaume. Cependant le lien entre la culture saoudienne et la montée d'Al-Qaïda va bien au-delà de savoir si le gouvernement lui-même est impliqué dans le terrorisme. Une des raisons de s'inquiéter est l'origine saoudienne de l'argent privé qui aide à financer les opérations terroristes. Une autre question alarmante est de savoir si les leaders saoudiens n'ont pas joué le rôle de Frankenstein en créant un monstre qu'ils sont désormais incapables de contrôler.

En 1986, le roi Fahd d'Arabie Saoudite a officiellement changé son titre de « Sa Majesté » pour se faire appeler « Gardien des deux Mosquées Sacrées ». Fahd, qui est mort en août 2005, était fier de ce qui me fait justement trembler, à savoir le soutien que son gouvernement a apporté aux institutions musulmanes en dehors de son pays, y compris aux 210 centres islamiques, aux plus de 1 500 mosquées, aux 200 universités et aux 2 000 écoles ou presque qui ont été établies à travers le monde. Les Saoudiens sont certains que leur foi est la vraie foi et ils ne voient donc pas de contradictions entre le fait qu'ils apportent les subsides nécessaires à répandre leur propre religion à l'étranger mais interdisent en même temps la pratique de toute autre religion chez eux. Dans les discussions que j'ai eues avec des officiels saoudiens, ils accordaient une grande importance au fait que leur royaume doit être le défenseur de l'islam et qu'il est de leur devoir de propager leur foi. Cela en dit long sur ce qu'ils considèrent comme l'exceptionnalité saoudienne ainsi que sur la conscience qu'ils ont de leur devoir de prosélytisme musulman. Que ce soit ou non une source de fierté, cela dépendra de la façon dont cette foi sera interprétée et par qui. Quand je rencontrais des Saoudiens avant le 11 septembre, ils réagissaient avec indignation quand on leur déclarait que les réseaux terroristes musulmans gagnaient en force. De telles déclarations, à leurs yeux, ne cherchaient qu'à discréditer l'islam.

Avec le recul des événements qui se sont produits depuis, les Saoudiens doivent envisager leurs responsabilités sous un nouvel angle. Il est vrai que des écrivains américains, européens et israéliens ont déformé les croyances de l'islam ainsi que la politique des Saoudiens, tout en leur donnant des leçons, avec une hypocrisie à peine voilée, sur la culture arabe. Le vrai tort infligé à l'islam, cependant, vient des assassins qui veulent se faire passer pour de pieux musulmans et qui créent une image terriblement déformée de l'islam. Si l'Arabie Saoudite doit défendre l'islam, voilà bien les ennemis qu'elle doit éliminer avant tout.

À Riyad, la capitale de l'Arabie Saoudite, la réaction initiale aux attaques du 11 septembre a été l'incrédulité. Malgré le rôle d'Oussama Ben Laden et la nationalité saoudienne de la plupart des terroristes, les officiels saoudiens ne voulaient pas admettre qu'Al-Qaïda avait une présence importante dans leur royaume. Ils traitaient cette accusation comme une affaire de relations publiques et non comme une question de sécurité. Puis le 12 mai 2003, trois attaques terroristes à la bombe tuèrent trente-cinq personnes à Riyad. En novembre, des explosions terroristes ébranlèrent un immeuble de la capitale. En mai 2004, des hommes armés tuèrent vingt-deux personnes dans un complexe résidentiel où étaient logés des ouvriers du pétrole, à Khobar. Le mois suivant, de nouveau à Riyad, Paul Johnson, un industriel américain, a été kidnappé et exécuté. En décembre de la même année, des hommes armés ont attaqué le consulat américain à Djeddah et ont tué cinq employés.

Même les autorités saoudiennes ne pouvaient fermer les yeux devant de tels actes de violence. Le gouvernement arrêta des centaines de suspects, des terroristes engagés dans des tueries sanglantes et associés à des cellules d'Al-Qaïda, et saisit de faux passeports, des grenades et des armes découverts dans des caches. Les officiels saoudiens ont aussi fini par reconnaître, au moins implicitement, qu'il y avait un lien entre ce qui se passait dans leurs rues et ce qui était enseigné dans leurs mosquées. Plus de 3 500 imans furent obligés de participer à des programmes de rééducation conçus pour promouvoir la tolérance au sein de l'islam. On encouragea les chefs religieux à prêcher sur les dangers des excès en religion. On supprima les passages qui incitaient à la violence dans les livres scolaires. Et sous la pression des Américains, les Saoudiens promulguèrent des lois qui visaient à diminuer les pratiques de blanchiment d'argent et à surveiller les transferts de fonds saoudiens à des organismes humanitaires douteux.

La presse saoudienne est loin d'être libre, mais dans la limite de son champ d'action elle est le forum d'un débat de plus en plus musclé. À côté des diatribes contre Israël, il y a des articles qui offrent une discussion en interne sur le sens et les obligations de l'islam. Le directeur d'un quotidien, un ami d'enfance de Ben Laden, a fustigé par écrit ceux qui utilisent le Coran pour condamner les chrétiens et les juifs. De nombreux journalistes ont attaqué Al-Qaïda qui essaie de faire de l'islam une religion de guerre. Abdel Rahman al-Rashad, PDG de la chaîne d'information par satellite Al Arabiya, a déclaré :

> C'est un fait certain que tous les musulmans ne sont pas des terroristes, mais il est aussi certain et particulièrement pénible de constater que presque tous les terroristes sont des musulmans... Nous ne pouvons pas tolérer parmi nous ceux qui kidnappent des journalistes, tuent des civils ou font exploser des bus. Nous ne pouvons pas les accepter comme ayant des liens avec nous, quelles que soient les souffrances qu'ils invoquent pour justifier leurs actes criminels. Ce sont ces personnes qui ont sali l'islam et son image.

Au niveau officiel, les leaders saoudiens ont dénoncé le terrorisme avec véhémence, le définissant comme : « Un crime global perpétré par des esprits maléfiques remplis de haine contre l'humanité. » Les religieux du royaume viennent régulièrement à la télévision dénoncer la terreur comme contraire à l'islam. Ces déclarations sont bienvenues, mais nous ne serons pas satisfaits tant que nous ne serons pas sûrs que ni fonds saoudiens, ni doctrines saoudiennes ne sont utilisés pour former une nouvelle génération de recrues pour Al-Qaïda. Il est décourageant de constater que les officiels saoudiens continuent à nier que des extrémistes violents trouvent un soutien important dans leur pays. Un sondage, conduit de manière privée par le royaume, conclut que 49 % des Saoudiens soutenaient les idées de Ben Laden. Autre fait tout aussi troublant, plus d'une vingtaine de religieux saoudiens très connus, dont la plupart enseignent dans des universités d'État, ont publié une fatwa en novembre 2004 appelant l'Irak à « se défendre, à défendre son honneur, sa terre, son pétrole, son présent et son avenir, contre la coalition impérialiste, comme ce pays avait autrefois résisté au colonialisme ». Les signataires avançaient l'argument que « le djihad contre l'occupant est une obligation pour toute personne en état d'y participer[1] ». On ne peut

1. Le communiqué, publié le 5 novembre 2004, fut récusé par les ambassadeurs saoudiens aux États-Unis et en Angleterre. De nombreux journalistes saoudiens condamnèrent la fatwa pour son incitation près des jeunes à aller en Irak pour se battre. Des partisans du communiqué le louèrent pour son appel à l'unité entre les sunnites et les chiites en Irak, et pour sa condamnation de la violence contre les civils, y compris contre les étrangers tels que les journalistes et les travailleurs humanitaires.

s'étonner que de nombreux terroristes kamikazes en Irak viennent de l'Arabie Saoudite.

En février 2005, j'ai participé au forum économique de Djeddah. L'événement se passait dans une immense salle d'hôtel. Les participants formaient comme une marée de robes blanches. Les glaces qui couvraient les panneaux d'un des murs renforçaient encore cette impression d'immensité. Dans mon intervention, j'ai félicité les Saoudiens sur leur décision de conduire des élections municipales ouvertes, en cours à l'heure où je parlais, et j'ai ajouté que j'espérais que les femmes saoudiennes auraient le droit de vote plus rapidement qu'elles ne l'avaient reçu aux États-Unis.

À ma surprise, mes remarques furent accueillies par des applaudissements chaleureux. Quand j'ai regardé mon auditoire, cependant, personne n'applaudissait. La marée d'hommes ne faisait aucune vague. Mais à leur place, les femmes saoudiennes, rassemblées de l'autre côté des miroirs, faisaient retentir leurs applaudissements. Séparées comme toujours des hommes, elles étaient invisibles, mais, grâce aux micros qu'on leur avait donnés, elles étaient audibles. Quand le ministre saoudien du travail proclama que les femmes aimaient la politique de séparation des hommes et des femmes sur les lieux de travail et qu'elles n'avaient aucune envie qu'on leur permette de conduire, les femmes lui demandèrent ce qui lui permettait de le penser. Il répondit qu'il s'appuyait sur les e-mails qu'il avait reçus dans ce sens. Les femmes lui demandèrent alors son adresse e-mail. Les femmes constituent la moitié des étudiants saoudiens, mais forment moins de dix pour cent de la population active. Tôt ou tard, ces femmes éduquées qui représentent un énorme capital national, trouveront leur voie en dehors de leur foyer.

Pendant ces discussions à Djeddah, un Saoudien se leva pour m'assurer que les mesures politiques de son pays envers les femmes étaient fondées sur un désir de respecter la femme et non sur une intention de la tenir en état de soumission. « Nous croyons que les femmes sont assises aux portes du paradis, affirma-t-il. Nos objectifs sont d'honorer nos femmes et de les protéger. » Je lui répondis que je comprenais son point de vue et que je ne pensais pas que l'Occident avait toutes les réponses. J'ajoutai : « Je crois, cependant, que les personnes ont le droit de faire leurs propres choix. Si les femmes avaient le choix, sans doute beaucoup d'entre elles choisiraient de continuer à vivre comme elles le font maintenant. Il reste que les femmes, comme les hommes devraient avoir le droit de faire leur choix. Elles sont des adultes, non des enfants et méritent qu'on les traite en tant que telles. Vous les hommes, de quoi avez-vous peur ? Personne ne cherche à engager une guerre des sexes. » Quand j'étais adolescente, et que je sortais avec des garçons qui conduisaient leurs propres voitures, mon père insistait pour nous suivre dans sa propre automobile. Le système saoudien fait preuve du même excès de protection, à la différence près que le père du garçon est assis à l'avant de la voiture, à côté de son fils et que la fille est à l'arrière, derrière un rideau.

J'ai eu l'occasion au cours de ma visite de renouer avec le prince héritier Abdallah. C'était six mois avant qu'il n'accède au trône pour succéder au roi Fahd qui était malade depuis longtemps. Bien qu'Abdallah ait plus de quatre-vingts ans, il reste physiquement très alerte et plein de vie. Il a une moustache abondante et une barbichette, sans l'ombre d'un poil gris. Il parle de manière très digne et posée. Quand je lui ai dit que j'étais en train d'écrire ce livre, il sourit en signe d'approbation et montra du doigt l'exemplaire vert du Coran qui se trouve à ses côtés dans son bureau.

Au cours de notre discussion il ne cacha pas le dégoût profond qu'il éprouve pour l'image déformée que certains ont créée de l'islam, qu'il définit comme une religion de paix et de compassion. Il me dit encore que les trois religions du christianisme, du judaïsme et de l'islam, ont chacune leur fondamentalisme et qu'il y a des chrétiens conservateurs qui éprouvent le besoin de créer une crise pour provoquer la fin du monde. Je lui ai demandé si le Coran interdit aux musulmans de céder des terres sur lesquelles ils ont régné auparavant. Il me dit que le Coran ne contient rien d'aussi rigide, sauf dans le cas des lieux saints. Je lui demandai alors :

« Dans cette société si religieuse, quel rôle pensez-vous que Dieu joue dans le gouvernement du Royaume ? » Il m'a répondu : « La foi est une constante, mais vous ne vous adressez pas à Dieu avant de consulter vos amis, vos conseillers, le public et les pays étrangers. Vous dépendez ensuite de Dieu pour arriver à prendre la bonne décision et vous priez pour que tout se déroule bien. » Quand j'ai engagé la conversation sur l'Irak, il a fait une grimace et m'a dit : « On devrait sans doute changer de sujet. »

Au cours de ce voyage en Arabie Saoudite, j'ai ressenti une grande différence avec mes visites précédentes où il était alors clair que toutes les questions importantes étaient déjà classées. Cette fois, tout était discutable. L'atmosphère politique, qui stagnait depuis longtemps, est désormais très dynamique et on argumente autant qu'on formule des hypothèses. Le débat politique en Arabie Saoudite a acquis ses lettres de noblesse.

Au cours des années passées, la dynastie saoudienne a écouté les demandes de réformes sans toutefois y répondre en totalité, permettant le progrès à doses infiniment petites. Ce rythme risque de s'accélérer à cause du nouveau rôle d'Abdallah. Quand il était encore prince héritier, il organisa une série de rencontres internationales sur les droits des minorités religieuses et sur les droits de la femme. Il créa un centre fédéral pour faciliter le débat public et il autorisa l'organisation d'élections municipales ouvertes. En tant que roi, il ordonna à la Chambre de Commerce et d'Industrie de permettre que des femmes soient élues au conseil de direction et deux femmes y accédèrent. Il a alloué trois milliards de dollars pour moderniser le système d'éducation saoudien et réformer ses programmes. Sur le plan économique, il a fait entrer l'Arabie Saoudite dans l'Organisation Mondiale du Commerce, un exploit qu'il peut citer pour justifier ses réformes qui visent à endiguer la corruption, ses efforts pour promouvoir une réorganisation de la bureaucratie somnolente du pays, ainsi que les améliorations qu'il a introduites dans le domaine de l'enseignement particulièrement en ingénierie, en sciences et en mathématiques.

Plus frappante encore une mesure de pardon : quelques jours avant son accession au trône, Abdallah accorda une amnistie à trois militants qui avaient été emprisonnés pour leur revendication d'une nouvelle constitution. Cet acte constituait un discrédit public de l'officiel qui avait ordonné leurs arrestations, le prince Nayef, alors ministre de l'Intérieur. Nayef s'était depuis longtemps fait le champion des intérêts des religieux conservateurs. Abdallah est un réformateur prudent dans un pays où toute réforme peut apparaître extrême. Ses coudées sont limitées par la puissance de ses rivaux et il a les mains liées par les traditions de sa famille qui exigent que les décisions soient prises d'un commun accord. Sa politique ne sera pas faite de coups audacieux, mais plutôt se caractérisera par des mouvements en souplesse, un pas à la fois, afin de progresser doucement dans certaines directions. C'est ainsi qu'il organisa des élections, proposa de nouvelles options pour les femmes, réalisa des changements économiques, avant de faire une pause pour s'assurer que la foudre n'allait pas le frapper.

Le dilemme saoudien et le défi qui en résulte pour l'Occident, peuvent s'avérer ingérables, mais il faut y travailler néanmoins. L'Arabie Saoudite, source de pétrole et arbitre des prix du baril, continuera à occuper une position économique-clef longtemps après que les réserves de beaucoup d'autres fournisseurs auront été épuisées. Les leaders religieux du pays ont encore leur mot à dire sur l'éducation des jeunes musulmans sunnites et influencent fortement la vision du monde par leurs enseignements. Les leaders américains seront poussés par le Congrès, par le public et par la presse à se montrer fermes vis-à-vis des Saoudiens sur les sujets ayant trait au terrorisme. Cependant, l'Amérique a moins d'influence qu'elle n'en a eue. Les Saoudiens ne dépendent plus des États-Unis pour leur apporter l'expertise technologique, et l'importance des États-Unis comme acheteur de pétrole diminue à mesure que d'autres pays deviennent de plus gros acheteurs. Tant que nous n'assouplirons pas les mesures de sécurité prises à nos frontières à cause de la peur du terrorisme, de moins en moins de

Saoudiens se soumettront aux tracasseries et aux humiliations que nous imposons à ceux qui cherchent à entrer aux États-Unis, et de moins en moins d'Américains voyageront en Arabie Saoudite. Les contacts entre les militaires seront moins fréquents. Si les perceptions négatives persistent des deux côtés, les leaders américains et saoudiens auront peu à gagner à s'aider mutuellement.

Les Saoudiens, cependant, ne sont pas à l'aise dans le rôle qu'on leur attribue sur la scène internationale. Un écrivain les dépeignait en ces termes : « Un peuple au cœur huileux et ténébreux, un pays qui n'est qu'un jaillissement de valeurs hostiles et déplorables. » Ils accueilleraient à bras ouverts un retour au temps où nos deux pays étaient du même côté lors des grandes batailles et pouvaient alors trouver des terrains d'entente malgré nos différences de points de vue sur le Moyen-Orient. Nous avons tout intérêt à encourager les Saoudiens à persévérer dans leurs efforts pour chasser Al-Qaïda de leur pays, en coupant les vivres aux terroristes et en saisissant toutes les occasions pour rappeler à leurs concitoyens et à leur coreligionnaires à l'étranger que tuer des personnes désarmées est contraire aux valeurs arabes et ne leur assurera certainement pas de place au paradis.

La bataille des idées en Arabie Saoudite tourne autour de la question fondamentale qui consiste pour son peuple à savoir dans quel type de pays il désire vivre. Est-ce dans un bastion isolé dirigé par des traditions conservatrices, ou est-ce dans un pays moderne, tout en étant religieux, qui sera ouvert au monde et en sera partie intégrante ? Certains Saoudiens sont tout à fait ouverts à l'idée d'explorer jusqu'où l'islam leur permettra d'aller, tandis que d'autres sont déterminés à imposer autant de limites que possible pour restreindre les libertés d'action selon cette religion. Il n'est donc pas surprenant qu'un grand nombre de Saoudiens éprouvent beaucoup d'ambiguïté devant de tels choix et sont incapables de choisir leur camp. Le besoin de modernisation est largement reconnu, mais la peur de perdre pied est aussi fortement ressentie. Ce débat et les espoirs et les craintes qui l'accompagnent, ont un écho dans tout le monde arabe et dans beaucoup d'autres sociétés musulmanes. Les troubles qui en découlent sont le produit du choc complexe et crucial de deux idées profondes. La première, que toute puissance vient de Dieu, et la deuxième, que tout pouvoir légitime sur terre vient du peuple.

Chapitre 15

Les Arabes et la démocratie

En juillet 1957, John Fitzgerald Kennedy, jeune sénateur du Massachusetts, déclara que « la force la plus puissante au monde n'était ni le communisme, ni le capitalisme, ni un missile téléguidé, mais le désir éternel de l'homme d'être libre et indépendant ».

Et il poursuivit en ces termes : « Le grand ennemi de cette force extraordinaire qui recherche la liberté, s'appelle l'impérialisme. Et donc le plus grand et le seul défi de la politique étrangère américaine réside dans notre capacité à affronter l'impérialisme, ce que nous faisons pour pousser plus avant le désir de l'homme d'être libre. »

Dans les jours les plus sombres de la Guerre froide, il est remarquable que John Kennedy ait désigné l'impérialisme, et non pas le communisme, comme le plus grand obstacle à surmonter dans la politique étrangère de l'Amérique. Il fit sa déclaration à un moment où les défenseurs de la liberté algérienne étaient engagés dans une lutte à mort pour gagner leur indépendance contre la France, ce qui amena les Français à dénoncer ses paroles comme une interférence hasardeuse dans les affaires de leur pays. Le doyen du parti démocrate, Adlaï Stevenson, était d'accord avec les Français et attaqua le discours de Kennedy, le qualifiant de « terrible », d'« invitation au chaos » et de menace contre l'OTAN. Mais la marche de l'histoire avançait au rythme du désir d'indépendance. L'Algérie acquit la sienne en 1962. À cette date, Kennedy était président, tout à fait déterminé à se mettre du côté de la liberté des peuples colonisés, partout dans les pays en voie de développement, dont une large partie se composait de musulmans. Quand Kennedy parlait du désir de l'homme d'être libre, il parlait en fait de l'aspiration des nations à se libérer des dominations étrangères. Mais l'indépendance n'est pas une garantie que ces peuples seront libres de toute répression de la part de leurs propres gouvernements. L'établissement de cette liberté est un autre défi et parfois s'est avéré encore plus difficile.

En novembre 2003, le président Bush annonça que les États-Unis poursuivraient « une stratégie progressiste pour promouvoir la liberté au Moyen-Orient ». Devant un auditoire rassemblé pour célébrer le vingtième anniversaire de la Fondation Nationale pour la Démocratie, Bush déclara : « La stabilité ne peut pas s'établir aux dépens de la liberté. Tant que le Moyen-Orient restera un lieu où la liberté n'existe pas, il restera un lieu où la stagnation et le ressentiment domineront et où la violence n'attendra qu'à s'exporter. De plus, à cause de la prolifération des armes de destruction massive et du danger qu'elles représentent pour notre pays et pour nos alliés, il serait irresponsable d'accepter le statu quo. »

J'ai passé ma vie à défendre la cause de la démocratie. Le discours du président m'a donc plu, d'autant que j'étais d'accord avec sa thèse. Beaucoup de pays qui ont obtenu leur indépendance en s'affranchissant de régimes coloniaux ont simplement échangé un despote pour un autre, ce dernier étant de souche autochtone. Le Moyen-Orient est la seule région du monde où les chefs de gouvernement (non les chefs d'État) continuent à détenir leur autorité de leur lignée dynastique. Si le président Bush est sincère sur le défi qu'il veut lancer à cette tradition, il pourrait changer les relations entre les États-Unis et les gouvernements arabes et leurs peuples pour des décennies à venir.

Mais soutenir la démocratie au Moyen-Orient est plus simple à mettre en mots qu'à réaliser concrètement. Le plan initial du Département d'État pour la démocratisation du monde arabe fut présenté à la presse avant que les gouvernements de la région aient été consultés. Ceci était un faux pas diplomatique qui engendra des réactions de protestation et des accusations d'arrogance. Au Maroc en décembre 2004, des gouvernements arabes et occidentaux se réunirent pour un « Forum pour l'Avenir », pour discuter du besoin de changement démocratique. Hélas deux conversations parallèles eurent lieu. L'une, présentée par les États-Unis, parlait d'engager une ouverture politique. L'autre, émise par les leaders arabes, mettait l'accent sur l'urgence à mettre fin à l'occupation des États-Unis en Irak et à résoudre la question palestinienne et le conflit avec Israël. La thèse des États-Unis est que tout extrémisme est le résultat de frustrations politiques et que les gens deviennent terroristes parce qu'ils se sentent incapables d'arriver à leurs fins par d'autres moyens. Des officiels arabes affirment que le terrorisme est le résultat de la colère provoquée par les sanctions imposées par les États-Unis, et non le produit d'un régime arabe non démocratique, d'où la nécessité pour les États-Unis de changer leur politique afin de créer une stabilité dans la région. Cette vue n'est pas seulement celle de princes et de rois arabes. À Dubaï en décembre 2005, j'ai rencontré un groupe de jeunes femmes musulmanes, dont la plupart étaient habillées de la tête aux pieds en noir et qui s'affirmaient absolument féministes. Quand j'ai avancé l'argument que le statu quo était une réalité dangereuse au Moyen-Orient, une femme s'est levée pour affirmer sa propre opinion : « Le statu quo ne représentait pas de danger avant que les États-Unis n'inventent cette théorie. »

Dans cette région fertile en thèses de complots, il y a une méfiance générale sur les intentions de l'Administration Bush. L'idée que l'Amérique soutiendrait une démocratie parce que c'est dans le plus grand intérêt des Arabes, ne rallie pas une majorité. Chaque camp accuse l'autre, à juste titre, de vouloir changer le sujet. Les officiels américains préfèrent parler de l'urgence pour les gouvernements arabes de se réformer, plutôt que du sort tragique des Palestiniens. Les leaders arabes de leur côté préfèrent parler de tout sauf de démocratie.

Le président a raison d'essayer de corriger l'impression que l'Amérique est le défenseur de la liberté partout dans le monde sauf dans les pays arabes et la raison principale est que ce fut le cas à une certaine période. Pendant des décennies, des administrations républicaines et des administrations démocrates avaient de bonnes raisons de rechercher une bonne entente avec les leaders arabes autocrates. Les gouvernements de ces pays stratégiques-clé, tels que l'Arabie Saoudite et l'Égypte, accordaient la plus grande importance à garantir leur stabilité. Et les États-Unis partageaient le même intérêt. Les Arabes produisaient le pétrole, les consommateurs américains en avaient besoin. Les Arabes voulaient avoir accès à la technologie de pointe, les compagnies américaines ne demandaient qu'à la vendre. Pendant la Guerre froide, l'Amérique avait besoin du soutien des Arabes contre l'Union soviétique. Dans les années 1990, l'Administration Clinton a recherché l'appui des gouvernements arabes pour faire progresser la paix au Moyen-Orient. Ces gouvernements arabes, aussi imparfaits qu'ils aient pu être, semblaient un meilleur choix. Après tout, le choix était simple face aux problèmes que posaient Saddam Hussein en Irak, Mouammar Khadafi en Libye et le régime théocratique en Iran. Aujourd'hui, ces considérations restent actuelles mais il est temps cependant de concevoir une nouvelle approche. Un des arguments majeurs d'Al-Qaïda est que les États-Unis soutiennent des régimes corrompus, illégitimes, répressifs et hérétiques. La façon de répondre à ces arguments est d'honorer nos idéaux et de soutenir les réformes démocratiques dans chaque pays qui ne jouit pas encore de la liberté.

Ceci n'est pas une tentative d'imposer notre système à des peuples qui n'en veulent pas. L'islam enseigne à ses adeptes de prendre le meilleur des autres civilisations. La démocratie est une large part de ce que nous avons de meilleur à offrir. Des recherches et des sondages ont conclu, qu'en général, les populations arabes musulmanes sont favorables à des concepts tels que la liberté d'expression, les systèmes politiques à partis multiples et l'égalité de tous devant la loi. La plupart s'accordent à dire qu'il est plus important d'avoir un leader démocratique qu'un leader puissant. C'est sans doute la raison pour laquelle la démocratie commence à faire son chemin. Le petit émirat du Qatar a une nouvelle constitution qui prévoit une assemblée consultative et protège la liberté de religion, la liberté de la presse et les droits des femmes. Le parlement du Koweït a finalement accordé le droit de vote aux femmes, après des années de rejet du projet de loi sur ce droit. En 2003, la Jordanie et le Yémen ont tenu des élections législatives qui, malgré des irrégularités, étaient raisonnablement ouvertes et libres. L'Autorité palestinienne a aussi tenu des élections présidentielles et législatives. La plupart des pays arabes sont maintenant dotés d'une forme de représentation parlementaire, bien que les pouvoirs attribués à un tel corps soient limités. À travers la région, on a le sentiment que les choses sont en train de changer, sans que l'on sache exactement ce qui va remplacer les anciennes traditions, mais on sent qu'il y aura du nouveau.

L'Administration Bush avait espéré que l'Irak émergerait comme un modèle démocratique que les autres pays arabes envieraient. Ce sera peut-être le cas un jour. Mais vu le spectacle quotidien des luttes internes et de la violence de tous côtés, il coulera encore beaucoup d'eau sous les ponts du Tigre et de l'Euphrate avant que les Arabes ne connaissent un régime démocratique en Irak. Ainsi donc, on ne peut pas montrer de pays arabes en modèle de démocratie[1]. En 1992, le roi Fahd d'Arabie Saoudite avait expliqué qu'« un système d'élections n'a pas sa place dans la foi islamique qui demande que le gouvernement soit composé de conseillers et fonctionne sur le principe de la consultation, sous la houlette d'un berger ouvert aux réclamations de son troupeau ». Cet argument, que la démocratie est contraire aux principes de l'islam, pouvait sans doute servir les monarques arabes, mais il a peu de valeur. La tradition arabe de

1. L'Égypte, entre les deux guerres mondiales, avait développé un système multipartisan qui, hélas, disparut quand les militaires prirent le pouvoir en 1952.

consultation, à laquelle le roi Fahd faisait allusion, peut aisément rejoindre les principes démocratiques si la volonté de créer une démocratie est sincère. Il est certain qu'en dehors de la péninsule arabique, l'islam n'a pas mis d'obstacles à la liberté politique. La moitié des musulmans du monde vivent sous des gouvernements élus, en Indonésie, en Inde, au Bangladesh, en Malaisie et en Turquie.

L'islam n'est pas une entrave à l'établissement de la liberté, pas plus que l'islam ne représente un obstacle à un passage à la démocratie. Dans des pays où l'islam est interprété comme une force de conservatisme, il y a un risque que la démocratie, surtout si elle est promulguée en fanfare par les États-Unis, ne soit pas accueillie à bras ouverts, mais plutôt redoutée comme une solution de rechange imposée. S'ajoutent à ces problèmes des malentendus sur le choix de certains mots. Il est des musulmans, comme certains chrétiens ou certains juifs, qui ont tendance à prendre le terme « laïque » pour un synonyme du mot « athée », refusant d'accepter le fait que l'on puisse être religieux et cependant envisager beaucoup de sujets politiques sans référence à la religion. Un expert sur ce sujet écrit : « Avant de s'affirmer "laïque", il a fallu rejeter sa foi religieuse, mais aussi abandonner les principes moraux qui en découlent et les règles qui régissent une société musulmane. » Cette perception a bien sûr été renforcée par l'expérience vécue par les musulmans sous des régimes comme celui de Nasser en Égypte et celui du Shah en Iran.

Et cet argument parmi d'autres favorise les dires de certains musulmans qui sont persuadés que cette poussée vers la démocratie a pour but d'affaiblir l'islam. Dans ce débat, l'argument contraire des avocats de la réforme défend l'idée qu'un soutien de la démocratie ne veut pas dire que les humains vont supplanter Dieu dans sa volonté. Au contraire, cela veut dire que les despotes ne pourront plus se prendre pour Dieu. La démocratie donne une voie à chaque citoyen, et plus seulement à certains privilégiés. J'ai entendu un leader musulman du Nigeria, affirmer que l'islam est la foi la plus démocratique précisément pour cette raison. Chacun est égal devant Dieu.

Quelques commentateurs suggèrent que l'on donne trop d'importance à la religion car les vrais problèmes sont d'ordre économique, et qu'une fois que les Arabes seront convaincus que la démocratie leur permettra de vivre dans une plus grande prospérité, rien ne fera plus obstacle. Cet argument me rappelle le moment du film *Le Lauréat* où Dustin Hoffman est persuadé que la clé de son avenir est de faire carrière dans les matières plastiques. Il y a une idée reçue dans les pays de l'Ouest qui consiste à dire que le reste du monde aspire à vivre comme les Occidentaux. Et selon cette logique, si les Arabes et les musulmans expriment leur ressentiment envers nous c'est donc qu'ils envient notre richesse matérielle et notre style de vie confortable. L'exact opposé n'est jamais envisagé, à savoir qu'au moins certains Arabes croient que l'Occident essaie de les séduire pour qu'ils tombent dans les pièges de la décadence et soient damnés à jamais. Les intérêts matériels ont une place dans l'équation, mais l'histoire nous dit que les idées ancrées profondément dans les esprits, qu'elles soient éclairées ou fausses, ont encore plus d'importance. Selon les mots d'un intellectuel éminent de l'islam : « Si vous demandez à des musulmans s'ils veulent la liberté, ils répondront très certainement oui. Mais la majorité de ces musulmans ajouteront que, avant tout, pour eux la liberté ne veut pas dire liberté de s'éloigner de Dieu ou de la religion. Ils sont prêts à se rallier à d'autres libertés dans la mesure où ces libertés ne s'attaquent pas à leur foi, ni à ce qui donne un sens à leur vie. »

Un autre courant de pensée suggère que les deux aspects de la réforme démocratique, l'un économique et l'autre politique, ne peuvent se produire en même temps, et ne seront accomplis que successivement. Selon cette théorie, les Arabes ne sont pas mûrs pour la démocratie. Ils doivent d'abord éduquer leurs populations, partager leur richesse plus équitablement et créer une classe moyenne, autrement dit s'occidentaliser. Cette vue est non seulement condescendante, mais elle passe outre le fait que les réformes politiques et économiques se renforcent mutuellement et simultanément. Un régime autoritaire est un obstacle au développement, tandis que la démocratie aide à aplanir le chemin. Certains leaders arabes sont cependant fortement tentés de mettre en place des réformes économiques en espérant que ces réformes leur permettront de remettre toujours à plus tard un changement politique radical. Le président Hosni Moubarak d'Égypte est l'exemple par excellence de cette façon d'envisager le changement.

Depuis sa prise de pouvoir en 1981, Moubarak est reconnu comme un chef d'État responsable, de stature internationale et qui s'est fait le champion de positions modérées dans les affaires du monde, ainsi que l'avocat des efforts de paix au Moyen-Orient. Il est aussi un politicien habile qui a su faire des réformes économiques nécessaires. Cependant son approche n'est pas démocratique. Depuis près d'un quart de siècle, il a tenu en laisse son opposition politique en maintenant de façon permanente l'état d'urgence dans son pays. Tout Égyptien qui s'oppose à lui sur quelque sujet majeur risque de se faire arrêter et d'être jeté en prison, voire d'être torturé. Moubarak défend sa façon de gouverner en affirmant que les mesures draconiennes qu'il maintient sont nécessaires et qu'elles ont porté leurs fruits. La preuve en est, dit-il, que récemment on a vu peu d'incidents terroristes sur son territoire. Le président Bush avance que « la liberté est la solution pour vaincre la terreur », et la montée d'Al-Qaïda devrait encourager les régimes arabes à se tourner vers la démocratie. Peu après le 11 septembre, le premier ministre d'Égypte affirmait précisément l'inverse en déclarant que le terrorisme devrait pousser l'Amérique dans la direction de l'Égypte. « Les États-Unis et le Royaume Uni, ainsi que des organisations de défense des droits de l'homme, dans le passé, nous ont demandé de reconnaître les droits de ces terroristes. Vous pouvez leur donner tous les droits qu'ils méritent jusqu'à ce qu'ils vous tuent. Après ces horribles crimes commis à New York et en Virginie, les pays occidentaux devraient peut-être se mettre à penser au modèle de l'Égypte en ce qui concerne sa propre lutte contre le terrorisme. »

Le président Bush a fait appel à l'Égypte pour « montrer le chemin » vers une démocratie arabe. Moubarak a répondu en acceptant que des candidats de l'opposition puissent se présenter à l'élection présidentielle de septembre 2005. Ce qui produisit le genre de spectacle auquel on est trop souvent habitué dans des pays où la démocratie en est à ses balbutiements, c'est-à-dire une élection présidentielle qui a toutes les apparences de la démocratie mais n'est qu'une façade. La campagne n'a duré que dix-neuf jours, ce qui touche à l'absurde. Le parti au pouvoir avait la mainmise sur les médias et l'argent de la campagne. Les critères pour se porter candidat étaient tels que quiconque soupçonné d'un sentiment hostile à Moubarak n'avait aucune chance de figurer sur une liste et le résultat fut sans surprise, Moubarak fut élu avec une majorité écrasante. Cette farce fut sans doute frustrante et cependant, elle eut aussi ses côtés encourageants. Pour la première fois dans la longue histoire de ce pays, les Égyptiens avaient le privilège de voir leur leader, lors de la campagne électorale, leur demander de le soutenir. Les électeurs ont vécu l'expérience de pouvoir choisir entre plusieurs candidats au lieu de voter pour un candidat unique. Les foules ont pu scander des slogans antigouvernementaux sans succomber sous les bastonnades, ou du moins pas systématiquement.

La population égyptienne est très évoluée et suffisamment éduquée pour soutenir des partis politiques de toutes tendances. Si de vraies élections étaient possibles cependant, l'opposition la plus forte au parti au pouvoir viendrait du mouvement des « Frères Musulmans », un groupe islamique fondé en 1928. Au fil des années, cette confrérie musulmane a, tour à tour, dénoncé et fait l'apologie de la violence, survécu à de nombreuses répressions et réussi à disséminer de nombreux adeptes dans tous les pays du monde arabe. Son dogme principal est que l'islam sunnite est la panacée à tous les problèmes et qu'un retour à la foi pure guérira tous les maux de la société. Ces dernières années, en Égypte, ce mouvement a adopté le langage de la démocratie et a cherché à collaborer avec des groupes réformistes davantage sécularisés. Bien que le mouvement soit en principe banni, son influence sociale reste importante et ses membres, qui se sont présentés en candidats indépendants, ont fait des scores impressionnants aux élections législatives de 2005. Les « Frères Musulmans », en cas d'ouverture politique, pourraient évoluer en un parti musulman modéré, le type de parti qui se maintient au pouvoir en Turquie, en Indonésie et en Bosnie-Herzégovine, et aujourd'hui potentiellement en Irak. Cependant il reste que des scénarios moins roses sont aussi possibles. Le gouvernement égyptien continue d'affirmer que ce mouvement des « Frères Musulmans » se prépare à avoir recours à la violence et c'est pourquoi il ne permettra pas que ce mouvement essaie de prendre le pouvoir par des moyens légaux. Telle est la logique d'un régime répressif.

Il ne fait aucun doute que l'intention de Moubarak est d'autoriser une opposition tenue en laisse qui offrira un vernis de démocratie sans menacer le pouvoir de son propre parti. Mais il reste qu'une population qui a goûté à la liberté ne se laissera plus contrôler de la même manière. Le concept selon lequel les Égyptiens devraient avoir le droit de choisir entre plusieurs partis a de grandes chances de gagner en force d'ici 2011, date de la prochaine élection présidentielle. Pour tempérer les pressions qui réclament du changement, Moubarak continuera de rappeler aux Américains le rôle important qu'il peut jouer dans d'autres domaines. Puisque la bande de Gaza n'est plus sous le contrôle d'Israël et que la situation au Moyen-Orient est à nouveau à la recherche d'une solution de paix, il aura soin d'organiser des rassemblements qui démontreront sa capacité à influencer les Palestiniens et mettront en valeur son rôle en tant que chef d'État respecté dans le monde arabe.

Trente-quatre ans après le discours de John Kennedy sur la liberté, l'Algérie indépendante a fini par organiser des élections pluralistes. Cela se passa en 1991 et le FIS, le parti vainqueur, était islamiste. Les politiciens occidentaux s'inquiétaient de savoir si le parti, malgré son mandat démocratique, serait capable d'honorer ses promesses démocratiques, telle que la promesse de permettre à l'opposition d'exister librement, à la presse de publier librement et au pouvoir judiciaire de fonctionner en toute indépendance. Quand l'armée est intervenue pour annuler le résultat des élections, la première Administration Bush a poussé un soupir de soulagement. L'ancien Secrétaire d'État James Baker donna l'explication suivante :

> « Quand j'étais au Département d'État, nous poursuivions activement une politique qui visait à exclure les fondamentalistes radicaux en Algérie, malgré la contradiction que cela représentait avec notre soutien de la démocratie. En général si vous soutenez un régime démocratique, vous jouez le jeu et vous acceptez de prendre tout ce que la démocratie vous donne. Si elle vous donne un fondamentaliste radical islamiste, vous êtes censé faire avec ! La raison pour laquelle nous n'avons pas joué le jeu à fond en Algérie vient du fait que nous pensions que les vues des fondamentalistes radicaux étaient trop contraires à nos convictions… et trop contraires aux intérêts nationaux des États-Unis. »

Comme l'histoire nous le montre, toutes les élections démocratiques ne sont pas gagnées par des partisans de la démocratie. Dans la plupart des sociétés arabes, les groupes qui comptent le plus d'adeptes sont organisés autour de la religion. Si la démocratie devait fleurir demain, les élections seraient décidées plus par les leaders musulmans que par des petits groupes d'intellectuels, d'hommes d'affaires ou de professionnels qui représentent les partisans les plus actifs d'un changement démocratique. Ceci est certainement le cas pour l'Autorité palestinienne et pour l'Irak.

En 2005, j'ai coprésidé un groupe de recherche démocrate et républicain sur la démocratie arabe pour le Conseil sur les relations internationales. Mon partenaire était l'ancien parlementaire, hautement respecté, Vin Weber. Les résultats des travaux indiquaient clairement que si les Arabes étaient capables d'exprimer leurs doléances librement et pacifiquement, ils seraient moins enclins à recourir à des mesures extrêmes et plus disposés à construire des sociétés ouvertes et prospères. Tout le monde y gagnerait. Nos travaux allèrent plus loin pour affirmer qu'en promouvant des institutions démocratiques, nous devions garder à l'esprit le fait que des changements abrupts n'étaient ni nécessaires ni désirables. Il faut que nous cherchions à encourager une évolution démocratique et non une révolution. Cette mise en garde ne semblait pas suffisante aux yeux d'un des membres de ce groupe de recherche et il exprima son désaccord absolu sur une implication des États-Unis dans des élections arabes. Il écrivit : « Même les plus modérés et les moins violents des partis islamistes arabes sont en désaccord avec les États-Unis sur les questions israélo-arabes et n'accepteraient jamais le genre d'influence que l'Amérique exerce aujourd'hui dans la région. » Cette analyse fondée sur un concept de « realpolitik » me semble périmée. Croire que l'Amérique peut conserver son influence dans les pays musulmans sans soutenir des élections libres et régulières, c'est croire que l'on peut vaincre le terrorisme en agissant comme l'ont prédit les leaders terroristes. Ce serait comme si l'on combattait sur un terrain qui cèderait sous nos pieds, ce qui n'aurait aucun sens stratégiquement.

Certains analystes craignent que la démocratie ne permette à des mouvements politiques islamistes de conquérir le pouvoir dans toute l'Afrique du Nord, les pays du Moyen-Orient et les pays du Golfe arabo-persique, pour s'étendre jusqu'aux confins de l'Asie du Sud-Est. On verrait alors un bloc puissant d'États ayant en commun leur haine contre Israël, leur opposition à l'Amérique et leur résistance à la pression extérieure pour lutter contre le terrorisme et la production d'armes nucléaires. Bien que de tels risques soient une composante incontournable de la démocratie, il reste néanmoins que ce scénario reste peu probable. L'islam est plus capable d'unifier ces populations que le communisme ne le fut, bien qu'aucun mouvement ne soit capable de combler le fossé qui sépare les factions culturelles et théologiques au sein de cette religion.

L'argument avancé par Moubarak et les leaders arabes qui partagent ses vues, est que les partis politiques qui s'organisent autour de l'islam sont sans exception non démocratiques et succombent à la violence. C'est ce que les États-Unis ont anticipé dans l'élection algérienne de 1991. C'est une opinion qui ne peut pas être rejetée à la légère. Au contraire, nous devons nous attendre à ce que des élections libres amènent des régimes islamistes militants au pouvoir dans certains pays. Et malgré ce risque, il ne serait pas acceptable d'empêcher des partis politiques largement soutenus par leurs bases de participer à des élections sous le prétexte que certaines formations risqueraient de verser dans la violence. C'est trop facile pour un gouvernement répressif de traiter tout mouvement d'opposition comme une faction « terroriste ». Et de telles accusations peuvent provoquer ce qu'elles dénoncent : ainsi la persécution sème plus souvent la violence qu'elle n'apporte de remède contre la guerre. Si la démocratie doit prendre racine au Moyen-Orient, on ne peut pas rejeter ni exclure les partis islamistes. L'histoire nous dit encore que beaucoup de partis politiques légitimes sont nés dans la clandestinité. Même des mouvements qui ont eu des liens avec des organisations terroristes doivent être encouragés à renoncer à la violence et à rentrer dans la légitimité.

Ceux qui ont des craintes à l'égard des islamistes devraient moins se soucier d'essayer de les bannir que de se préparer à les battre aux élections. Dans son roman *Neige,* l'écrivain turc Orhan Pamuk explique les succès de leurs méthodes :

> « Quant à ces islamistes, ils vont en groupe frapper aux portes et rendent visite aux gens chez eux. Ils font cadeau aux femmes de batteries de cuisine, de machines à jus de fruits, de boîtes de savons et de lessives. Ils se cantonnent dans des quartiers pauvres. Ils rentrent dans les bonnes grâces des femmes. Ils apportent des aiguilles spéciales et cousent des fils d'or sur les épaules des enfants pour les protéger des mauvais esprits. Ils disent : « Donnez votre vote au parti de Dieu. Nous sommes tombés dans le malheur parce que nous nous sommes égarés de la voie divine. » Ils gagnent la confiance des mécontents et des chômeurs humiliés. Ils s'assoient avec leurs femmes, qui ne savent pas où elles vont trouver la nourriture pour le prochain repas de leurs enfants et ils leur redonnent espoir, en leur

> promettant d'autres cadeaux… Et il ne s'agit pas seulement des plus démunis. Même ceux qui ont un travail, y compris des hommes d'affaires, leur accordent leur respect parce que ces islamistes sont plus dévoués à leur cause, plus honnêtes, plus modestes que quiconque d'autre. »

En acceptant les partis islamistes, on leur donnera une chance dans le processus démocratique, alors que si on les exclut, ils emploieront leur énergie à le détruire. La démocratie présente un avantage supérieur car elle offre les moyens de résoudre les problèmes les plus ardus dans la non-violence, par la raison, au cours de débats, et par les urnes. Les problèmes les plus difficiles dans le monde arabe aujourd'hui sont ceux qui tournent autour des questions posées par les partis islamistes. Que cherche l'islam ? Comment peut-on définir la terreur ? Que faut-il enseigner aux jeunes générations ? Comment peut-on équilibrer les exigences modernes avec les valeurs traditionnelles ? Autant de questions qu'il est préférable d'affronter dans le contexte des compromis d'une méthode démocratique, plutôt que d'essayer de les résoudre dans un cycle de violence et de répression.

Certes il y aura sans doute des factions qui voudront avoir le dessus par la force et la terreur. Conscient de cette réalité, chaque parti politique devrait être soumis au respect des règles de la démocratie, y compris un engagement à pratiquer la non-violence et à respecter les processus constitutionnels, comme beaucoup de partis islamistes ont déjà promis de le faire[1]. À long terme, cependant, la meilleure manière de marginaliser les extrémistes violents est d'offrir autant de perspectives non-violentes que possible. Rien ne poussera un mouvement politique vers le centre plus rapidement

---

1. Selon *Islamisme en Afrique du Nord 1 : les leçons de l'histoire* (avril 2004), un rapport rédigé par « International Crisis Group » « les mouvements politiques islamistes en Afrique du Nord ne condamnent plus la démocratie comme contraire aux principes de l'islam et ils ne proposent plus de remplacer les États qui existent par des États islamistes. En fait ils rejettent explicitement les idées théocratiques et proclament leur adhésion aux principes démocratiques et pluralistes et leur respect pour les règles du jeu définies par les constitutions en place. »

que le besoin de trouver des chemins politiques qui lui apporteront des voix. Le président Bush qui a quelque expertise en matière de victoire électorale, exprima cette réalité en ces termes : Peut-être que certains diront, « Vote pour moi, je me fais fort de faire exploser l'Amérique », mais à mon avis, ceux qui veulent se faire élire disent plutôt : « Vote pour moi, je me fais fort de combler les nids de poules dans ta rue et de mettre du pain sur ta table. » Tip O'Neill a dit la même chose en d'autres termes : « Toute politique est locale. »

Les leaders arabes devraient savoir que le progrès vers la démocratie aura des conséquences favorables sur leurs relations avec les États-Unis et vice versa. Les pays qui marchent vers la démocratie devraient recevoir des traitements de faveur en matière de commerce, d'investissements et d'aide humanitaire. Inversement, Washington devrait garder ses distances vis-à-vis de gouvernements qui refusent obstinément de reconnaître les droits de leurs citoyens.

Les États-Unis devraient soutenir la démocratie au Moyen-Orient, tout comme dans le reste du monde et pour les mêmes raisons. J'espère toutefois que, ce faisant, nous ferons preuve d'humilité. La démocratie n'est pas un don offert par Dieu ou par les États-Unis. C'est un système de gouvernement que chaque pays a la liberté de choisir et de développer à son propre rythme et selon ses propres méthodes. Dans son second discours inaugural, le président Bush a déclaré : « Du premier jour de notre fondation, nous avons proclamé que tout homme et toute femme sur cette terre a des droits, une dignité et une valeur sans pareilles. » Il n'ajouta pas que pendant les cent trente premières années qui suivirent cette fondation, la moitié de ces personnes à la valeur sans pareille n'avaient pas le droit de vote aux États-Unis. Il n'ajouta pas non plus que pendant les soixante-quinze premières années de la république américaine, des millions de citoyens étaient enchaînés, et qu'avant que la civilisation américaine ne puisse s'établir, une autre civilisation a dû être mise à genoux et écartée.

Nous devrions aussi faire preuve de réalisme quant à nos attentes. Selon les vues de l'Administration, la transformation du

Moyen-Orient est nécessaire afin d'assurer la sécurité des Américains, argument qu'évidemment aucun réformateur arabe ne risque d'utiliser. La démocratie arabe, si elle doit voir le jour, naîtra des aspirations des Arabes qui voudront voir leurs propres vœux se réaliser. La démocratie ne changera pas du jour au lendemain la vision que les Arabes ont du monde, pas plus qu'elle ne donnera d'élan à une réconciliation avec Israël. Il reste malgré tout que les élections sont un pas dans la bonne direction si elles permettent d'engager un vrai débat politique. Il y a une différence majeure entre une société où les opinions dépendent de « ce que tout le monde pense », et une société dans laquelle les citoyens commencent par dire : « Laissez-moi vous dire ce que je pense. »

Quand j'étais au gouvernement, j'ai souvent fait des suggestions que mes collègues ont rejetées sur le moment, avant de se ranger à mon avis quand ils pouvaient se les approprier. Il m'est aussi arrivé de rejeter la suggestion d'une autre personne, puis de l'accepter dès que je pouvais y ajouter une pensée proprement mienne. Il ne faut pas s'attendre à ce que les leaders arabes s'enthousiasment pour la démocratie et l'acceptent en un jour et surtout pas s'il apparaît qu'ils y ont été conduits pieds et poings liés. Cependant le monde peut espérer que certains d'entre eux se feront les champions de systèmes politiques qui se rapprocheront de la démocratie, même s'ils lui donnent un nom différent. Lorsque cela arrivera, ce ne sera pas pour satisfaire les désirs exprimés par l'Occident. Cela aura lieu parce que les leaders arabes auront appris, peut-être de la façon la plus difficile, que selon les mots prononcés par John Kennedy il y a de nombreuses années, la force la plus puissante au monde est le désir de l'homme d'être libre.

Chapitre 16

L'islam dans les pays occidentaux

Peu après ma prise de fonction en tant que Secrétaire d'État, je suis partie en voyage autour du monde. Mes cinq premières escales furent en Europe. L'Allemagne est le seul pays où la religion posait problème et la religion en question était la scientologie. Les Allemands avaient banni cette religion, déclarant que c'était une secte qui cherchait à racler des profits. Aux États-Unis, cette religion fut reconnue officiellement, (sans que Tom Cruise ait un impact sur cette reconnaissance), mais en 1997 cela provoqua une controverse religieuse.

Une telle innocence fait partie du passé. Les attaques sur les tours jumelles de Manhattan, les attaques à la bombe à la gare de Madrid, et les explosions dans le métro de Londres ont assombri nos perspectives. Ces actes de terreur n'étaient pas tous sur la même échelle, mais ils provoquèrent les mêmes passions et ont imprimé les mêmes images dans l'opinion publique : la fumée, les visages ensanglantés, l'anxiété des secouristes, les sanglots des familles, les chapelles ardentes autour des bougies allumées, et les fleurs déposées qui s'amoncelaient sous les regards des passants anonymes. Il n'est pas surprenant que ces tragédies aient rapproché les Européens et les Américains, mais cette solidarité n'a pas été sans controverse. Les leaders se sont donné le but commun de tout faire pour prévenir ces attaques, mais il n'y a pas eu d'accord sur les moyens à prendre. Au cours de mes voyages j'ai trouvé beaucoup d'Européens irrités, voire en colère, au sujet de l'Irak, et convaincus que l'ambivalence du président Bush sur la procédure légale à suivre sur les cas des prisonniers, et sa rhétorique manichéenne servaient davantage à créer de nouveaux terroristes qu'à les vaincre. Les Européens, qui ont de longue date vécu avec des éléments terroristes de sources variées en leur sein, comprennent mal les États-Unis qui proclament que tout a changé depuis le 11 septembre. L'Administration Bush a pour sa part déclaré que certaines personnes en Europe ne prennent pas la menace terroriste suffisamment au sérieux. Cette remarque vise particulièrement l'Espagne, critiquée pour avoir retiré ses troupes d'Irak peu après les attaques de Madrid, une décision mal calculée, car elle donnait précisément satisfaction aux terroristes après leur dernier acte en date.

Ma propre expérience avec les bombardements en Europe remonte à mes jeunes années quand j'étais blottie contre mes parents dans les abris où nous allions nous réfugier avec nos voisins pendant la bataille d'Angleterre. On n'avait alors aucun doute sur les coupables de cette terreur tandis qu'en juillet 2005 les débats faisaient rage pour établir la responsabilité des attaques sur Londres. D'un côté il y avait le maire de Londres, un politicien de gauche, et Kenneth Clarke, un conservateur, qui attribuaient les attaques à l'implication de la Grande-Bretagne dans la guerre de l'Irak. De l'autre côté, il y avait ceux qui blâmaient la rhétorique haineuse des religieux islamistes implantés en Angleterre. Ni l'une ni l'autre explication n'est vraiment satisfaisante. L'invasion de l'Irak rendait certainement la tâche facile aux imams qui proclamaient que les musulmans étaient la cible de l'Occident ; cependant se sentir victime n'est en aucun cas une justification morale d'un acte terroriste. Les prédicateurs incendiaires doivent être tenus responsables des catastrophes qu'ils provoquent, mais quand ils cherchent à aiguillonner des guêpes dans leur nid, il n'est pas très intelligent de leur fournir la baguette.

Ces querelles ont pris maintenant la tournure d'une controverse permanente sur les valeurs de l'Europe, les limites de la liberté d'expression, et les problèmes de plus en plus graves qui concernent les populations immigrées musulmanes. Depuis 1975, la population musulmane a triplé sur le continent européen à cause du taux de natalité et à cause de la main-d'œuvre venue d'Afrique du Nord, du Moyen-Orient et de l'Asie du Sud. Si ces tendances persistent, les musulmans représenteront dix pour cent de la population de l'Union européenne d'ici 2020. Entre-temps, des dizaines de millions d'immigrants, désœuvrés dans les rues de Tunis, Rabat, Alger et Damas, attendent impatiemment des visas d'entrée pour tenter leur chance. Quiconque s'est promené dans les rues de Londres, Paris et Berlin peut témoigner que la frontière entre l'Europe chrétienne et l'Orient musulman est en train de s'estomper tant les brassages de populations changent la culture de l'Europe.

L'arrivée des immigrants dans n'importe quelle société a un impact sur l'identité du pays qui les accueille. Aux États-Unis, chaque vague successive d'immigrants a été une source d'inquiétude ; on craignait que l'identité de l'Amérique ne s'affaiblisse ou ne se perde. La montée récente des populations asiatiques et d'Amérique latine a provoqué une telle réaction incontrôlable. Cependant il est encore plus difficile de trouver un modus vivendi harmonieux en Europe, parce que ces pays sont moins habitués à recevoir des étrangers. L'expansion de l'Union européenne à l'Est, au Nord, et au Sud a relancé le vieux débat sur la définition de l'identité européenne. Suffit-il d'avoir une adresse en Europe pour se considérer Européen, ou est-ce une question de culture, de valeurs et de croyances ? Un leader religieux en Allemagne a donné sa propre réponse : « Les pays d'Europe ont à la base une culture commune. Nous avons appris à vivre ensemble en tant que catholiques et protestants parce que nous partageons des convictions et le Christ fait partie de nos deux confessions religieuses. Mais les relations avec les musulmans sont très différentes… Les États-Unis sont un rassemblement de peuples venus de maintes cultures différentes. Mais traditionnellement, les pays d'Europe sont issus de la même forme culturelle. »

J'avais onze ans quand ma famille est arrivée aux États-Unis. Bien que fière de mes racines culturelles européennes, je n'avais qu'une ambition dans ma nouvelle patrie : me sentir Américaine et être perçue comme telle. Et pour passer pour une vraie adolescente américaine, quoi de mieux que de mâcher du chewing-gum, dévorer des bandes dessinées, et copier la façon dont mes camarades de classe s'habillaient ? Mes parents me rendaient folle quand ils se conduisaient comme des étrangers, que ce fût quand ma mère se mettait à lire dans les lignes de la main, ou quand mon père allait à la pêche en chemise et en cravate. Curieusement, en Europe aujourd'hui, dans les familles musulmanes, c'est l'inverse qui se produit : la génération des parents cherche davantage à vivre comme tout le monde que leurs enfants ou leurs petits-enfants. Les jeunes à Birmingham, Marseille et Rotterdam, tout comme ceux de Casablanca ou du Caire, se sentent appelés, voire poussés par leur génération, à affirmer leur identité musulmane, en exprimant leurs vues politiques, et en portant les signes extérieurs de leur foi : le foulard, le voile ou la barbe.

Le défi de l'intégration est particulièrement ardu en France. J'en veux pour preuve les scènes d'émeutes dans de nombreuses régions de France à l'automne 2005, à la suite de la mort par électrocution de deux adolescents musulmans qui fuyaient la police. Ces jeunes, pour la plupart au chômage, et logés dans des quartiers défavorisés, ont brûlé des centaines de voitures pour manifester contre la discrimination, exprimer leur frustration sur le harcèlement qu'ils subissaient, et aussi comme certains l'admettaient, pour le pur plaisir de semer le chaos. Les autorités françaises répondirent en déclarant l'état d'urgence pour la première fois depuis la guerre d'Algérie, cinquante ans auparavant. Ceux qui ont cherché à analyser les protestations ont blâmé les Français qui, selon eux, prenaient leur devise « Liberté, Égalité, Fraternité » pour une réalité, quand elle n'est en fait qu'un idéal. L'État français, laïque dans sa constitution, ne reconnaît pas de distinctions ethniques ou religieuses. En conséquence il n'y a pas de politique qui viserait à réduire le taux élevé de chômage parmi les populations françaises d'origine nord-africaine. Les Anglais ou les Américains incluent dans leurs recensements des statistiques sur les origines ethniques, et les appartenances religieuses, mais pas les Français. Ceci laisse les nouveaux immigrés sans recours ; on leur dit qu'ils sont Français à part entière mais en fait ils sont traités comme des citoyens de troisième zone quand ils se présentent à l'embauche ou cherchent à se loger. Pour trouver des solutions à ces problèmes le gouvernement a créé une commission pour lutter contre la discrimination ethnique et a commencé à envisager la possibilité de mettre en place un programme d'intégration forcée. De telles mesures seraient pour la France un pas à la fois révolutionnaire et sûr de rencontrer une résistance très forte de la part des forces réactionnaires de droite.

Même avant les émeutes en France, les leaders européens étaient de plus en plus préoccupés par l'incapacité ou le refus des nouveaux immigrés de s'intégrer à la vie de leurs pays d'adoption. Pour les musulmans en Europe, il ne s'agit pas de l'islam *contre* l'Occident ; leurs vies reflètent le dilemme et la chance de l'islam *au sein* des pays occidentaux. L'Europe sera-t-elle capable de transformer cette réalité en une intégration réussie ? L'avenir le dira.[1]

J'ai eu l'occasion de discuter de ce défi en septembre 2005, au cours d'une conférence organisée par l'ancien président Clinton à New York. Parmi les participants il y avait Mustapha Ceric, le grand mufti de Bosnie. Ceric suggéra que beaucoup d'Européens n'avaient pas de respect pour tout ce que les musulmans et les juifs avaient contribué à faire dans l'histoire de ce continent. Pendant des siècles, des familles musulmanes ont vécu en Europe centrale et dans les Balkans ; en Occident, il y a des millions de secondes et troisièmes générations d'immigrés qui sont pleinement intégrés dans les communautés où ils vivent. C'est le flux récent d'immigrés arrivés en très grand nombre qui a créé des situations plus complexes. Ceric déclara que les musulmans ne pouvaient pas s'attendre à ce

1. Les problèmes d'intégration et d'identité discutés dans ce chapitre sont aussi très actuels aux États-Unis, mais ne sont pas aussi graves. Bien que nous n'ayons pas de chiffres exacts, les musulmans représentent probablement 1 % ou 2 % de la population américaine. Sur ce nombre, au moins un tiers sont Africains-Américains, nés aux États-Unis. L'islam en Amérique fait l'objet d'études et de discussions passionnées dans les cercles intellectuels et les communautés religieuses.

que la loi coranique s'mpose là où ils représentent une minorité, mais il affirma que les Européens doivent reconnaître que les musulmans qui vivent parmi eux ont le droit d'être traités en toute égalité. Il proposa que l'on établisse un contrat social par lequel les musulmans s'engageraient sans équivoque à respecter les principes démocratiques, tout en affirmant leurs droits politiques, économiques et religieux. La position de Ceric est que les musulmans doivent faire face à leurs responsabilités pour mériter la liberté et que les Européens doivent réaliser que l'islam n'est pas une culture étrangère mais qu'elle en est au contraire une partie intégrante.

L'ambition de Ceric est difficile à mettre en œuvre à cause de l'atmosphère explosive d'un environnement politique où des accusations de racisme sont lancées à la moindre provocation d'un camp, et des accusations d'extrémisme sont avancées par l'autre camp. En septembre 2005, un journal danois publia une série de dessins humoristiques qui caricaturaient le Prophète Mohammed et le liaient au terrorisme. Une vague de protestations, certaines d'entre elles violentes, s'en suivirent quand les dessins furent publiés dans d'autres journaux en Europe et diffusés sur internet. L'hystérie que ces dessins déchaînèrent ne fit que creuser davantage le fossé entre l'Europe laïque et les musulmans, et renforça les extrémistes de tous bords dans leur détermination à exploiter la haine dont ils sont la cible, pour faire avancer leur cause. La publication de ces dessins, toute liberté d'expression mise à part, était évidemment outrancière, hypocrite. Les réactions qui étaient aussi une forme de liberté d'expression, n'auraient pas dû tourner à la violence. Ce triste épisode est profondément regrettable. Hélas, les attitudes qui l'ont provoqué ne sont pas nouvelles.

En 1991, j'ai participé à un sondage d'opinion du *Los Angeles Times* intitulé « Le pouls de l'Europe ». Nous ne fûmes pas surpris d'y trouver des préjugés envers les groupes minoritaires, mais je fus cependant choquée d'y lire les sentiments de profond malaise à l'égard des musulmans, particulièrement ceux qui avaient émigré d'Afrique du Nord. Pendant la guerre en Bosnie, j'ai ressenti un autre choc, et beaucoup de tristesse, devant l'attitude de certains de mes collègues européens qui semblaient considérer les musulmans bosniaques comme moins civilisés que leurs bourreaux serbes ou croates. On a souvent entendu dans les années récentes des cris comme « L'Europe aux Européens » ou « Les Étrangers, dehors ». Habituellement les politiciens cherchent à réduire l'immigration, tandis que les musulmans se plaignent de subir une discrimination et se déclarent victimes de la phobie islamique. La crise récente des caricatures dans la presse avait été précédée par d'autres événements regrettables : les meurtres en 2002 d'un politicien hollandais qui avait critiqué l'islam, et en octobre 2004, celui d'un second Hollandais, cette fois un cinéaste, qui avait sorti un film jugé virulent à l'égard des musulmans.

Et au milieu de tout cela, la culture de tolérance, qui a été longtemps l'orgueil de nombreux Européens, est maintenant remise en question par ceux qui avancent que trop de laisser-faire dans ces influences culturelles mène à une perte du contrôle des mouvements sociaux. Effectivement, des experts sur ces questions s'inquiètent de la possibilité de voir l'Europe devenir une pépinière de terroristes, un lieu où des conspirateurs peuvent se cacher derrière la protection d'une législation dûment appliquée, un accès garanti aux avantages sociaux, une tradition de liberté d'expression, et l'absence de la peine de mort. Les leaders musulmans modérés en Europe partagent les mêmes inquiétudes. Ils ont tout fait pour empêcher les idéologues de divulguer à cor et à cri leurs déclarations hargneuses qui font la une des journaux mais ne réussissent qu'à embarrasser, voire mettre en danger la majorité des musulmans intégrés.[1] Il reste que personne ne nie la présence de groupes extrémistes.

---

1. Les bombes qui ont explosé à Londres avaient aussi suscité des appels à la modération de la part des leaders musulmans américains pour prévenir des actes de violence extrémiste. Selon Salam Al-Marayati, directeur général du Conseil des Affaires Publiques Musulmanes à Los Angeles : « Avant les gens pensaient "Nous n'avons rien à faire avec le terrorisme ; notre religion est transparente et devrait l'être pour tous". Mais maintenant il n'est plus possible de rester passifs, nous devons nous impliquer et intervenir de manière constructive. Alors nous le faisons collectivement, en parlant d'une même voix, et en disant à nos enfants qu'il faut qu'ils comprennent, qu'ils n'ont pas le droit de rester dans la confusion, et qu'ils ne doivent accorder aucun crédit à qui que ce soit qui leur parle de violence. »

En avril 2004, la police britannique découvrit cinq cents kilos d'engrais de nitrate d'ammonium, explosif qui entrait dans la composition des bombes qui ont explosé précédemment à Bali et en Turquie. Cette découverte conduisit à l'arrestation de huit musulmans. Plus tard, cette même année, la police espagnole a arrêté un groupe de Pakistanais accusés de faire partie d'Al-Qaïda. Au début de l'année 2005, la police française et la police allemande ont démantelé des cellules qui recrutaient des rebelles pour l'Irak. Des agents d'Abou Mousab al-Zarquaoui, tête d'une organisation terroriste, ont été arrêtés dans six pays d'Europe. Les officiels britanniques estiment qu'entre 10 000 et 15 000 musulmans au Royaume-Uni soutiennent Al-Qaïda et qu'au moins 600 d'entre eux ont reçu un entraînement au sein de groupes violents en Afghanistan ou ailleurs.

Il est frustrant pour les autorités que les personnes soupçonnées de terrorisme n'aient pas toutes le même profil sociologique. Bien que la plupart d'entre elles viennent de familles d'immigrés, les auteurs des bombes de Londres étaient tous nés en Angleterre. L'un deux était très riche, et aucun d'entre eux n'avait de passé violent. Ce qu'ils semblent avoir tous en commun, c'est dès qu'ils sont recrutés leur attitude vis-à-vis de la religion change radicalement. Un musulman sans but dans la vie, et qui ne s'est jamais guère intéressé à sa religion, peut soudainement trouver une nouvelle identité à travers une nouvelle dévotion et un militantisme engagé. Le Premier ministre britannique Tony Blair m'a dit au cours d'une de nos rencontres : « Il y a une partie de la population musulmane qui tout simplement ne s'intègre pas. Les juifs, les hindous, les Chinois, et une grande partie des musulmans se sont intégrés, mais il y a des factions extrémistes de musulmans qui restent en marge. » À cause du manque d'autorité centrale dans l'islam sunnite, il n'est pas besoin d'être un religieux officiel pour se mettre à prêcher. « Dans ces quartiers en marge, vous avez des types qui se lèvent et qui annoncent : "Je suis un imam et voilà une fatwa" », me dit Blair. C'est pourquoi les imams extrémistes sont si dangereux. Ce qu'ils prêchent n'a rien à voir avec l'islam, mais au contraire en offre une version déformée par le prisme de la politique et le genre de citations coraniques hors contexte si chères à Ben Laden. Les jeunes musulmans qui cherchent à donner un sens à leur vie peuvent très bien être leurrés par ces idées fausses et se faire embraquer dans une chimère de guerre sainte ; voilà comment ces jeunes se réveillent terroristes un jour.

Le fait que les prisons d'Europe sont remplies de musulmans dans des proportions démesurées, n'aide en rien. En France les musulmans forment la majorité de la population carcérale. Les experts en contre-terrorisme craignent que cette population criminelle ne soit un vivier de prédilection pour les sergents recruteurs d'Al-Qaïda.[1]

Peu de prisons occidentales offrent des conseils moraux à de larges groupes de prisonniers. Les gouvernements européens sont certainement conscients du problème mais ne savent pas comment y répondre. Certains ont essayé de disperser les prisonniers musulmans, mais d'autres mettent en garde contre le risque d'étendre ainsi le danger, et en tous les cas les prisons sont surchargées.

Un autre défi existe, celui d'empêcher les quartiers ethniques de devenir des ghettos. Ces derniers sont des lieux qui regroupent le type de populations économiquement sous-privilégiées et socialement ostracisées qui auraient été attirées il y a un siècle par les promesses utopiques du marxisme. Des gens qui ont quitté un pays pour se retrouver dans un autre pays inhospitalier risquent de se sentir spoliés de tout sens national et prêts à s'engager dans une autre cause plus globale.

---

1. Richard Reid qui était à bord de l'avion à destination de Miami en décembre 2001 avec une bombe dans sa chaussure, s'est converti à l'islam dans une prison britannique. Mohammed Bouyeri, le meurtrier du cinéaste hollandais Theo van Gogh, est passé dans l'aile extrémiste de l'islam au cours d'un séjour de sept mois en prison. À la fin de l'année 2004, des officiels espagnols ont arrêté treize immigrés nord-africains qui se préparaient à faire sauter le palais de justice à Madrid. Ces hommes avaient commis des crimes mineurs, mais après s'être rencontrés en prison, ils décidèrent de créer leur propre groupe de terroristes, les « Martyrs du Maroc ».

Devant de telles réalités, les leaders de l'Europe ont peu d'options ; ils doivent réévaluer leur politique d'équilibre entre les impératifs de la sécurité du territoire et les principes de la démocratie. La question que l'on se pose dans les cercles religieux comme dans les cercles laïques est de savoir s'il est sage d'encourager les coutumes et les valeurs des immigrés ou au contraire de les forcer à se conformer aux règles européennes. Les partisans de la fermeté ne voient pas de raison de dialoguer car cette approche ne touche pas ceux qui sont susceptibles de créer des problèmes. Les terroristes ne participent pas à des conférences œcuméniques, pas plus qu'ils ne sont touchés par des appels à partager leurs problèmes moraux. La sécurité doit rester une priorité.

Dans cet esprit, des efforts sont en cours dans de nombreux pays pour donner plus de pouvoir à la police qui pourra surveiller et arrêter des personnes soupçonnées de terrorisme. Plusieurs pays ont aménagé leurs lois pour permettre d'expulser les prédicateurs extrémistes et ont mis en place des programmes pour former des leaders religieux modérés, dans l'espoir de susciter le développement d'une version européenne de l'islam. Certains pays sont allés jusqu'à financer des mosquées pour couper leurs liens avec des sources telles que l'Arabie Saoudite qui prône une séparation islamique plutôt qu'une intégration sociale. Aux Pays-Bas, les religieux musulmans sont tenus de conduire leurs offices en néerlandais et non en langue arabe. Le gouvernement de Tony Blair a pris des mesures pour interdire des groupes qui ont soutenu le terrorisme dans le passé et des listes noires ont été dressées pour bloquer l'entrée en Angleterre de sympathisants terroristes et pour en chasser ceux qui seraient déjà entrés. Il a aussi agi pour interdire le genre de prédications, d'articles et de sites internet qui fomentent le terrorisme.

Toute démocratie est fondée sur le principe de résolution des conflits par un débat ouvert. Un gouvernement démocratique qui élimine des catégories entières de discours se retrouvera aussitôt en position extérieure par rapport à son peuple, sur les pas des tyrans. Les communistes qui ont usurpé le pouvoir en Tchécoslovaquie dans les années qui ont suivi la Seconde Guerre mondiale n'auraient jamais toléré une opposition. C'est pourquoi ma famille est venue aux États-Unis. Pendant des siècles, des dictateurs ont rempli leurs prisons de gens dont les idées étaient jugées dangereuses, provocatrices, ou censées inciter à la violence contre l'ordre établi. Plus récemment, des despotes dans de nombreux pays ont usé de la menace de la violence comme excuse pour réduire le pouvoir d'une opposition violente ou non-violente. Le risque en Europe aujourd'hui, ainsi qu'aux États-Unis, en fait, est que la différence entre promouvoir le terrorisme et critiquer une politique sera difficile à établir, transformant le droit en un moyen de museler un débat légitime.

Ce risque toutefois doit être mesuré contre d'autres risques, tels que la possibilité de voir des mots incendiaires conduire à des actions de même nature, car un tel enchaînement a connu bien des précédents. Le vieil adage sur la liberté d'expression nous dit que cette liberté s'arrête avant de crier « Au feu » dans un cinéma bondé. Nous sommes dans un cinéma bondé en quelque sorte, et je pense qu'il est juste de proscrire les discours publics qui sont clairement prononcés pour promouvoir le terrorisme. Je suis aussi d'accord avec Blair quand il émet des mises en garde vis-à-vis de ceux qui arrivent de l'étranger, que ces personnes soient à la recherche d'un asile politique ou d'opportunités économiques. « Venir habiter dans ce pays, dit-il, implique un devoir ; ce devoir est de partager et de soutenir les valeurs qui sont les piliers de la société britannique. Ceux qui manquent à ce devoir et essaient d'attiser la haine et de perpétrer des actes de violence contre notre pays et ses habitants, n'ont pas de place parmi nous. » La même mise en garde serait appropriée aux États-Unis.

En écrivant ces lignes, je mets toute ma confiance dans la force de la société civile américaine et de la société civile européenne, un système judiciaire indépendant et la démocratie elle-même pour nous protéger des abus de pouvoir. L'équilibre que nous devons rechercher des deux côtés de l'Atlantique n'est autre que le produit d'un raisonnement fondé sur le bon sens. Il s'agit d'arrêter ceux qui détruiraient notre société sans compromettre les principes de base qui définissent cette société.

La vraie victoire sur le terrorisme ne viendra pas en faisant taire qui que ce soit, mais en faisant entendre avec plus de force les voies de la raison telle que celle de Mustafa Ceric. En Europe comme ailleurs, la bataille la plus importante est celle qui se livre dans le cœur et l'âme de l'islam à tous les niveaux, au sein des familles, des quartiers, des communautés, et des nations. Dans cette bataille, chaque allié peut avoir un rôle important et il faut rechercher tous nos alliés potentiels. C'est la raison pour laquelle je m'inquiète de voir les États-Unis et l'Europe tourner le dos à la Turquie, qui a longtemps été un allié de l'Occident et qui peut nous aider de façon unique.

* * *

La victoire des alliés dans la Première Guerre mondiale a détruit ce qui restait de l'Empire ottoman. De ses cendres est née une réalité sans précédent : un État musulman laïque. La république turque a été créée à l'image de son premier président, Kemal Atatürk, un homme dont l'énergie était sans limite, et qui a eu la vision de construire un pays à la fois moderne et tourné vers l'Occident. Atatürk n'hésitait pas à dénoncer la religion comme « un poignard empoisonné tourné vers le cœur de mon peuple ». En réaction contre les derviches et les cheiks religieux démagogues de son temps, il déclara : « Je me refuse à croire qu'aujourd'hui, illuminés par la science, la connaissance et la civilisation… il puisse exister dans notre communauté civilisée de Turquie, des hommes qui soient si primitifs qu'ils recherchent leur bien-être matériel et moral auprès d'un cheik. »

Atatürk s'est attaqué aux fondations de la société comme pour la faire imploser, abolissant le califat islamique et exerçant le contrôle de la religion au nom de l'État turc. Sous sa présidence, des écoles religieuses ont été fermées, la langue turque a été latinisée, une constitution à l'occidentale a été adoptée et la pratique de séparer les hommes et les femmes dans les écoles et sur les lieux de travail a été abolie. Il déclara : « Nous ne moderniserons pas la Turquie si nous ne modernisons que 50 % de la population. » Depuis cette proclamation, les militaires turcs ont défendu ce que le pays avait hérité d'Atatürk, préservant la nature laïque du gouvernement. Forts de leur modernisation, et désireux de sceller leur statut de pays occidental, les Turcs ont proclamé dans les années 1960 leur volonté de devenir membre du Marché Commun Européen, qui allait devenir quelques années plus tard la Communauté Européenne. Mais la Turquie est toujours en train de frapper à la porte.

L'Union Européenne, comme tout club exclusif, coopte ses membres sélectivement. Et toute ingérence du Département d'État des États-Unis n'est guère vue d'un bon œil. Cependant, lorsque j'étais Secrétaire d'État, j'ai essayé, aussi diplomatiquement que possible, d'encourager mes collègues européens à accepter l'entrée de la Turquie dans l'Union. Ma position reflétait celle des États-Unis ; nous pensons que la Turquie en tant que pays prospère et pro-occidental est indispensable pour assurer la stabilité dans une région fragile. En 1999, je me suis réjouie de voir que l'Union Européenne avait enfin reconnu la candidature officielle de la Turquie. Le gouvernement turc a, depuis cette reconnaissance, parcouru pas à pas le chemin nécessaire pour accomplir tous les changements requis aux conditions d'entrée, et satisfaire à toutes les exigences des normes européennes. Il a aboli la peine de mort, réformé son système judiciaire, adopté un nouveau code pénal, changé les lois qui régissent les banques et appliqué des mesures de protection des droits de l'homme. La plupart des réformes ont été mises en place sous la direction du « Parti Islamiste pour la Paix et le Développement », qui a anéanti le stéréotype islamiste en acceptant le modèle laïque d'Atatürk, en se déplaçant au centre, et en respectant de manière générale les droits des femmes et des minorités turques.

L'importance de la Turquie est unique parce qu'elle est le seul membre de l'OTAN qui fasse aussi partie de l'Organisation de la Conférence Islamique qui rassemble les États musulmans du monde. C'est aussi l'un des rares pays musulmans qui a des liens diplomatiques avec Israël. Selon le ministre des affaires étrangères de la Turquie, Abdullah Gül, « la Turquie est un pont naturel qui unit les civilisations, à une période de l'histoire où l'on parle tant du clash de ces mêmes civilisations. Ce que la Turquie s'efforce de faire est d'utiliser sa position pour opérer un rapprochement de l'Occident et de l'islam ». Joschka Fischer, qui était à l'époque ministre des affaires étrangères de l'Allemagne, se faisait l'écho de la même position : « Moderniser un pays islamique, sur la base des valeurs européennes partagées, serait comme un nouveau Jour J pour l'Europe dans la guerre contre la terreur. » Ainsi, en décembre 2004 quand l'UE décida que la Turquie avait progressé suffisamment pour que la procédure des négociations d'entrée puisse s'ouvrir, cette étape semblait déjà une vraie victoire. Reste à savoir si ces négociations conduiront les Européens à accueillir les musulmans turcs ou au contraire à les repousser diplomatiquement.

En juin 2005, quand les Français et les Hollandais rejetèrent par référendum le projet de nouvelle constitution pour l'UE, on accusa les sentiments antiturcs d'avoir empêché la ratification. Bien que la plupart des leaders de l'Europe aient exprimé leur soutien à la candidature de la Turquie, la majorité des Européens reste sceptique sur la question. L'élargissement de l'Europe Unie est fondé sur une vision dynamique d'expansion, mais de nombreux Européens préféreraient se cantonner où ils sont dans le contexte de la mondialisation. L'élargissement de l'Union européenne a déjà permis à des millions de nouveaux travailleurs de trouver des emplois. Les Européens hésitent à ouvrir leurs frontières et leurs marchés au-delà des frontières actuelles, car la Turquie est un pays à la fois très peuplé avec 90 millions d'habitants, et pauvre avec un revenu par habitant cinquante pour cent inférieur à celui de la Pologne.

Cependant les vraies difficultés ne se chiffrent ni en dollars ni en euros ; la question fondamentale reste de savoir si la culture turque est compatible avec celle du reste de l'Europe. Le mépris envers les musulmans que j'ai observé dans le conflit en Bosnie était aussi ressenti vis-à-vis de la Turquie. Cette réalité reflète l'histoire de l'Europe dont virtuellement tous les pays ont fait la guerre à la Turquie, à une période ou à une autre. Elle nous rappelle aussi que les Grecs et les Turcs se sont affrontés souvent sur la question de Chypre et d'autres îles de la mer Égée. Enfin il y a encore le massacre des Arméniens par les Turcs au cours de la Première Guerre mondiale que les chrétiens ne sont pas prêts d'oublier. Ce passé qui peut sembler lointain, a inculqué des préjugés qui ne sont pas faciles à effacer des mémoires collectives. Le premier ministre italien, Silvio Berlusconi s'est enorgueilli de la « supériorité » de la civilisation européenne comparée à celle des pays islamiques. Valéry Giscard d'Estaing, ancien président de la France, a déclaré que « la Turquie n'est pas un pays européen, et son admission au sein de l'Europe signifierait la mort de l'Union Européenne ». Avant de devenir Benoît XVI, le Cardinal Joseph Ratzinger exprima son opposition à la candidature de la Turquie en disant : « La Turquie a toujours représenté un continent différent, en contraste avec l'Europe. »

L'échec de la ratification de la constitution européenne a été un sérieux revers pour les partisans de l'élargissement de l'UE. Beaucoup voudraient se débarrasser de la question de la Turquie. Ce serait une erreur. Repousser la Turquie serait non seulement une erreur monumentale, mais ce serait un cadeau pour ceux qui ne cherchent qu'à attiser les conflits entre les musulmans et l'Occident.

Dans l'éventualité de la poursuite des négociations il faut garder en vue plusieurs principes. D'abord, que l'Union européenne et la Turquie ont déjà accompli des progrès de compréhension mutuelle. Si la Turquie continue à progresser rapidement pour se mettre au diapason des normes européennes, elle est en droit de s'attendre à recevoir des leaders européens le soutien à sa candidature. C'est le principe fondamental sous-jacent dans le processus d'admission.

Deuxièmement, l'identité européenne de la Turquie ne devrait pas être remise en question. Bien que l'Empire ottoman ait été, à certaines périodes de l'histoire plus qu'une puissance européenne, il n'a jamais été moins qu'une puissance européenne. La Turquie contient encore des régions repliées sur elles-mêmes, où la vie a peu évolué dans les cent dernières années ; mais depuis Atatürk, il ne fait pas l'ombre d'un doute que la Turquie s'est tournée de façon prioritaire vers l'Occident.

Troisièmement, l'identité religieuse de la Turquie ne devrait pas être un critère dans sa candidature à l'Union européenne. Ce principe paraît simple, mais il n'est certainement pas clairement compris. Les gouvernements d'Europe sont des gouvernements laïques, et celui de la Turquie l'est aussi. L'Europe est une société multidimensionnelle tout comme la société des États-Unis. Et il est aussi important de rappeler que l'Union européenne est organisée suivant les normes de la démocratie occidentale, au cœur de laquelle il y a la liberté religieuse. Exclure un pays de l'Union sur des bases religieuses serait une trahison de ses propres principes et de ses valeurs.

Enfin, l'argument que l'entrée de la Turquie dans l'Union européenne entraînerait une rupture de l'harmonie européenne n'est pas convaincant. Ce courant de pensée avait peut-être du poids au temps du Marché Commun quand il n'y avait qu'une demi-douzaine de pays membres, mais aujourd'hui l'Union Européenne qui regroupe vingt-sept pays est un véritable kaléidoscope culturel. Ajouter la Turquie à ce tableau ne créerait pas de rupture.

Dans les années 1990, la perspective de rentrer dans l'OTAN constituait une forte motivation à instaurer des réformes démocratiques pour les pays nouvellement libérés de l'URSS, en Europe Centrale et en Europe de l'Est. Au lieu de déterrer la hache de guerre et de réveiller les vieilles rivalités, ils se sont concentrés sur leurs objectifs démocratiques tels que le respect du droit, le respect des droits de l'homme, la libre entreprise, et le contrôle par les civils des forces militaires. L'OTAN a été un agent de changement positif et un terrain où d'anciens ennemis pouvaient travailler ensemble à bâtir la paix. L'Union européenne a joué un rôle similaire, mais ce rôle ne durera que si elle laisse la porte ouverte à de nouveaux membres et garde une largesse d'esprit pour évaluer les pays qui cherchent à entrer. Selon Tony Blair « il est certain que peu de pays voteraient en faveur de l'admission de la Turquie dans l'Union européenne si on faisait un référendum aujourd'hui. C'est pourquoi nous devons changer les mentalités. La Turquie a fait d'immenses progrès pour satisfaire aux conditions d'entrée, ce serait une erreur de la pousser maintenant dans une autre direction. »

Les États-Unis ont leurs propres obligations. La décision de l'Administration Bush d'envahir l'Irak a choqué les Turcs ; depuis un sondage a révélé que 40 % des Turcs voient désormais les États-Unis comme leur pire ennemi. Un roman sur la liste des best-sellers en Turquie, *Metal Storm,* prédit l'invasion de la Turquie par les États-Unis, qui provoque une réponse sous la forme d'une bombe nucléaire qui explose près de la Maison Blanche.

J'ai voyagé en Turquie plusieurs fois ces dernières années. Le fait que les États-Unis ont envahi l'Irak, un voisin de la Turquie, sans même consulter les Turcs, n'est pas près d'être oublié. Cette perspective est fortement influencée par les rapports complexes, et de piteuse mémoire, avec les Kurdes. La Turquie craint qu'un Kurdistan autonome au sein de l'Irak n'encourage des ambitions nationalistes parmi sa propre minorité kurde. La Turquie voit aussi d'un mauvais œil les terroristes kurdes qui restent implantés au nord de l'Irak et ils surveillent avec beaucoup d'inquiétude les Kurdes d'Irak qui pourraient intimider par la force les Turcs minoritaires d'Irak pour s'assurer le contrôle de la ville de Kirkouk, riche en pétrole et convoitée au point d'en valoir la bataille. À l'avenir, la politique américaine sur ces questions n'a pas nécessairement besoin de s'aligner parfaitement sur la politique turque, mais il serait sage de faire preuve de prudence et de coopération, si possible, tout en insistant sur le fait que les droits des Kurdes doivent être respectés.

Si l'on se projette dix ans en avant, il semble raisonnable de penser que l'Iran, alliée à la majorité chiite de l'Irak, sera la puissance dominante dans le Golfe arabo-persique. On pourra alors difficilement nier l'importance cruciale de la Turquie comme membre de l'OTAN, en tant que leader au sein de l'organisation des États musulmans, ami d'Israël, et détenant peut-être le sésame d'une entente entre l'Europe et le Moyen-Orient. Et donc dans cette logique il serait difficile de surestimer l'importance pour l'Europe et les États-Unis de prendre les intérêts turcs au sérieux. Si l'Occident ne respecte pas un pays musulman tel que la Turquie qui a tant coopéré avec les États-Unis, il sera difficile de faire croire à d'autres pays musulmans que leur amitié envers les États-Unis sera récompensée.

De petits gestes peuvent parfois accomplir de grandes choses. J'ai fait cette remarque à des officiels turcs qui ne m'ont ni approuvée ni désapprouvée. Ils ont simplement attendu qu'on change de sujet de conversation. Et ce sujet n'était autre que le statut du séminaire grec orthodoxe Halki sur l'île de Heybeliada, à une heure de bateau d'Istambul. Le séminaire a été ouvert en 1844 et on le décrit comme « un exemple magnifique d'architecture du XIXe siècle, aux pièces spacieuses, aux plafonds hauts, et jouissant de vues panoramiques sur la Ville d'Istambul ». Cette institution a fermé en 1971, non pas pour malversations, mais simplement parce que son existence constituait un affront aux règles laïques de l'État turc. La logique avancée était la suivante : si des institutions musulmanes n'avaient pas le droit d'opérer en dehors du contrôle du gouvernement, pourquoi un séminaire chrétien serait-il autorisé à fonctionner indépendamment ? Cet argument se range dans la rubrique « uniformités absurdes » pour citer Ralph Waldo Emerson.

M'adressant à ces interlocuteurs turcs, à la fois en tant qu'amie et officielle américaine, j'ai insisté plusieurs fois pour leur demander de rouvrir le séminaire, en signe de bonne volonté envers les 250 millions de chrétiens orthodoxes du monde ; ce geste aurait un sens tout particulier à cause d'une anecdote historique intéressante qui veut que le centre du christianisme orthodoxe n'est pas en terre chrétienne mais en Turquie. En effet même la conquête d'Istambul par les Turcs ottomans en 1453 ne parvint pas à déloger le Patriarcat, équivalent orthodoxe du Vatican, de sa capitale historique.

Accompagnée du président Clinton et de Madame Clinton, j'ai eu l'occasion de rencontrer le Patriarche œcuménique Bartholomeos Ier, à son siège, au cœur de la vieille ville d'Istambul. Istambul est une ville magnifique mais elle est aussi bruyante et surpeuplée. Le patriarche lui-même au contraire est serein, mystique et humble d'apparence, il est citoyen turc, ancien du séminaire Halki, et réserviste de l'armée turque. Il ressemble à l'image qu'on peut se faire d'un patriarche, avec sa longue barbe, ses médaillons et sa croix sur sa poitrine, et drapé d'une magnifique robe noire.

Depuis son entrée en fonction en 1991, Bartholomeos Ier a reçu des éloges pour ses prises de position en faveur de l'environnement et ses efforts pour faire avancer la réconciliation œcuménique. C'est un intellectuel qui parle plusieurs langues, un homme réfléchi. Mais il semblait vraiment désorienté en parlant du séminaire de Halki. Il ne comprenait pas qui pouvait avoir un intérêt quelconque à laisser cette institution fermée, ni comment qui que ce soit puisse considérer l'infime minorité chrétienne en Turquie comme une menace. Au contraire la réouverture du séminaire apporterait un atout à la Turquie dans son dossier d'adhésion européenne, une cause que le patriarche soutient pleinement. Le gouvernement affirme qu'il recherche une solution, mais depuis trente-cinq ans, cette recherche aurait dû aboutir. Le destin d'un seul centre d'études semblerait ne pas avoir d'importance dans les rapports entre deux civilisations, mais dans un monde tel que celui où nous vivons, il ne faut jamais sous-estimer ce que des actes civilisés peuvent permettre d'accomplir.

Chapitre 17

La course aux âmes en Afrique

Un leader musulman d'Ouganda déclara : « Vous voyez, nous allons vers un affrontement. Les États-Unis ne cesseront jamais de vous harceler jusqu'à ce que vous abandonniez votre religion. » « C'est une course », affirma un autre Ougandais, un pasteur chrétien. « L'islam est aussi engagé dans la course pour endoctriner les âmes et les esprits des Africains. » Nulle part ailleurs dans le monde, ne peut-on assister à une renaissance religieuse qui soit plus manifeste qu'en Afrique, où deux mouvements opposés s'avancent comme une marée montante, et où la révolution de l'information livre les exhortations des prédicateurs chrétiens et des imams musulmans dans les salles de séjour et les centres communautaires. Les pays musulmans au Moyen-Orient et en Afrique du Nord, particulièrement en Arabie Saoudite et en Lybie, consacrent beaucoup d'argent à éduquer et à endoctriner la jeunesse africaine. De nouvelles mosquées et des écoles religieuses prolifèrent. L'enseignement en arabe gagne du terrain. L'islam réussit à s'implanter dans des pays traditionnellement chrétiens tels que la Zambie, le Rwanda et l'Ouganda.

Entre-temps, le nombre d'Africains qui se déclarent chrétiens évangéliques s'est élevé de 17 millions à 125 millions en 30 ans. En tout, on compte plus de 350 millions de chrétiens africains. La région regorge d'églises installées au milieu de rues commerçantes, partout il y a des tentes de sectes guérisseuses, et chacun a son autocollant « Jésus sauve » sur son pare-choc. La Bible et autres texte religieux ont été traduits en des centaines de langues indigènes et de dialectes.[1]

On prédit que dans moins de vingt-cinq ans il y aura plus de chrétiens en Afrique qu'en Europe et en Amérique du Nord réunies. Cette expansion a été possible grâce à des missionnaires du monde entier et le financement de leurs Églises en Occident.

Il y a beaucoup de bon dans tout cela. La foi donne de l'espoir à ceux qui sont accablés par les difficultés de la vie quotidienne et qui pourraient sombrer dans le désespoir. Les contributions financières – qu'elles viennent du Moyen-Orient ou de l'Amérique moyenne – peuvent aider à construire des écoles dont ils ont tant besoin, des infirmeries, et des centres communautaires. Les liens établis entre les Africains et les Églises américaines permettent d'approfondir une compréhension mutuelle et d'amener ces populations à soutenir le point de vue de l'Amérique sur la démocratie et le terrorisme, tout en leur faisant prendre conscience des situations abusives subies telles que la violence domestique et les mutilations génitales pratiquées sur les femmes.

L'expansion simultanée de l'islam et du christianisme crée des risques. Dans des pays où les populations sont moitié l'une moitié l'autre, des rivalités se sont manifestées. Dans des pays où une foi domine, la foi minoritaire se sent souvent intimidée. L'Afrique d'aujourd'hui est un champ de bataille religieux, au même titre que ce continent était un champ de bataille idéologique pendant la Guerre froide. Cette compétition à l'époque a eu des côtés positifs. Les

---

1. Les missionnaires ont appris à adapter habilement leur message à leur environnement local. Témoin un credo composé pour les tribus massaï : « Nous croyons que Dieu a tenu sa promesse en envoyant son fils Jésus-Christ, un homme en chair et en os, issu d'une tribu juive, né pauvre dans un petit village, qui a quitté sa famille et *qui était toujours en safari*, à faire le bien, à guérir les malades par la puissance de Dieu et de l'homme, en montrant que le vrai sens de la religion est l'amour. Il fut rejeté par les siens, fut torturé, et ses mains et ses pieds furent cloués sur une croix, où il mourut. Il resta enterré trois jours mais *les hyènes ne le touchèrent pas*, et le troisième jour il se leva de sa tombe. » Citation extraite du livre de Jaroslav Pelikan *À qui appartient la Bible ?* Viking, New York, 2005, 215.

États-Unis, l'Europe de l'Ouest, l'Union Soviétique et la Chine ont toutes financé le développement de l'Afrique, et chaque puissance désirait ardemment éduquer les populations dont elle cherchait à attirer les élites de la nouvelle génération dans son camp. Ces avantages étaient hélas contre-balancés par les vies sacrifiées aux rivalités locales qui dégénéraient en conflits par puissance interposée, et la longue liste de ces pays inclut le Tchad, le Soudan, l'Éthiopie, la Somalie, l'Angola, le Mozambique et le Congo Kinshasa ex-Zaïre. Ainsi, pendant que ces pays représentaient le communisme et le monde libre en pleine lutte à bras le corps, les armes y arrivaient en masse. Des gouvernements autocratiques, à la botte de chacun des camps, furent mis en place, empêchant les tâches de base, indispensables pour créer un consensus national et établir de solides institutions, d'être accomplies.

Économiquement et socialement, ce dont l'Afrique a crucialement besoin, et cela depuis des décennies, c'est de construire des sociétés unifiées qui se doteront de bons gouvernements qui à leur tour lanceront le développement. Cette tâche est rendue plus difficile dans la plupart des cas par les luttes ethniques et une diversité linguistique si caractéristique en Afrique. Cette situation est rendue plus complexe encore quand des individus ou des groupes se sentent appelés à faire passer leur identité religieuse avant le sens de leur unité nationale.

Les religions traditionnelles africaines n'imposent pas un tel choix. Les croyances animistes sont universelles et sont fondées sur une conviction que Dieu est présent en toutes créatures et en toutes choses et que les esprits des ancêtres sont aussi présents dans le monde. À la différence des religions nouvelles, les rites animistes font partie de la vie quotidienne ; il n'y a pas de séparations comme celles que demandent les cérémonies de prières auxquelles il faut aller assister dans les églises ou dans les mosquées et qui interrompent la routine. L'animisme ne s'encombre pas de toutes ces confrontations symboliques entre la Bible et le Coran, la croix et le croissant, la langue arabe et les langues locales.

Un gouvernement qui essaie de lever une armée ou de créer un système scolaire amélioré, va se trouver bloqué si à chaque étape il faut mesurer l'impact de ses actions en termes de compétition musulmane et chrétienne. Cette rivalité peut s'envenimer si les propagateurs de la foi se mettent à dénigrer l'autre au lieu de célébrer la leur. Les musulmans peuvent accuser les chrétiens d'être des polythéistes qui adorent trois dieux au lieu d'un seul. Les chrétiens peuvent médire sur Mohammed et le traiter de personnage de bas étage, guerroyeur, salace et ordinaire si on le compare à Jésus qui accomplissait des miracles. Bien que ces arguments de bonimenteurs aient été utilisés depuis que les premiers marchands musulmans sont arrivés sur les côtes africaines au VIe siècle, les attaques mesquines n'ont fait qu'empirer ces dernières années.

Les rapports problématiques entre les musulmans et les chrétiens peuvent encore être rendus plus difficiles par les étrangers, dont la plupart veulent bien faire, mais pas tous, et qui croient pouvoir exercer un rôle dans les affaires internes des pays. Il y a aussi le risque de voir d'habiles politiciens africains exploiter cet intérêt extérieur pour attirer des soutiens financiers et politiques pour des causes soi-disant morales qui n'en ont que le nom. Ce ne serait pas la première fois que cela se passerait. Des fonds levés au nom de projets humanitaires musulmans ont été détournés pour servir des causes politiques ou personnelles. Dans les années 1980, la droite chrétienne américaine a soutenu des groupes rebelles meurtriers au Mozambique et en Angola qui prétendaient avoir des motivations religieuses mais en fait ne servaient que leurs propres intérêts.

La violence entre les musulmans et les chrétiens est un problème dans de nombreuses régions d'Afrique, mais elle a créé une situation particulièrement chaotique au Soudan, le pays le plus vaste de tout le continent, et aussi au Nigeria, le pays le plus peuplé d'Afrique. Ces deux pays ont des enjeux qui valent la peine qu'ils se battent, y compris pour le pétrole. L'un et l'autre exercent une forte influence, le Soudan à l'est et au nord, et le Nigeria à l'ouest, et chacun a impliqué les États-Unis dans sa lutte.

Bien que les politiciens américains soient souvent critiqués de négliger l'Afrique, j'ai visité le continent sept fois quand j'étais au gouvernement, faisant escale dans une douzaine de pays, y compris au Soudan au printemps de 1994. J'éprouvai quelque appréhension parce que c'était ma première mission diplomatique auprès d'un pays considéré comme hostile envers les États-Unis. Malgré cela, notre groupe fut reçu décemment par le président Omar al-Bachir, un ancien officier qui était parvenu au pouvoir quelques années auparavant à la suite d'un coup d'État.

Bachir, un homme d'une cinquantaine d'années, avait une moustache et une belle barbe. Il avait l'air austère et marchait avec un bâton. On était frappé par son sérieux. Avant que nous nous soyons assis pour discuter affaires, il m'offrit un grand verre rempli d'un liquide rose qui ressemblait à du shampoing. J'ai souvent dit en plaisantant que mon travail d'ambassadrice consistait à boire et à manger pour servir mon pays, mais cette fois-là cela me paraissait dépasser les limites de mon service. De plus, je vis que Bachir ne buvait rien lui-même pas plus que les autres Soudanais et je me demandais pourquoi. Un soupçon de complot d'empoisonnement me traversa l'esprit. Sous les yeux de Bachir, je fis semblant de boire ce qui pouvait passer pour une gorgée mais en fait j'en avalai à peine une larme. Le goût était sucré et ça me rappelait le médicament Pepto-Bismol. À mon grand soulagement je ne suis pas tombée raide morte.

Le fond de ma rencontre avec Bachir ne fut pas plus agréable que la boisson qu'il m'avait offerte. J'avais pour objectif de lui transmettre un avertissement sur le rôle que le Soudan jouait en fournissant un refuge aux terroristes. Mais il ne suivit pas mes conseils. L'année suivante son gouvernement était impliqué dans le complot manqué qui visait à assassiner le président égyptien. À l'époque, les autorités soudanaises étaient en train de faire de leur pays la tête de pont de la révolution islamique. Parmi les terroristes qu'ils accueillirent figurait Oussama Ben Laden dont l'entreprise de travaux de construction exécuta les projets d'autoroutes qui aidèrent les militaires du Soudan à combattre les séparatistes du Sud.

Le Soudan représente un quart de la superficie des États-Unis et s'étend des rives de la Mer Rouge au centre tropical du continent. Le Nord est pauvre, ses habitants sont des Arabes musulmans. Le Sud est encore plus pauvre et la population est composée de Noirs africains, animistes et chrétiens, ainsi que de quelques musulmans. La terre est fertile et pourrait aisément nourrir tout le Soudan et donner des excédents. Mais au lieu de cette prospérité, le pays est pourri de champs de mines. Depuis que le Soudan a obtenu son indépendance en 1956, il n'a pratiquement connu rien d'autre que la guerre civile. Les leaders qui résident dans la capitale, Khartoum, cherchent depuis des décennies à consolider leur pouvoir politique au Sud, en partie à cause des réserves de pétrole. Dans les années 1980 ils ont aussi essayé de verrouiller un contrôle religieux, en imposant la charia. Des mouvements rebelles au Sud, divisés en factions, réclament leur indépendance ou une mesure d'autonomie. Il en est résulté une crise humanitaire permanente, rendue encore plus tragique par les sécheresses et les tempêtes de poussière, et marquée par des combats d'une rare brutalité qui ont fait quelque deux millions de morts. Bien que les deux camps aient tué des civils, le gouvernement de Bachir est le plus grand coupable de ces abus, bloquant le passage des vivres, attaquant les villages, et forçant des milliers de personnes à fuir dans un exode qui les a conduites dans des régions où elles étaient condamnées à mourir de faim.

À la recherche de moyens pour venir en aide, j'ai eu des réunions en Afrique et aux États-Unis avec des personnes qui avaient été témoins du carnage de la guerre. Leurs récits de famine, d'esclavage, de persécution religieuse, de tortures, et d'attaques contre des civils me rendirent furieuse. J'ai été émue par le Soudanais qui m'offrit une sculpture d'un Christ noir, par les groupes d'écoliers américains qui venaient offrir des prières. Un évêque catholique, qui avait travaillé dans les montagnes de Nuba, raconta la mort de plus d'une douzaine d'enfants en première année de primaire, dont l'école avait été bombardée intentionnellement. Un porte-parole du gouvernement avait réagi outrageusement à cette tragédie, affirmant que l'école était une cible militaire légitime. L'évêque me demanda de l'aider à faire en sorte que ces tragédies ne se renouvellent pas. J'étais là, avec toute la puissance des États-Unis derrière moi, mais il me fallait dire que je n'avais pas de certitude que nous pouvions faire autre chose. Il y avait longtemps que nous avions imposé des sanctions militaires et économiques. Nous avions aussi fait savoir clairement au Soudan que s'il voulait jouir de relations normales avec les États-Unis, il lui faudrait réduire ses violations des droits de l'homme. De plus, nous avions fourni plus d'un milliard de dollars en aide humanitaire aux victimes des combats, et nous avions nommé un envoyé spécial pour aider dans les négociations entre le gouvernement et le Sud.

Le commandant des rebelles du Sud était John Garang. Il avait cinquante-deux ans quand je l'ai rencontré la première fois en Ouganda. C'était un homme trapu avec une tête ronde ; il était chauve et portait une barbe courte poivre et sel sur son menton rondelet. Il avait fait ses études aux États-Unis, et il avait la réputation de rallier habilement à ses côtés ses interlocuteurs qu'ils fussent communistes ou théoriciens des activistes chrétiens. Je ne fus donc pas surprise de l'entendre se faire l'écho de mes positions : il soutenait les efforts de paix, il respectait les droits de l'homme, il était prêt à partager le pouvoir et il espérait voir le Soudan devenir un pays démocratique. Nous savions qu'il avait un passé chargé et nous n'étions surtout pas tentés d'intervenir militairement dans la guerre civile du Soudan. Cependant, nous reconnûmes en Garang la seule personne qui puisse unir le Sud et donc qui soit capable de faire pression sur le gouvernement pour réparer ses torts. Garang avait combattu depuis 1983, il avait l'intelligence et le charisme d'un vrai leader, et son expertise était reconnue tant en affaires militaires qu'en affaires économiques. Son portrait était sur toutes les bannières et les t-shirts dans le Sud.

Les attaques du 11 septembre n'ont peut-être pas tout changé, mais elles firent réfléchir le gouvernement du Soudan qui, pris de peur, chercha à améliorer ses relations avec Washington. Soudain, Bachir commença à coopérer sur les questions de lutte antiterroriste et, sans se presser dois-je dire, il se mit tout de même à entamer des négociations productives avec Garang. L'envoyé américain John Danforth, pasteur épiscopalien et ancien sénateur, travailla sans relâche à établir un va-et-vient diplomatique entre le Nord et le Sud. Finalement en 2005 les deux camps s'accordèrent sur un compromis, s'engageant à réunir leurs armées sous un seul commandement et à partager le pouvoir et les revenus du pétrole. Le pacte donna lieu à une jubilation publique. Environ un million de Soudanais se rassemblèrent sur la place centrale de Khartoum pour acclamer ces deux ennemis de longue date, Bachir et Garang, qui saluèrent la foule en levant leurs mains serrées ensemble en partenaires d'un nouveau gouvernement. Les Soudanais dansèrent littéralement de joie dans les rues.

La cérémonie eut lieu le 9 juillet 2005 et coïncida avec l'installation de Garang comme vice-président. Ce fut le moment de l'apogée. Trois semaines plus tard, Garang est mort dans un accident d'hélicoptère. Les éloges funéraires prononcés à son enterrement le comparaient à Moïse, et louaient ce leader fauché par la mort, après avoir à peine entrevu la terre promise. Encore sous le choc, mais s'efforçant de paraître aussi digne que possible, le successeur de Garang, Salva Kir Mayardit, donna une poignée de main à Bachir et promit d'honorer l'héritage du leader mort en assurant la paix.

Je garde espoir, mais je ne suis pas optimiste. Il y a des personnages parmi les militaires soudanais qui avaient de vastes intérêts sous l'ancien régime, et qui n'ont rien à attendre d'une coopération avec le Sud. On peut compter sur eux pour encourager les rivalités dans la région, ce qui sera tâche facile, maintenant que Garang n'est plus là pour apaiser les querelles. Les anciens rebelles devront mettre du baume sur leurs propres scissions, et en même temps il leur faudra apprendre à gérer les services publics qui doivent être mis en place. L'ONU sera là pour les aider, ainsi que les Soudanais éduqués qui vont rentrer d'exil, mais les besoins du pays sont illimités. Les divisions religieuses resteront un obstacle à l'unité nationale tant que les activistes islamistes chercheront à étendre leur influence au milieu des chrétiens et des animistes qui s'y opposeront. Et le point le plus grave est que cet accord de paix ne couvre pas tout le Soudan, mais laisse pour compte la région du Darfour à l'Ouest, où des milices meurtrières, soutenues par le gouvernement, cherchent à exterminer les populations non-arabes au prix de centaines de milliers de vies. Le gouvernement continue aussi à donner refuge à l'abominable groupe armé de l'Ouganda, *The Lord's Resistance Army*. En dépit des efforts que Bachir a faits pour se réhabiliter aux yeux des leaders internationaux, il lui reste encore beaucoup à faire[1].

Selon les clauses de l'accord de paix, des élections nationales doivent avoir lieu en 2009. Deux ans plus tard, le Sud aura le droit d'organiser un référendum sur une sécession possible. Bien que Garang s'était engagé à conserver l'unité du pays, nombreux sont ceux parmi ses successeurs qui seront tentés par la sécession. Les États-Unis devraient faire tout ce qui est en leur pouvoir pour que cet accord de paix dure et pour qu'une solution diplomatique encore plus large soit adoptée afin de mettre un terme au génocide du Darfour et de faire cesser les combats absurdes au nord de l'Ouganda. Il ne faut jamais perdre de vue le rôle de la religion dans nos interventions. Il faut donc toujours nous assurer que notre politique est clairement perçue comme visant à aider tous les Soudanais. Nous devons tout faire pour empêcher les influences extérieures, qu'elles soient musulmanes ou chrétiennes, d'agir pour diviser la population et rendre la situation plus intenable qu'elle ne l'est. Au lieu de tout faire nous-mêmes, nous aurions intérêt à travailler avec d'autres pays et soutenir les efforts des groupes de médiation envoyés par les Églises, afin de construire un Soudan uni géographiquement, mais aussi un pays où les ethnies et les religions diverses puissent vivre ensemble.

---

1. Omar al Bachir, début août 2008, fait l'objet d'une demande d'inculpation, de la part du procureur de la Cour Pénale Internationale, pour génocide au Darfour. Cf. le quotidien *Le Monde* daté vendredi 8 aooût 2008, p. 6.

L'expérience nous dit qu'à peine la moitié des nations qui émergent d'une guerre civile réussissent à se stabiliser à long terme. L'autre moitié retombe dans la violence en moins de cinq ans. Il a fallu plus de vingt ans pour que le Nord et le Sud signent un accord de paix. Il faudra sans doute travailler autant d'années pour faire durer cette paix, et permettre d'éviter un autre cycle de souffrances.

La plus vieille ville d'Afrique de l'Ouest, Kano, au Nigéria, n'est pas souvent sur l'itinéraire des Secrétaires d'État. C'est une des raisons pour lesquelles j'ai voulu m'y aventurer. Depuis 1804, c'est le siège d'un califat qui s'y établit après une série de guerres de religion. Le treizième leader de ce califat, l'émir Ado Bayero, est là depuis 1963. En 1999, c'est lui qui m'a reçue.

Je l'ai rencontré dans son palais. Après les premières salutations d'usage, nous sommes passés dans un hall magnifiquement décoré. Il m'invita à m'asseoir à sa droite, en geste de respect, avant de s'asseoir lui-même sur un banc couvert de peau d'agneau. Sa tête était couverte d'un turban sophistiqué, aux couleurs de son village et de sa famille, qui descendait comme un large foulard autour de son cou et remontait pour finir par se nouer au sommet. Pour les journalistes de la région, l'émir parla dans la langue locale pour faire des remarques d'introduction. Puis je pris la parole, en anglais. Nous nous sommes avancés vers une cour intérieure, sous d'immenses parasols violets, nous frayant un chemin au milieu de la foule qui s'était assemblée et qui s'ouvrait devant nous comme une Mer Rouge humaine. Tout le monde scandait des chants, dont je ne comprenais pas les mots. Des hommes âgés brandissaient des fusils au-dessus de leurs têtes en forme de salutation, d'autres des lances, et moi je saluais de la main. L'émir levait son poing fermé, ce qui m'a-t-on dit est un signe de respect. Nous avons gravi les marches d'un podium d'où j'ai pu admirer le spectacle unique de la cérémonie appelée *durbar*. Il s'agit d'une célébration pour commémorer le djihad victorieux qui eut lieu il y a deux cents ans et qui met en scène toute la richesse culturelle africaine et musulmane de Kano.

Cette cérémonie commença par un hommage rendu à l'émir par les chefs locaux. Ils étaient accompagnés de chanteurs et de danseurs, de jongleurs et d'acrobates sur des échasses. Puis des cavaliers arrivèrent en groupe, offrirent leurs salutations et déployèrent des banderoles qui dévoilaient leurs villages d'origine. Des guerriers brandissant de vieilles armes tirèrent des coups de fusil en l'air. Des guérisseurs armés de sabres cinglaient leurs armes dans le vide, se touchaient les yeux, les lèvres et les oreilles dans un rite qui les protégeait symboliquement du mal. Fièrement, l'émir m'indiqua que plusieurs des cavaliers vêtus de costumes bariolés étaient certains de ses dix-sept fils. Le clou de la cérémonie fut la charge de ces cavaliers qui se ruèrent vers le podium. Heureusement on m'avait prévenue du déroulement de ce final, et on m'avait bien expliqué que la charge des cavaliers s'arrêterait net devant le podium. Effectivement ils s'arrêtèrent, mais tout juste. J'étais si impressionnée que je me suis levée d'un bond et j'ai commencé à applaudir avant de me souvenir qu'au contraire il fallait que je lève le poing.

Les festivités du durbar et les autres traditions associées au califat reflètent la fierté culturelle et religieuse de la communauté islamique. L'émir est à la fois l'incarnation de cette fierté et quelqu'un qui la transcende. Dans sa région et dans tout le Nigéria il est respecté par les musulmans et par les chrétiens. Il nous faut prendre grand soin de tels personnages car les 128 millions d'habitants du Nigéria sont divisés à part égale entre les deux religions. Comme au Soudan, les musulmans dominent au Nord, et les chrétiens au Sud. L'avenir de cette nation dépend, de façon cruciale, de la capacité de ces deux communautés à vivre en paix.

Malheureusement, des signes de mauvais augure apparurent peu de temps après ma visite. Les Nigérians venaient d'élire un nouveau président Olusegun Obasanjo, un politicien qui aux yeux des Nigérians du Nord avait trois gros défauts. D'abord il était originaire du Sud, ensuite il était chrétien, et enfin il avait promis au cours de sa campagne électorale de mettre fin à la corruption des militaires nigérians, dont la plupart des officiers étaient des musulmans du Nord.

Pour toutes ces raisons, l'élection d'Obasanjo suscita des craintes parmi les régions nigérianes du Nord et déclencha une réaction presqu'immédiate. Dans une de ces régions, un candidat au poste de gouverneur pensa qu'il serait opportun de promettre aux musulmans qu'il les protègerait en imposant la loi coranique par décret, s'il était élu. Sa tactique le fit élire et il s'empressa de tenir sa promesse. D'autres gouverneurs lui emboîtèrent le pas, et en quelques semaines la charia est entrée en vigueur dans une douzaine de régions du Nord, y compris à Kano.

Auparavant, les musulmans avaient le droit de résoudre des affaires personnelles telles que les divorces dans leurs propres tribunaux, tandis que les affaires criminelles étaient traitées par des autorités civiles. L'imposition générale de la charia signifiait que ses règles seraient appliquées de façon plus étendue. Les leaders musulmans justifièrent ces mesures en déclarant qu'elles étaient nécessaires pour combattre la corruption, réformer les conduites immorales, et contrôler la criminalité. Les chrétiens cependant se sont sentis menacés. Ils rejetèrent les obligations d'étudier le Coran et l'imposition de la langue arabe dans les écoles. Ils firent opposition aux punitions draconiennes prescrites par la charia et l'application des interdits concernant la danse et l'alcool. Ils firent remarquer en vain au gouvernement nigérian que la constitution nationale interdit aux gouvernements locaux d'adopter une religion officielle.

Depuis ces événements qui ont mis les sensibilités de chacun à vif, des foules musulmanes et chrétiennes se sont affrontées dans la violence. À Kano même, la maison d'un prédicateur chrétien qu'on avait accusé de convertir des musulmans, a été mise à feu, et sa famille a péri dans l'incendie. Des combats ont éclaté un peu partout en 2002, quand un journaliste local écrivit, dans un élan d'enthousiasme irréfléchi, qu'une des candidates d'un concours de beauté méritait de se marier au prophète Mohammed. Il y a eu des centaines de violentes manifestations. Des gens ont attaqué en masse des mosquées et des églises pour venger ce qu'ils dénonçaient comme des manques de respect mutuel. On estime que 10 000 personnes ont ainsi été tuées et qu'un millier de personnes ont été déplacées. Bien que le gouvernement fédéral décourage les provocations religieuses, il n'a ni les moyens, ni l'autorité morale de les faire cesser. Les leaders chrétiens continuent à accuser les musulmans de vouloir les expulser totalement des régions au nord du pays, et les musulmans continuent à trouver que les efforts de conversion conduits auprès des populations musulmanes sont intolérables.

Ces luttes religieuses au Nigeria ne sont pas uniquement enracinées dans la religion. Comme dans beaucoup de pays africains, comme au Soudan et aussi en Irak, hélas, les frontières du Nigéria ont été découpées sur une carte par les puissances coloniales, sans aucune considération pour les groupes ethniques variés qu'elles y faisaient entrer. Dès les premiers jours de l'indépendance, le gouvernement fédéral du Nigéria a eu de grandes difficultés à exercer un contrôle sur ses différentes régions. Pendant des décennies, des dictateurs avides et incompétents ont dirigé l'économie nigériane et ont pillé les revenus du pétrole, laissant la population dans une plus grande misère, ce qui a rendu les Nigérians plus cyniques. Là où il y a de larges populations sous-développées et au chômage, la moindre étincelle peut mettre le feu aux poudres. De plus, sur les hauts plateaux du centre du Nigéria, les bergers semi-nomades musulmans se sont battus contre les fermiers chrétiens sur les questions de droit aux pâturages et d'accès aux puits d'eau pour leurs troupeaux. (Ces mêmes problèmes causèrent aussi des affrontements sanglants au cours de la conquête de l'Ouest américain pendant une grande partie du XIXe siècle.) Au Nigéria, ces difficultés sont rendues encore plus dramatiques par la rareté des pluies et le taux élevé de la natalité, qui laisse une population croissante essayer de survivre sur des parcelles de terre plus petites. Certes, ces difficultés économiques sont sans doute les principales causes de la violence, mais les différences religieuses donnent bonne conscience aux meurtriers qui prétendent tuer au nom d'une cause noble, et non pour défendre leur droit de planter du maïs ou de faire paître leurs vaches.

Au Soudan, au Nigéria, et ailleurs en Afrique, un danger plus grave continuera de menacer le monde en général. Il s'agit du risque que ces populations musulmanes aliénées ne constituent une réserve de recrues particulièrement bien disposées envers des groupes tels que Al-Qaïda. Des gouvernements faibles, des frontières mal gardées et des conflits civils offrent des chances à des organisations qui vont y trouver leurs proies parmi les populations victimes de ces réalités. Traditionnellement, l'islam en Afrique a été une présence des plus modérées, mais des forces extrémistes sont venues de l'extérieur. Les éléments radicaux arrivent avec de l'argent pour financer les mosquées et leurs centres sociaux qui s'occupent des pauvres, certes, mais qui les endoctrinent aussi à servir leurs causes. Les leaders musulmans traditionnels n'ont pas les ressources pour faire le poids face à ces radicaux et de toute manière leur message est moins séduisant pour ceux qui sont en mal d'aventures. Déjà on a dénombré un grand nombre d'Africains parmi les rebelles antigouvernementaux en Irak. Les États-Unis ont répondu en déployant des troupes à Djibouti, dans le cadre de leur lutte antiterroriste. Il y a de bonnes raisons d'agir ainsi, mais on prend aussi de grands risques dans de telles interventions. Nous devons nous assurer que notre stratégie est à la fois sélective et relativement efficace dans son plus large contexte. Pendant la Guerre froide, nous avons parfois soutenu des gouvernements anticommunistes qui étaient, à part cela, des gouvernements qui opprimaient leurs peuples et avaient une réputation douteuse. Si nous apportons notre aide à des forces militaires qui coopèrent dans notre lutte contre Al-Qaïda, mais font par ailleurs l'objet d'une haine générale, nous allons renforcer l'attirance que certains ressentent pour Al-Qaïda.

Si nous voulons que les Africains nous aident à combattre le type de terrorisme qu'Al-Qaïda pratique, nous devons les aider à combattre les forces qui les terrorisent le plus, et cela inclut la maladie, le manque d'eau potable, le manque d'écoles adéquates, et la dévastation de l'environnement. Si nous nous impliquons dans un entraînement militaire, il faut que nous préparions les Africains à constituer des unités de sécurité civile pour agir en prévention des guerres civiles et des génocides et pour combattre le terrorisme. Il nous faut également aborder les questions religieuses avec plus de discernement. J'ai recommandé dans des pages précédentes que les diplomates américains acquièrent une connaissance des croyances et des pratiques religieuses des pays où ils sont envoyés en poste. Dans le passé, des officiers du corps diplomatique qui avaient reçu une formation en langue arabe et sur l'islam avaient demandé en priorité à être envoyés dans des capitales arabes plutôt que dans des capitales africaines. Il ne fait aucun doute que nous avons besoin d'envoyer des diplomates hautement qualifiés dans les pays africains autant que dans les pays arabes.

Le livre de l'écrivain nigérian Ben Okri *Songs of enchantment* s'ouvre sur les lignes suivantes : « Nous n'avons pas vu le chaos venir et quand ses vagues ont déferlé nous n'étions pas préparés à entendre ses déclarations passionnées et ses manifestations sauvages. » Aujourd'hui nous n'avons plus d'excuses semblables. Nous sommes en mesure de voir le chaos qui se profile à l'horizon. Que Dieu nous aide si nous ne sommes pas préparés.

TROISIÈME PARTIE

RÉFLEXIONS FINALES

Chapitre 18

Nul ne détient toute la vérité

Mahatma Gandhi a affirmé : « Si l'on appliquait la loi du talion et arrachait un œil pour un œil, le monde entier serait aveugle. » Dans des chapitres précédents, nous avons analysé le mal qui résulte d'une ignorance de la religion au Moyen-Orient, en Iran, en Irak, en Afghanistan, en Europe et dans certaines parties de l'Afrique. Nous pourrions, au risque de trop insister, analyser des problèmes similaires dans des pays comme l'Indonésie, la Thaïlande et les Philippines en Asie du Sud-Est, le Caucase et la Tchétchénie en Asie Centrale. Nous pourrions examiner les prouesses que les États-Unis doivent accomplir dans la politique qu'ils essaient de mener au Pakistan, ou la position qu'ils cherchent à prendre face aux événements du Liban. Dans ce pays, les musulmans chiites et les musulmans sunnites autant que les chrétiens s'efforcent de promouvoir le calme dans un chaudron infernal où des problèmes politiques doctrinaires et des rivalités de clans divisent la société depuis longtemps. Même en Amérique du Nord où l'islam est la religion qui fait le plus de convertis, il y a des questions préoccupantes de tolérance culturelle et de discrimination renforcées par des craintes de violence extrémiste. Les terroristes du 11 septembre étaient sans doute nés ailleurs qu'aux États-Unis mais ils avaient vécu et reçu leur entraînement aux États-Unis dans les mois qui avaient précédé les attaques.

Certains concluront qu'à cause de l'intensité de ces conflits et de leur omniprésence, le défi essentiel dans le monde d'aujourd'hui n'est pas de savoir comment éviter le choc des civilisations mais plutôt comment gérer une lutte à mort qui se poursuit sous nos yeux. Cette vision est trop pessimiste. Al-Qaïda et ses imitateurs cherchent peut-être à engendrer une révolution islamique mondiale, mais cela ne veut pas dire qu'ils vont y parvenir.

La peur engendre le terrorisme. Si on laisse la peur se répandre, Al-Qaïda peut espérer gagner un soutien à long terme. Des études sur ce sujet ont conclu que les Arabes considèrent le fanatisme religieux comme un problème grave au sein de leurs propres sociétés comme en Occident. Les musulmans n'ont pas dans leur majorité le désir particulier de s'impliquer dans la violence. S'il y a une chose qui les mette d'accord c'est bien que leur foi est de nature pacifique. Même lorsque les Talibans exerçaient le pouvoir sur tout l'Afghanistan, ce mouvement n'était reconnu diplomatiquement que par trois des cinquante-trois pays à majorité musulmane. Les attaques terroristes qui ont tué des musulmans en Arabie Saoudite, en Jordanie, en Égypte, en Turquie, en Indonésie et au Bengladesh ont fait renoncer certains musulmans à leur soutien envers Al-Qaïda.

Pour sa part, l'Administration Bush, en dépit de graves erreurs de jugement, n'est pas engagée dans une croisade religieuse. Le président comprend que la meilleure façon de vaincre Al-Qaïda est de priver cette organisation de la sympathie et du soutien qu'elle réussit à rassembler parmi les musulmans. La plupart des Américains le comprennent également. Peu, même parmi les chrétiens évangéliques seraient d'accord avec Pat Robertson[1] qui pense que la lutte contre Al-Qaïda est au fond « une lutte religieuse ». Une

---

1.Robertson a déclaré à un auditoire à Jérusalem en 2004 : « Mesdames et Messieurs, ne vous trompez pas, le monde entier est dans les affres d'une lutte religieuse. L'enjeu du combat n'est ni l'argent, ni des territoires. Ce n'est pas un combat qui oppose les pauvres et les riches. Ce n'est pas non plus un combat entre les anciennes traditions et la modernité. Non, il s'agit d'une lutte pour savoir si Hubal, le Dieu lunaire de La Mecque, connu sous le nom de Allah, est le Dieu suprême, ou si le Dieu judéo-chrétien de la Bible, Jéhovah, est le Dieu suprême. »

pluralité d'opinions s'accorde sur le fait que l'islam n'est pas plus enclin à la violence que d'autres religions.

Il est bon de constater que des attitudes rationnelles ont survécu à une succession d'événements qui ont tout fait pour empoisonner les esprits. La vérité est que la plupart des musulmans ont des intérêts compatibles avec ceux de l'Occident et que les Arabes et les Américains ont tout à gagner à améliorer leurs relations. Effectivement, les États-Unis ne peuvent venir à bout du terrorisme sans l'aide des Arabes et les Arabes ne peuvent pas maintenir leur bien-être économique sans les investissements de l'Occident. La Guerre sainte n'a rien d'inévitable.

Cependant, il reste qu'il existe des différences d'opinion sur des questions sensibles : la première concerne une solution équitable à la question du Moyen-Orient. La seconde est la légitimité de la présence militaire américaine en Irak. Et la troisième requiert que les États-Unis définissent clairement leurs intentions stratégiques. Quand ces questions seront clarifiées, on pourra progresser sur tous les fronts.

Après des années de violence, les Palestiniens et les Israéliens se sont dotés de nouveaux leaders. Le changement apporte des turbulences mais offre aussi des chances. Les Israéliens sous Sharon, ont fini par accepter ce qui à une époque n'aurait jamais pu l'être, à savoir qu'un compromis sur les territoires est essentiel pour préserver la démocratie et l'existence d'un État à prédominance juive. Les Palestiniens ont choisi un président, Mahmoud Abbas, qui croit sincèrement que c'est par la négociation et non par l'intimidation que l'on satisfera les aspirations et les besoins les plus élémentaires de son peuple. Bien que le Hamas soit maintenant bien placé pour bloquer le processus de paix, il reste un désir profond, des deux côtés, de trouver une solution permanente. Rien ne pourrait être plus important qu'un accord de paix israélo-palestinien pour arrimer les relations entre les Arabes et l'Occident sur des bases solides.

Quant à l'Irak, les attentes des Arabes sont si modestes que tout semblant de progrès aura un impact majeur. Si les Arabes sunnites en Irak acceptent le concept de la démocratie, il sera difficile pour les Arabes ailleurs de continuer à se plaindre de la politique des Américains. Si la rébellion perd de sa force, il sera plus facile et moins dangereux de retirer nos troupes. Si on peut réussir à se sortir de ce guêpier de notre propre chef et dans un temps raisonnable, et si le gouvernement que nous laisserons en place est légitime et le pays unifié, la colère devrait se dissiper et les doutes sur nos intentions devraient aussi s'estomper.

Cette collection de « si » montre tout ce qu'il faudra réussir à accomplir pour changer les perceptions des Arabes. Selon une étude qui a été conduite conjointement par des groupes américains et égyptiens, les États-Unis sont perçus dans la région comme étant « arrogants, paternalistes, décadents, injustes, cruels, indifférents et motivés par l'appât du gain et la soif du pouvoir ». Une seconde étude conclut que la majorité des musulmans voient l'Amérique comme avide, immorale, et violente. Ces stéréotypes ne peuvent pas être attribués seulement aux actions de Bush, mais c'est un fait que ces perceptions se sont renforcées de façon significative sous son Administration et ce n'est pas une coïncidence. En Irak particulièrement, le président a sciemment sacrifié le soutien international pour poursuivre un but qu'il croyait juste, tout en dédaignant consciemment les vues de beaucoup d'Arabes et de musulmans. Sous Colin Powell, de multiples tentatives pour trouver des solutions diplomatiques, émanant du Département d'État ont été rejetées comme futiles, ce qui créa une atmosphère de frustration parmi les diplomates. Le président avait le pouvoir et la volonté de faire avancer sa vision des choses, pour le meilleur ou pour le pire. Le pire, en partie, a été de se mettre à dos l'opinion mondiale.

A sa prise de fonction au début de 2005, Condoleeza Rice a déclaré : « Le temps de la diplomatie est venu. » C'est un fait que sous sa direction le Département d'État a joué un rôle plus visible dans les décisions de politique étrangère que sous le premier mandat de Bush, et l'Administration a semblé plus disposée à travailler en coopération avec ses alliés et d'autres pays. Le président lui-même a paru vouloir panser les plaies restées ouvertes. Il envoya une de ses fidèles collaboratrices en qui il a toute confiance, Karen Hughes, en mission pour essayer de renouer des liens avec le monde musulman.

À la cérémonie de prestation de serment de Karen Hughes, le président a dit qu'il s'attendait à ce qu'elle s'assure que « toutes les agences gouvernementales et tous les ministères accordent à la diplomatie publique la même priorité que je lui accorde ». Il énonça ensuite un plan en trois points qui définissait une stratégie minimaliste visant à engager l'aide du secteur privé, à répondre plus promptement à la propagande des terroristes et à encourager les Américains à « étudier la grande histoire et les traditions » du Moyen-Orient. Il ajouta que tout citoyen qui « accueille un étudiant étranger dans sa famille est un ambassadeur de l'Amérique ». Le problème avec cette image douce-heureuse c'est que les étudiants musulmans qui, à une époque, faisaient la queue pour entrer dans nos universités se dirigent désormais vers d'autres pays. Des deux côtés on a laissé passer une chance. Nous ne nous en remettrons pas avant des générations. Nous ferions un pas de géant diplomatique si nous réussissions à trouver un meilleur équilibre entre les mesures de sécurité nécessaires et légitimes d'une part et les mesures politiques qui renforcent les malentendus d'autre part. Aujourd'hui les Arabes ont l'impression que les États-Unis les regardent tous comme des terroristes, vrais ou potentiels. Certains sont même convaincus que pour obtenir un visa de tourisme pour les États-Unis, les Arabes doivent accepter de se faire photographier nus, afin de prouver qu'ils ne cachent pas de bombe.

Une telle version des peurs exagérées des Arabes pourrait me faire pouffer de rire, si je ne savais pas ce qui est arrivé à un ami que j'appellerai Ahmed.

Ahmed s'est toujours senti chez lui aux États-Unis. Il a obtenu un diplôme d'une université américaine, il a servi à un haut poste à la Chambre de commerce américaine dans son pays et il a voyagé aux États-Unis de nombreuses fois. C'est quelqu'un qui connaît et aime l'Amérique, et donc c'est un allié qui s'oppose à tout extrémisme.

En août 2005, arrivant d'un pays étranger pour se rendre à une conférence à laquelle je participais, Ahmed a été arrêté dans un aéroport au nord-est des États-Unis. Sans qu'il ait manifesté aucune provocation, on lui a demandé comment allait son « ami » Oussama Ben Laden. On le garda ensuite pendant des heures pour l'interroger selon un scénario policier classique, et on fouilla ses bagages et son ordinateur portable. Au cours de cet épisode dantesque, on l'accusa de pédophilie à cause de la photo de son fils de six ans que la police trouva dans ses affaires. La présence dans ses bagages du livre de Robert Kessler, le best-seller *La guerre de la CIA contre la terreur,* provoqua une série de questions sarcastiques sur « l'intérêt [qu'il portait] à la terreur ». Le programme de la conférence à laquelle il devait assister provoqua un interrogatoire sur ses relations avec d'autres Arabes. Finalement quand la police a trouvé dans ses papiers une copie d'une émission d'Al-Qaïda, de longue date, que CNN avait retransmise, son visa d'entrée fut annulé, ne lui laissant pas d'autre choix que de prendre un vol pour repartir chez lui. Ces agents pensaient peut-être garantir une plus grande sécurité à l'Amérique, mais le résultat de telles procédures, hélas courantes, c'est que la tâche de Karen Hughes est rendue d'autant plus ardue.

La diplomatie officielle ne peut pas accomplir grand-chose si la politique qu'elle est supposée défendre n'est pas viable, et si l'auditoire qu'elle veut atteindre n'écoute pas[1].

Sur les deux fronts, les choses s'amélioreront si tout se passe au mieux selon des scénarios favorables évoqués précédemment dans ce chapitre. Faute de voir ces scénarios se concrétiser, la situation ne peut qu'empirer. Des échecs sur le plan politique et sur le plan de la sécurité, par exemple, pourraient aisément entraîner de nouveaux

1. Un exemple pertinent du lien entre la politique et la popularité a été la décision prise par le président Bush d'envoyer des militaires et des civils pour apporter des secours aux victimes du tsunami en Asie du Sud-Est en décembre 2004. Le taux d'opinions favorables envers les États-Unis en Indonésie et en Inde en a été amélioré considérablement et reste toujours à un niveau relativement élevé.

cycles de violence. L'Irak pourrait s'effondrer et ne jamais se stabiliser, ce qui galvaniserait l'audace des terroristes et pourrait forcer les troupes américaines soit à évacuer dans la déroute, soit à rester indéfiniment sans aucune assurance de victoire. La rivalité entre les sunnites et les chiites pourrait dégénérer et représenter une menace sérieuse dans toute la région. À une plus grande échelle, les tensions au sein même de l'islam et parmi les musulmans, les chrétiens et les juifs pourraient encore connaître une escalade, conduisant les adeptes de ces trois religions à perdre de vue les valeurs qu'ils ont en commun.

L'ancien chancelier allemand Konrad Adenauer avait dit un jour dans une boutade : « L'histoire est la somme des événements qui auraient pu être évités. » Une confrontation généralisée entre l'islam et l'Occident peut et doit être évitée et elle le sera si ceux qui sont au pouvoir et susceptibles de changer les événements et les attitudes, gardent la tête sur leurs épaules. J'offre sept idées qui, sans prétendre être les sept piliers de la sagesse, sont du moins des conseils de prudence contre de redoutables erreurs.

I – Premièrement, **pensons les problèmes localement** et non globalement. Al-Qaïda ne rêve que d'une scène mondiale pour théâtre de ses actions. Ne leur offrons pas cette scène. Les problèmes spécifiques qui font monter la tension en Tchétchénie, au Nigéria, au Moyen-Orient, en Irak et dans d'autres régions fragiles, présentent des différences considérables et méritent d'être abordés séparément. Cette approche permettra de les résoudre plus facilement. Les terroristes ne pourront pas faire l'amalgame entre tous ces problèmes et revendiquer une seule et même lutte religieuse.

II – Deuxièmement, **ne perdons pas notre ennemi de vue**. Certains commentateurs occidentaux s'attirent un public en identifiant « l'islam radical » comme le nouveau communisme. Et le revers de cette médaille c'est la propagande des leaders arabes qui exploitent la peur de leurs concitoyens en affirmant que l'islam est la cible de l'Occident. Autant de non-sens. Ni l'Occident, ni l'islam ne se prennent pour cible réciproquement. Mais l'Occident et l'islam sont tous deux menacés par Al-Qaïda et les groupes qui en dérivent.

Il est important de bien cadrer les enjeux exacts du conflit aussi finement que possible.

III – Troisièmement, **ne jouons pas avec le feu**. Le climat politique est déjà surchauffé. Tout mot mal pesé et toute action mal calculée fait monter la tension. Théoriquement, les moyens de communication modernes devraient aider à calmer les esprits en proposant une base de faits reconnus par tous. Mais en réalité, les médias amplifient les passions en faisant circuler des rumeurs et des images choquantes, ou des caricatures offensantes, pour le plaisir d'un public qui ne cherche qu'à satisfaire une curiosité malsaine. Au printemps 2005, des émeutes ont éclaté, faisant plusieurs morts, en réponse à une rumeur non confirmée que des soldats américains avaient désacralisé le Coran. Pour éviter de tels drames, nos leaders doivent se soumettre à une discipline très rigoureuse avant de parler ou d'agir et exiger la même discipline de ceux qui travaillent sous leurs ordres. Mais cette discipline ne doit pas fonctionner à sens unique. Une déclaration malheureuse ou le traitement irrespectueux d'un livre saint doivent certainement faire l'objet d'une condamnation publique, mais ils ne fournissent, en aucun cas, une excuse à la violence et il est important de le faire comprendre aux leaders de l'islam.

En toute circonstance nous ne devons pas ménager nos efforts pour améliorer la communication. C'est ainsi par exemple que l'hostilité de l'Administration Bush à l'égard de la chaîne de télévision arabe Al Jazira s'avère déplacée. Les téléspectateurs d'Al Jazira sont justement la cible que les responsables politiques américains ont le plus besoin d'atteindre. Au lieu de s'en prendre à Al Jazira, le gouvernement des États-Unis devrait s'arranger pour que ses meilleurs orateurs passent régulièrement dans les émissions de la chaîne.

IV – Quatrièmement, il nous faut **arriver à une définition commune du terrorisme**. En politique, contrôler le sens reconnu des mots peut être aussi crucial que de contrôler le terrain dans une bataille. Et rien n'illustre mieux ce point de vue que l'image que tient à se donner Al-Qaïda en appelant les terroristes à sa solde « les défenseurs de la liberté ». Il ne faut surtout pas que cette image réussisse à s'imposer. Ceux qui emploient la terreur pour obtenir une indépendance nationale ou résister à une occupation peuvent se prendre pour des défenseurs de la liberté, mais leurs motivations n'excusent en rien leurs actions. Ce sont des terroristes et ils doivent être traités comme tels. J'ai souvent eu des discussions avec des leaders arabes sur ce sujet. Aucun d'entre eux ne justifiait la violence envers les civils, mais beaucoup d'entre eux considéraient que les attaques terroristes par les Palestiniens contre les Israéliens étaient des éléments légitimes de leur lutte pour recouvrer leurs territoires. Les Saoudiens par exemple, ont envoyé des sommes d'argent aux familles des Palestiniens morts dans des attentats-suicides, allant même jusqu'à faire passer des communiqués dans la presse louant leurs actions[1].

En réponse à mes objections, ils affirmèrent que ces fonds étaient fournis à titre « d'aide humanitaire ».

Récemment, Sayed Mohammed Al-Moussaoui, qui est à la tête de la Ligue Internationale Chiite à Londres, s'est fait l'écho de cette position, en déclarant : « Il devrait y avoir une distinction claire entre les attentats-suicides commis par ceux qui essaient de se défendre contre des occupants et les crimes véritables commis par ceux qui tuent des civils. » Quelle que soit la distinction que cette déclaration cherche à faire, elle perd son sens devant les statistiques officielles des attentats-suicides commis par les Palestiniens. Comment peut-on invoquer un argument d'auto-défense en faisant exploser un car scolaire, une pizzeria ou un marché aux légumes ?

La violence qui est intentionnellement dirigée contre des non-combattants est moralement et légalement condamnable. Le principe s'applique à ceux qui placent des bombes dans des lieux publics, à

1. L'ambassade d'Arabie Saoudite à Washington publia un communiqué de presse en janvier 2001 annonçant : « Le comité saoudien de soutien à l'Intifada de Jérusalem, la Sainte, présidé par le ministre de l'Intérieur, le prince Nayef, a distribué trente-trois millions de dollars de compensation aux blessés et aux handicapés palestiniens ainsi qu'aux familles des 2281 prisonniers et des 358 martyrs. » Le communiqué précisait d'autre part que le comité « s'engageait à remettre la somme de 20000 riyals saoudiens, soit 5333 dollars en liquide, à chaque famille qui avait souffert le martyre. »

toutes les factions en Irak et au Moyen-Orient, et aux individus, aux milices et aux forces armées régulières, qu'elles servent sous des dictatures ou sous des démocraties. Le principe s'applique encore à ceux qui croient avoir la permission de Dieu de faire une exception. Ce principe est universel.

Ceci ne veut pas dire que la ligne qui sépare l'utilisation légitime de la force et une utilisation illégitime des armes sera toujours facile à définir. Il y aura sans doute des situations difficiles, même dans le cas de causes justes, où il faudra peser les gains militaires prévisibles contre les risques possibles de pertes civiles. Des gens raisonnables pourront très bien être en désaccord dans certains cas pour savoir qui est un combattant légitime et qui ne l'est pas. Et la ligne entre l'autodéfense et l'agression peut aussi devenir floue quand chacun craint une attaque de l'autre camp. De faux renseignements peuvent aussi occasionner des erreurs tragiques et des accidents. Clausewitz avait raison quand il écrivait qu'en guerre des événements peuvent prendre « des dimensions exagérées et des apparences irréelles », comme dans « le brouillard ou sous un clair de lune ».

Nous pouvons cependant, au moins être clairs sur ce qui est clair. Il n'y a pas d'excuse pour cibler intentionnellement des non-combattants ou pour ne pas prendre en considération le danger que courent les non-combattants quand les militaires lancent des attaques. Les pays et les causes qui ne disposent pas de forces militaires n'ont aucun droit de compenser ce fait en utilisant des moyens non conventionnels pour semer la terreur parmi les civils. Les pays qui possèdent une force militaire supérieure n'ont aucun droit d'agir avec impunité, pensant qu'ils ne devront pas rendre compte de leurs actions. Les mêmes règles s'appliquent à tous. Si les chrétiens, les juifs et les musulmans peuvent se mettre d'accord sur ce principe, ils verront qu'il leur sera plus facile de se mettre d'accord sur d'autres sujets.[1]

---

1. En septembre 2005, les leaders internationaux ont discuté d'une définition du terrorisme que Kofi Annan leur avait soumise. Hélas ils n'ont pas réussi à trouver d'accord. La question épineuse concernait les actions menées pour résister à une occupation : devaient-elles rentrer dans la catégorie du terrorisme s'il en résultait la mort ou des blessures de non combattants.

V – Cinquièmement, nous devrions parler du traitement des femmes d'une manière qui conduise à de réels progrès. **Je me pose en défenseur des droits de la femme** parce que chaque individu est inclus dans la Déclaration des droits de l'homme mais aussi parce que l'égalité et le pouvoir des femmes sont des éléments essentiels dans le contexte d'un développement économique et social. Les critiques contre l'islam qui divulguent des informations fausses ou des commentaires simplistes sur cette culture n'aident en rien la cause des femmes. Historiquement peu de sociétés tirent fierté de leurs femmes. Encore de nos jours, certains musulmans me demandent si je préfère voir une adolescente voilée ou dans un bordel. L'islam ne dicte nulle part que la femme doit être marginalisée mais les distinctions coraniques, qui elles existent bien, ne peuvent être ignorées des musulmans, hommes et femmes, car pour eux le Coran contient la parole de Dieu. Les non-musulmans n'ont aucun droit d'imposer leurs propres systèmes de valeurs et ce n'est d'ailleurs pas nécessaire. Dans de nombreuses sociétés musulmanes, les femmes peuvent vivre une vie épanouie, bien que d'autres luttent pour se libérer du joug du chauvinisme et de la brutalité des hommes que l'on retrouve en fait dans toutes les cultures. C'est une erreur de mépriser l'islam ou de penser que les femmes n'ont aucune chance sous la loi coranique. Au contraire, il faut se battre pour défendre les droits que les femmes peuvent revendiquer dans le contexte de cette loi et garder comme objectif les droits des femmes partout, afin de définir leurs propres rôles.

VI – Sixièmement, **les chrétiens, les musulmans et les juifs devraient prendre conscience de tout ce qu'ils ont en commun**. L'Occident, autant que les sociétés musulmanes conservatrices, éprouve les mêmes craintes devant les changements amenés par la mondialisation. L'Américain religieux du Kansas, l'homme pieux de Karachi, le juif pratiquant dans son kibboutz ou l'Arabe musulman qui vit à Riyad, tous ressentent la même angoisse devant le risque de voir disparaître le rôle que Dieu joue dans leurs vies et dans les lois de leurs sociétés. Rick Warren, chrétien évangélique, prédicateur populaire et auteur du livre « *The Purpose-Driven life* », est persuadé que la transition pacifique de l'islam vers la modernité doit être un objectif prioritaire international pour les vingt années à venir. Je suis d'accord avec lui, mais quand je vois un retour aux croyances anti-évolutionnistes sur la création du monde dans de nombreuses communautés américaines, je ne suis pas sûre de savoir qui devrait donner des leçons à qui sur le besoin de faire le saut dans le monde moderne. Les musulmans conservateurs perçoivent que l'islam est pris d'assaut. Les chrétiens conservateurs se considèrent assiégés de leur côté. Les familles religieuses de la péninsule arabique ou de l'Asie du Sud ne veulent pas que Washington leur dicte ce qu'ils doivent enseigner à leurs enfants, mais ceci est vrai aussi des familles de Floride et d'Alaska et de tous les coins de l'Amérique entre ces deux États. Ceux qui, dans beaucoup de sociétés, sont enclins à avoir un point de vue laïque, ou qui pratiquent une religion minoritaire, craignent que les vues morales de la majorité religieuse ne leur soient imposées. Aux États-Unis, certains craignent que la séparation constitutionnelle entre l'Église et l'État ne soit en train de s'éroder sous leurs yeux. Ce qui me frappe le plus quand je regarde les rapports entre l'islam et l'Occident, ce n'est pas ce qui nous sépare mais plutôt ce que nous avons en commun. Nous devrions être capables de mieux nous comprendre.

Au cours d'un entretien par téléphone, j'ai demandé à Bill Clinton ce qu'il pensait de tout cela. Il m'a répondu que la question était de savoir si nous étions disposés à admettre que nous ne sommes pas en possession de toute la vérité. Le problème, m'expliqua-t-il, c'est « tout le bruit que font les inconditionnels, les fondamentalistes, les fanatiques et les cohortes d'intolérants ».

Il poursuivit : « On peut très bien affirmer que sa religion est vraie, on peut même revendiquer que sa religion est plus vraie que d'autres, mais on n'a pas le droit de déclarer que l'on détient, sur cette terre, cent pour cent de toute la vérité. » Il cita l'apôtre Paul qui parle des différences entre la vie sur terre et au ciel : « Pour le temps présent, je vois au travers d'un verre sombre. Mais dans un autre temps, je verrai face à face. À présent j'ai une connaissance partielle, mais alors, j'aurai toute la connaissance, même celle que je suis connu de Dieu. »

Au cours d'une discussion dans sa résidence à Chappaqua, dans l'État de New York, Clinton m'a confié : « Si l'on accepte que l'on ne connaît pas tout, il est plus difficile d'éprouver du plaisir à faire du mal aux autres. Je vous garantis que ceux qui s'écrasent en avion contre des gratte-ciel ne croient pas qu'ils voient au travers d'un verre sombre. Ceux qui brûlent des mosquées ou détruisent des lieux sacrés ne croient avoir une connaissance partielle. Le type qui a assassiné Yitzhak Rabin parce qu'il était un « mauvais juif » était absolument convaincu qu'il détenait toute la vérité. Si vous avez la foi, quelle qu'elle soit, vous ne pouvez pas prétendre qu'elle n'affecte pas votre politique. Mais si vous êtes absolument sûr de tout savoir, vous allez penser que les autres sont moins religieux que vous, qu'ils ne valent pas autant que vous et qu'ils méritent moins de respect. Ce n'est pas que la vérité en soi n'existe pas. Mais nous ne la détenons pas dans sa totalité. La plupart des religions enseignent la même chose en grande partie, une sorte d'intégrité spirituelle qui sert le bien commun dans n'importe quelle société. Pour un dialogue vraiment honnête sur nos différences, il faudrait que chacun admette comme point de départ que personne ne détient la vérité absolue. »

On trouve dans le Coran des passages qui contiennent le même message que celui de Paul cité par Clinton : « Rivalisez de bonnes œuvres entre vous. Vous vous retrouverez tous ensemble avec Dieu qui vous dira alors la vérité à propos de laquelle vous vous êtes querellés. » En faisant référence à David qui tua Goliath, le Coran dit : « Si Allah ne se servait pas d'un peuple pour contrôler un autre peuple, la terre serait couverte de malversations. Mais Allah est rempli de bonté envers le monde entier. »

On ne soulignera jamais assez l'importance de reconnaître que, si l'avenir doit nous réserver « une abondance de biens », les personnes de cultures et de religions différentes ont tout intérêt à s'entendre. Dans ce but, l'éducation jouera un rôle primordial. Nous devons explorer tous les moyens à notre disposition pour développer une intelligence mieux partagée de l'histoire du Moyen-Orient, des relations entre l'islam et l'Occident et des croyances des trois religions issues d'Abraham, ainsi que de la manière de dissocier la vérité de la propagande et des mythes. Il y a des questions épineuses sur un très grand nombre de problèmes qui demandent que l'on s'informe consciencieusement à partir de sources variées, et surtout qu'on ne s'en tienne pas à une seule vérité. Afin de parvenir à un consensus profond, il faudrait accepter de se libérer de tant de croyances ancrées en nous, qu'on a peine à formuler l'espoir de voir le jour où cela sera possible. Cependant, même des discussions orageuses qui ne mènent pas à des prises de décision nous aideront à bâtir ensemble sur des terrains d'entente, car les participants à ces discussions laisseront tomber leurs arguments de moindre valeur pour pouvoir développer leurs idées essentielles. Le dialogue seul n'est pas une garantie de paix, mais il est préférable au statu quo, car ce dernier ne peut que nous offrir le spectacle des différents camps insistant pour préserver des dogmes vieux comme le monde et condamnant ceux qui auraient l'audace de suggérer qu'on les remette en question.

Il serait naïf d'accorder trop de confiance à des groupes qui se rallient à une philosophie hélas trop simpliste en déclarant : « Pourquoi ne peut-on pas tous s'entendre ? » En général ces groupes parlent aux convertis, parce que les incrédules, ceux qui ont besoin de se réformer, restent chez eux. Le résultat peut ressembler à de la barbe-à-papa : acidulé et joli à voir, mais sans aucune valeur nutritionnelle. Ce qu'il faut faire impérativement, c'est se mettre sérieusement au travail sur ces questions, particulièrement ces temps-ci. On ne pourra pas convertir tous les extrémistes, mais nous pouvons parvenir à rendre les modérés plus actifs, plus unis et plus confiants.

Je suis encouragée par le fait que des efforts interculturels et œcuméniques font de plus en plus l'objet d'études dans les universités et dans les centres de recherche. Pratiquement partout, des chrétiens, des musulmans et des juifs, et souvent des personnes d'autres confessions, se rassemblent pour mettre sur pied des stratégies de rassemblement et signer des déclarations communes. Parmi les leaders de ces actions, il n'est pas surprenant de citer Bill Clinton qui a lancé le groupe de recherche « Global Initiative » qui travaille à obtenir des promesses de réformes dans quatre domaines, dont celui de la religion. Du côté de l'ONU, le Groupe au sommet de l'Alliance des Civilisations, sous la houlette de la Turquie et de l'Espagne, s'attache à promouvoir la tolérance, en impliquant les cerveaux les plus brillants dans leurs recherches. Une organisation appelée *Meaden*, dont le nom vient de l'arabe et signifie forum, maintient un site internet de conversations sur ces sujets en posant des questions telles que : « Qu'aimeriez-vous demander à un étudiant au Pakistan ou à un commerçant sunnite en Irak ou à un professeur en Iran ? Et que voudriez-vous qu'ils sachent sur nous ? »

D'autres comptent davantage sur le pouvoir de la foi. *Cordoba Initiative,* qui est basé à New York et dirigé par Feisal Abdul Rauf, auteur prolifique et imam d'une des mosquées de la ville, est un projet international et œcuménique qui cherche à restaurer les relations entre les musulmans et les États-Unis. Ce projet tire son nom de la ville espagnole où au Moyen Âge, musulmans, juifs et chrétiens vivaient ensemble dans la prospérité. L'université de Yale, en lien avec l'Association Nationale des Chrétiens Évangéliques et le gouvernement du Maroc, a lancé un dialogue chrétien-musulman. *Interfaith Youth Core,* un groupe œcuménique de jeunes, basé à Chicago, fut créé par le Docteur Eboo Patel pour rassembler des jeunes de croyances et de nationalités différentes et travailler à promouvoir la justice sociale. L'organisation *Graines de Paix* continue à offrir à de jeunes Arabes et Israéliens une opportunité de se découvrir et d'apprendre à se connaître dans un environnement libre des tensions de leurs patries respectives.

L'espoir sous-jacent dans chacun de ces centres de recherche me rappelle une pièce de théâtre du XVIIIe siècle, de Lessing, intitulée *Nathan le Sage.* Dans cette histoire il est question d'une bague spéciale qui accorde à celui qui la porte le respect de ses pairs et la faveur de Dieu. La bague avait été passée de génération en génération, allant toujours au fils le plus vertueux, (datant du XVIIIe siècle, rien d'étonnant à ce que cette pièce ne parle pas des filles dans cette famille). Cette tradition était bien suivie, jusqu'à ce qu'une génération produise trois fils égaux en vertu. Le père résolut le problème en allant trouver un joaillier à qui il demanda de fabriquer deux copies de cette bague, si semblables à l'originale qu'on ne saurait les différencier. Comme sa vie touchait à sa fin, le père remit une bague à chacun de ses fils et les mit en garde de se conduire chacun comme si la bague originale lui avait été remise. Les fils eurent vite fait de se quereller pour savoir quelle bague était l'originale et ils s'en remirent à un juge. Avec les conseils du juge, ils se mirent d'accord ; chacun crut en sa propre bague et jura d'en rester digne en se conduisant moralement, tout en admettant qu'il existait d'autres possibilités.

VII – Dans cet esprit, j'en arrive à ma septième et dernière suggestion. **Les leaders d'Al-Qaïda** ne se fondent pas sur des faits concrets quand ils parlent, mais ils ne parlent pas non plus de manière insignifiante. Ils **se préoccupent de questions d'histoire, de questions d'identité et de questions de foi. Afin de nous faire entendre, il nous faut aussi parler de ces questions avec autant de sérieux qu'eux.** Les trois religions monothéistes fournissent une tradition riche de principes, de croyances et de références morales qui se recoupent. Chacune de ces religions accorde une importance primordiale à la justice et à la compassion. Chacune nous montre le chemin vers des lieux de rencontre et nous offre l'occasion de nous repentir, chacune se définit par la paix. Les leaders ne devraient pas hésiter à s'inspirer de ces valeurs pour définir ce que l'on pourrait nommer une tradition judéo-chrétienne-musulmane et travailler à atteindre des objectifs communs. Parmi ces objectifs pourrait figurer une offensive contre la pauvreté mondiale, selon la vision de l'organisation de l'ONU *Millenium Development Goals* ou celle d'Yitzhak Rabin qui désirait tant 'la paix pour les hommes de bonne volonté au Moyen-Orient ou encore selon le désir du roi

Abdallah de Jordanie qui souhaitait voir le milliard et quelque de musulmans du monde devenir « partenaires à part entière dans le développement de la civilisation humaine et dans les progrès de l'humanité à notre époque ».

Dans une fable d'Ésope, un lion se met en chasse et poursuit un troupeau de taureaux. Mais le lion reste bredouille parce qu'il les trouve toujours rassemblés en un cercle et de quelque façon que le lion s'en approche, il fait face à des cornes. Un jour, les taureaux se querellent et de colère, se séparent et vont dans des pâturages séparés. Pris seul, chacun est dévoré par le lion. Nous devrions prendre conscience que, quelle que soit notre foi, il ne manque pas dans le monde d'aujourd'hui de lions à la recherche d'une proie.

Chapitre 19

Invoquons les anges

J'ai toujours eu un œil sourcilleux sur ceux qui proclament détenir la vérité sur les questions les plus graves. La certitude en soi n'est pas un atout, car tout dépend si ce dont ces personnes sont si sûres, est réellement vrai. La religion, tout particulièrement, défie les recherches de preuve. Il est intéressant par exemple que certains groupes chrétiens aient essayé d'utiliser la méthode scientifique pour démontrer que la prière est efficace. Ils démontrent leur thèse en divisant une liste de malades en deux, priant pour une moitié mais pas pour l'autre. Jusqu'à présent, les résultats d'expériences de ce type restent non concluants. Est-ce parce que Dieu n'écoute pas ces prières ou est-ce parce que les meilleurs chrétiens parmi eux prient secrètement pour les malades sur les deux listes ? Comme l'observait C.S. Lewis, l'auteur des *Chroniques de Narnia*, « les chrétiens et leurs ennemis s'attendent, toujours et encore, à ce qu'une découverte quelconque, transforme des objets de foi en objets de la connaissance, ou les réduise en absurdités évidentes. Mais ça n'est encore jamais arrivé ».

À mesure que j'avance en âge, je me rappelle un bon catholique, un ami d'ami, qui avait choisi qu'on écrive sur sa pierre tombale : « Je quitte ce monde comme j'y suis entré, désorienté. » Les années ne m'ont pas apporté de certitude en matière de religion. Je suis une chrétienne, remplie d'espérance, mais je suis aussi une chrétienne remplie de doutes. Je respecte les autres religions parce que je pense qu'elles recherchent la même vérité, si ce n'est sous un angle différent. Le théologien protestant Paul Tillich a écrit : « Le doute n'est pas l'antithèse de la foi ; il fait partie de la foi. » C'est une phrase que j'aime beaucoup.

Venant d'admettre mon manque de certitude, il m'est difficile d'affirmer que les fondamentalistes ont tort, mais je suis presque sûre, si je puis dire, qu'ils n'ont pas totalement raison. Les chrétiens évangéliques accordent un haut degré d'autorité aux Écritures. Les fondamentalistes vont bien au-delà ; ils prennent la Bible au pied de la lettre, accordant à chacun de ses mots un sens littéral. Croire la Bible ou n'importe quel autre livre sacré en ces termes, c'est accorder trop de crédit aux narrateurs humains, en pensant qu'ils ont été capables d'écrire en transcendant les influences subjectives du temps et du lieu où ils vivaient. Les Écritures sont remplies de récits politiques. Et de mon point de vue c'est la raison pour laquelle les enseignements essentiels, non les menus détails, portent le message de la foi. Je manque de patience en particulier vis-à-vis de personnes qui, après avoir cité quelques passages de la Bible, concluent que les femmes ne devraient pas avoir le droit de partager le pouvoir dans l'Église, ou que l'homosexualité est une abomination aux yeux de Dieu, Lui qui, de fait, a créé ces homosexuels. Dans l'ancien Israël, un livre tel que le Lévitique aurait certainement pu servir de guide de morale ; mais un manuel qui reconnaît l'esclavage, permet la vente des filles, interdit qu'on se taille la barbe, et bannit les vêtements cousus de deux fils différents, n'est ni sans faille ni éternel. Jésus n'était pas fondamentaliste. Les pharisiens le condamnèrent parce qu'il travaillait les jours de shabbat, dînait à la table des collecteurs d'impôts et avait pris la défense d'une femme adultère. Il brisa les tabous culturels en adressant la parole à une femme qu'il avait rencontrée à un puits et en prenant fait et cause pour les enfants. Il rejetait explicitement la loi du talion.

Si Dieu a un plan, ce plan sera mis à exécution. Ce plan relève du domaine divin, non du nôtre. Si l'on croit cependant que nous avons été créés, et que nous sommes libres, il nous reste à imaginer quoi faire de ces dons. C'est un défi concret et moral : c'est ce que ce livre a essayé d'examiner.

La religion traite des espoirs et des anxiétés de toutes les années. Les mandats des présidents américains ne sont pas si longs dans le temps. Les décisions politiques du gouvernement des États-Unis doivent être fondées sur ce que nous espérons accomplir dans une période déterminée sur cette terre, non sur des attentes projetées sur des millénaires. Mais il est vrai aussi que ce que nous pouvons accomplir sur la terre est empreint des différentes conceptions que les gens se font de Dieu. Dans mes voyages autour du monde, on me demande souvent : « Pourquoi ne peut-on pas laisser la religion en dehors de la politique étrangère ? » Ma réponse est que non seulement on ne peut pas, mais on ne doit pas exclure la religion de notre diplomatie. La religion tient un rôle important dans les motivations des gens et modèle leurs conceptions de la justice et des comportements acceptables. La religion doit être prise en compte. Il ne faut pas s'attendre à ce que nos leaders prennent des décisions dans un vide de croyances religieuses, car le cerveau humain ne peut faire abstraction de certaines de ses pensées que dans une certaine mesure. Mais quoi qu'il en soit, pourquoi voudrait-on que des leaders internationaux qui sont religieux, agissent et parlent comme s'ils ne l'étaient pas ? Nous devons vivre avec nos croyances et aussi avec nos différences. Il ne sert à rien de les nier.

Ce qui ne veut pas dire qu'il faille accorder une importance démesurée à ces différences. Il est humain de se mettre en groupe instinctivement. Pour la plupart d'entre nous cette organisation se fait passivement. Les groupes auxquels nous appartenons sont une partie de notre héritage et de notre culture, le résultat de notre naissance et de notre éducation. Ma famille est d'ascendance juive, mais j'ai été élevée dans la religion catholique. Si dans mon enfance j'avais fréquenté la synagogue au lieu d'aller à l'église, j'aurais grandi dans un milieu différent et mes relations en tant qu'adulte seraient aussi très différentes. Je suis née dans un pays étranger, et sans la Guerre froide, ma famille n'aurait pas eu de raison d'émigrer aux États-Unis et je ne serais jamais devenue Américaine. Nous ne pouvons ni choisir nos parents, ni notre lieu de naissance, ce qui limite dès le départ les groupes avec lesquels on va pouvoir s'identifier. Il reste vrai que certains parmi nous vont étudier des philosophies différentes et se convertir d'une religion à une autre à cause d'une révélation spirituelle ou d'une conviction intellectuelle ou émotionnelle. Certains vont quitter un pays pour aller habiter dans un autre. Mais il est plus commun de rester dans le milieu de sa naissance, ou dans mon cas, le milieu où des événements, hors de mon contrôle, m'ont placée. Ceci n'est guère un exploit.

Logiquement donc, nos différences ne devraient pas trop avoir d'importance. Les gens de nations et de religions diverses devraient pouvoir vivre en harmonie. Cependant le fossé entre ce qui devrait se passer et ce qui se passe en réalité, est une source de tragédies qui se déroulent depuis que l'homme est homme. Il y a des décennies, Reinhold Niebuhr nous avait prévenus que la brutalité des nations et des groupes ne peut pas être domptée en dépit de tous les efforts que nous pourrions déployer. Il écrivit : « Le conflit social est incontournable dans l'histoire humaine et durera sans doute jusqu'à la fin du monde tel que nous le connaissons. » Des hommes bons et remplis de sagesse essaieront de prévenir des catastrophes, admet-il, mais il n'y aura sans doute pas d'antidote aux peurs ni aux ambitions qui conduisent les groupes à s'affronter. Ces réflexions nous font réfléchir car elles ont été écrites avant la Deuxième Guerre mondiale et non en réaction à la guerre ; en fait il la prédisait.

Si Niebuhr avait raison, la recherche de la paix sera toujours une démarche ardue. Toutefois je ne peux accepter l'idée selon laquelle, au prétexte que les hommes sont remplis de défauts, il n'y a rien à faire pour améliorer la condition humaine. Ceux qui prennent les décisions peuvent rechercher utilement comment minimiser les conflits sociaux inévitables auxquels Niebuhr fait allusion, non pas en quête de quelque utopie, mais bien plutôt dans le but de nous éviter des destructions plus calamiteuses. En dépit de nos faiblesses innées, nous pouvons encore créer un avenir meilleur. Et nous savons que sous la direction de leaders moraux, les guerres peuvent être évitées, les sociétés en ruine peuvent être reconstruites, la liberté peut s'étendre, et les pauvres peuvent recevoir notre aide.

J'ai écrit, au début de ce livre, que je voulais reconnaître et nommer des moyens de rassembler les peuples, dans le but de soutenir des politiques qui puissent refléter les éléments religieux qui nous unissent plutôt que ceux qui nous divisent. Mon but n'est pas de créer une sorte de melting pot dans lequel des revendications religieuses opposées soient réduites en une sorte de compote. Je suis au contraire intéressée à résoudre des problèmes et à répondre à un impératif politique concret. La technologie a rendu les atrocités plus visibles, les frontières plus poreuses, les armes plus dangereuses et les conflits plus coûteux. Dans les chemins parcourus pour réaliser nos rêves, les scientifiques ont aussi rendu nos cauchemars plus proches du réel. Le travail de nos leaders est de cultiver un environnement international où nous pouvons vivre avec autant de sûreté, de liberté et de justice que possible. La nature de cette tâche requiert des talents de communication et de coopération.

Le président Bush mérite d'être reconnu pour avoir affirmé la position de l'Amérique dans des discours fermes et éloquents, destinés à promouvoir la démocratie. On lui doit aussi des éloges pour avoir reconnu que la liberté politique est une source potentielle d'unité mondiale. Hélas, il a aussi affaibli sa propre capacité à exercer son leadership à cause d'erreurs et d'omissions qui ont rendu beaucoup de pays moins enthousiastes à se mettre dans le camp de l'Amérique. Il est clair que la vision étroite et la décision inappropriée de s'engager unilatéralement dans la guerre, que le premier gouvernement de Bush a suivies, ne doivent pas être répétées. Il faut que nous puissions restaurer nos alliances, prendre chaque région du monde au sérieux et comprendre que si nous voulons que des pays coopèrent avec l'Amérique pour endiguer les dangers qui nous menacent, nous devons aussi être prêts à les aider à surmonter les périls qui les assiègent. Il faut que nous soyons à nouveau ce pays connu pour ses leaders qui sont à l'écoute des problèmes du monde, connu pour admettre ses erreurs, et reconnu pour son engagement et ses efforts à résoudre les défis mondiaux.

Il serait particulièrement utile que des Américains de tous les horizons politiques fassent corps (comme je le présente dans le chapitre 7) pour encourager le gouvernement à prendre la tête, d'une part de la défense des droits de l'homme et d'autre part de la conduite des efforts humanitaires à travers le monde. Ceci aurait un énorme impact pour restaurer le respect envers l'Amérique et pour légitimer nos positions sur les problèmes-clé de sécurité, qu'il s'agisse de la prolifération des armes ou de la terreur.

Il est encore plus vital que nous définissions, nous-mêmes, en tant qu'Américains, le rôle que notre pays doit jouer sur la scène internationale. Nous considérons-nous soumis aux mêmes règles que les autres pays ? Ou pensons-nous que nous avons le droit de nous conduire à notre guise ? Sommes-nous responsables du renforcement des institutions et du droit internationaux, ou avons-nous le devoir de rester hors de ces limites, « en réponse à une vocation qui nous vient du Très-Haut » ? Notre rôle est-il de mener ou de dominer ?

L'écrivain néoconservateur, William Kristol, a posé la question : « Qu'y a-t-il de mal à dominer, si nous sommes au service d'idéaux supérieurs et que nous suivons des principes sains ? » C'est une question que les Américains se sont posée dans la conquête des Philippines. La réponse que le Président McKinley prétendait avoir reçue du ciel lui conférait le devoir d'imposer notre volonté. Que ce fut la bonne réponse ou pas à cette époque-là, c'est la mauvaise réponse de nos jours. La politique de domination est en contradiction avec l'image que l'Amérique a d'elle-même et c'est aussi une façon déplorable de défendre nos intérêts. L'application d'une telle politique au service de ce que nos leaders croyaient être « des principes sains et des idéaux supérieurs », illustrée de la façon la plus évidente en Irak, s'est avérée un terrible gaspillage de nos ressources, de notre capacité militaire et de notre prestige. Le principe d'exception de l'Amérique remonte très loin dans son histoire ; il est enraciné non pas dans la puissance des États-Unis, mais dans la sagesse et le self-control qui ont guidé ce pouvoir, y compris son art de ne pas utiliser seulement sa force militaire, mais de se servir de tous ses atouts pour contribuer à sa sécurité et mériter le respect des autres nations.

En regardant l'avenir devant nous, nous serions bien inspirés de nous remettre en mémoire le leadership d'Abraham Lincoln en temps de guerre. Il n'a jamais reculé devant une bataille pour servir une juste cause, mais il n'a jamais prétendu avoir le monopole des vertus. Il acceptait que la volonté de Dieu soit faite sans prétendre la comprendre. Il rejeta la suggestion qu'on lui fit de prier pour que Dieu soit du côté des armées nordistes, mais il pria au contraire pour que ces forces nordistes soient du côté de Dieu.

Lincoln était à la tête d'une nation divisée. Nous devons exercer notre leadership dans un monde divisé. Pour accomplir cette tâche nous devons faire preuve à la fois de réalisme et d'idéalisme, plaçant la moralité près du cœur de notre politique étrangère, même au milieu du débat qui fait rage pour nous accorder à définir cette moralité. Il faut que nous nous organisions mieux pour comprendre un monde où la dévotion religieuse est à la fois une force positive puissante et un agent destructeur potentiel. Il faut que nous répondions de manière ferme et assurée au danger que représentent Al-Qaïda et les autres types de terrorisme. Il faut encore que nous exprimions de façon claire non seulement les intentions de l'Amérique, mais aussi nos propres intentions.

Il y a environ cinquante ans, dans ses réflexions sur la Guerre froide, mon père écrivait : « Que nous soyons individualistes américains ou travaillistes britanniques, conservateurs ou progressistes, démocrates sociaux ou sociaux-démocrates, Blancs, Noirs ou Jaunes, nous pouvons tous accepter le fait que la dignité humaine et le respect des individus doivent être l'essence de tous nos objectifs. » J'y crois aussi profondément.

Le respect pour les droits et le bien-être de chaque individu est le point de rencontre le plus proche où la foi religieuse et un engagement à défendre la liberté politique ont une chance de se retrouver. Une philosophie fondée sur ces principes a le plus de chances de rapprocher les peuples parce qu'elle n'exclut personne mais exige cependant de chacun un respect inconditionnel des idées et des besoins de tous.[1]

Toutefois une question se pose : comment pouvons-nous espérer unir les peuples autour d'un principe – le respect de l'individu – qui est si spécifiquement un concept occidental ? La réponse évidemment est que ce n'est pas le cas. L'hindouisme exige que « personne ne fasse à autrui ce qui lui répugne à lui-même », la Torah nous enseigne : « Tu aimeras ton prochain comme toi-même. » Zoroastre a observé que « ce que je considère bon pour moi-même, je dois aussi le considérer pour tous ». Confucius a dit : « Ce que vous ne voulez pas que l'on vous fasse, ne le faites pas envers les autres. » Bouddha nous a appris à traiter les autres comme nous-mêmes. Les stoïciens de la Grèce antique professent que tous les hommes sont « des personnes égales devant la grande instance de la liberté ». Dans l'Évangile les chrétiens lisent la règle d'or : « Agis à l'égard de ton prochain comme tu désires qu'il agisse à ton égard. » Le Coran met en garde le vrai croyant de la foi musulmane en lui demandant d'aimer son frère comme il s'aime lui-même. Finalement, le code juridique le plus ancien au monde avait proclamé sa devise : « Faire prévaloir la justice afin que le fort n'opprime pas le faible. » Voilà, direz-vous le type de système juridique que le monde devrait offrir en cadeau au peuple irakien. Eh bien c'est le Code d'Hammourabi que je viens de citer, un cadeau que les civilisations du monde ont reçu il y a quatre mille ans de la Babylone de l'antiquité, aujourd'hui l'Irak.

1. Le respect envers l'individu ne va pas, comme certains le disent, à l'encontre du respect des droits des collectivités. Au contraire, les individus contribuent aux groupes auxquels ils appartiennent, avec tous leurs droits. Ainsi, le droit à l'égalité des races, des sexes et des religions est un droit individuel autant qu'un droit collectif.

En essayant de définir son idée de la vraie religion, Benjamin Franklin écrivit : « L'offrande la plus agréable que nous puissions présenter à Dieu c'est de faire le bien envers les hommes. » Je suppose que nous ne pouvons pas avoir de certitude en la matière, mais nous pouvons tout au moins accepter le bénéfice du doute et conclure que si nous avons été dotés d'une conscience, il y avait bien une raison.

Selon un poème de Yeats, c'est quand l'élite n'a plus de convictions et que les passions des individus les moins nobles se déchaînent, que le centre ne tient plus et que l'anarchie se donne libre cours dans le monde.

Nous vivons à une époque où les pires individus effectivement sont dévorés par leurs passions. La question est de savoir si nous autres, allons avoir le courage de nos convictions et la sagesse de faire les bons choix. La sagesse s'acquiert par l'éducation. Le cœur de l'éducation est la recherche de la vérité. Mais il y a plusieurs sortes de vérité.

En mathématiques et en sciences, la connaissance s'accumule. Les théorèmes s'appuient sur d'autres théorèmes et les lois dérivent d'autres lois. Nous découvrons que la terre est ronde et nous ne pensons plus jamais qu'elle soit plate. Nous apprenons que le carré de l'hypoténuse d'un triangle rectangle est égal à la somme des carrés de ses deux autres côtés. Grâce à la recherche et à la méthode expérimentale, les scientifiques ajoutent leur pierre à l'édifice de notre savoir. Dans ce sens, nous sommes beaucoup plus avancés sur l'intelligence de la marche du monde que les générations qui nous ont précédés.

Mais quand je me penche vers le passé, que ce soit dans l'arène politique ou dans le domaine de la religion, je doute que nous ayons fait de vrais progrès.

Le XXe siècle a été le siècle le plus sanglant de l'histoire de l'humanité. À l'approche du nouveau millénaire, nous avions pris de bonnes résolutions, mais je crains que nous n'ayons pas très bien commencé.

Je suis une optimiste qui s'inquiète beaucoup. Pendant presque sept décennies de ma vie, j'ai été témoin de suffisamment d'actes d'altruisme et de sacrifices pour m'émerveiller devant ce que les hommes sont *prêts à accomplir pour les autres*. J'ai aussi assisté à suffisamment d'actes de cruauté pour sombrer dans le désespoir sachant ce que nous sommes *capables de faire subir aux autres*. Les contradictions de la nature humaine sont incontournables. La liberté est un don et un fardeau qui vient avec la responsabilité de choisir et nous rend comptables des conséquences de ces choix.

Je ne peux pas clore ce livre sur une note béate. Nous sommes en pleine crise. Comme Bill Clinton nous le rappelle, personne ne peut prétendre détenir toute la vérité. Nous pouvons cependant espérer que notre leadership en politique intérieure et en politique extérieure nous inspirera et nous conduira à rechercher le meilleur en nous-mêmes et dans les autres. Lincoln, lui encore, inventa cette phrase, suppliant ses concitoyens, dans le marasme qui suivit la Guerre de Sécession, de faire appel à « l'ange en nous, le meilleur de notre nature humaine », comme pour dire « haut les cœurs, aidons-nous les uns les autres », proposant une réponse que ni l'égoïsme, ni la logique ni la science ne pouvaient expliquer.

C'est pourquoi le principe est si important : chaque individu compte. Si nous acceptons ce principe dans sa vérité et que nous agissons en conséquence, nous aurons le fondement nécessaire pour bâtir une unité par-delà les frontières. Nous aurons l'avantage sur les terroristes, les dictateurs, les tyrans et les tartuffes. Nous nous enrichirons des apports de tous les peuples et nous défendrons la liberté au lieu de la gaspiller. Ce faisant, nous avons le droit d'espérer que nous avancerons, pas à pas, dans le temps, non pas vers la ville illuminée sur la colline, mais vers un monde dans lequel la force et le droit cohabiteront et où la dignité et la liberté seront partagées par tous.

ANNEXES

NOTICES BIBLIOGRAPHIQUES

Chapitre Un : LE TOUT-PUISSANT ET LA PUISSANCE AMÉRICAINE

« *C'est la politique des États-Unis* », Président George W. Bush, deuxième discours inaugural, Washington, D.C. 20 janvier, 2005.

« *plus que préemptive* », Jim Wallis, « *La politique de Dieu : Pourquoi la Droite se trompe, et la Gauche ne Comprend Rien* ». Harper San Francisco, 2005, 149.

« *La liberté est un don de Dieu* » Président George W. Bush, cité dans *Plan d'Attaque* par Bob Woodward, Simon Schuster, New York, 2004, 88-89.

« *Là où nous en sommes* » Michael Novak, *Une Philosophie de la Connaissance de Soi,* Mentor-Omega/New American Library, New York and Toronto, 1965, 17.

« *Conflit de civilisations* » Samuel Huntington, « Le Conflit des Civilisations ? » in revue Foreign Affairs, Summer 1993 22-49. Édition française « Le Choc des Civilisations », Odile Jacob, Paris novembre 1997.

Chapitre Deux : LES YEUX DE TOUS LES PEUPLES SONT TOURNÉS VERS NOUS

Les Ordres fondamentaux du Connecticut (note de bas de page), j'ai trouvé cette information dans « Americanism – and Its Enemies » de David Gelernter, magazine *Commentary*, janvier 2005.

« Il importe que chaque nouveau cas », James Madison, lettre à Edward Livingston, 10 juillet, 1822 dans l'édition de Saul K. Padover *The Complete Madison : His Basic Writings,* Harper, New York, 1953.

« semble avoir été distingué » President George Washington, premier discours inaugural, New York City, 30 avril, 1789.

« Le Gouvernement des États-Unis », lettre du Président George Washington, citée dans *One nation under God : Religion in ContemporaryAmerican Society* de Barry Kosmin et S. Lachman, Harmony, New York, 1993, 23.

« Bien que les détails de la formation du gouvernement américain », John Adams, « Défense de la Constitution du Gouvernement des États-Unis d'Amérique » de Adrienne Koch, *The American Enlightenment : The Shaping of the American Experiment and a Free Society*, George Braziller, New York, 1965, 258.

« Les plus grands obstacles », Thomas Jefferson, lettre à Samuel Kercheval, 1810.

« Dois-je continuer à croire », cité dans « Too Close to Call », par W.H. Brands, Washington Post Book World, 31 octobre 2004, 3.

Franklin se posait en grand défenseur (note de bas de page), « Le Don de Tolérance de Benjamin Franklin », par Walter Isaacson in Akbar Ahmed et Brian Forst (éditeurs), *After Terror : Promoting Dialogue Among Civilizations*, Polity Press, Malden, Massachusetts, 2005, 36.

« Conduits par la Nuée le jour », Thomas Jefferson cité par Robert N. Bellah dans « Civil Religion in America », *Daedalus : Journal of the American Academy of Arts and Science*, Vol. 96, N° 1, Winter 1967, 1-21.

« L'Amérique est une terre de merveilles » Alexis de Tocqueville, in *De la démocratie en Amériqu*e, 1835. Robert Laffont, Paris, collection Bouquins 2007.

« Mon frère, tu dis qu'il n'y a qu'une seule voie » cité dans *Lend me your ears : Great Speeches in History,* de Red Jacket, sélectionnés et présentés par William Safire, Norton, New York, 1992, 431-433

« Tous les hommes ne sont pas créés », Sénateur John C. Calhoun, Sénat américain, 27 juin 1848. *Liberty and Union : The Political Philosophy of John C. Calhoun* (1811-1850), Speeches, Part III, online Library of Liberty, Liberty Fund, 2004. oll.libertyfund.org/Home3/Book.php?recordID=007

« Quelle ignorance de soi-même chez ce sénateur », Sénateur Charles Sumner, Sénat américain, 20 mai 1856. Wikisource : Speeches. En.wikisource.org/wiki/wikisource:speeches

« La vérité est que », Président William McKinley, cité dans « The Messianic Character of American Foreign Policy », par John W. Robbins, Trinity Review, septembre-octobre 1990.

« Il semble étrange », L'opinion publique, Cité dans Benevolent Assimilation : The American conquest of the Philippines, 1899-1903, de Stuart Creighton Miller, Yale University Press, New Haven. Connecticut, 1982.

« Je n'ai encore jamais rencontré personne qui soit impérialiste dans ce pays ». Théodore Roosevelt, cite dans *Théodore Roosevelt and the Rise of America to World Power* de Howard K. Beale, Johns Hopkins Press, Baltimore, Maryland., 1956 ; et Collier, 1972, 75.

« Je suis convaincu que 'l'impérialisme' n'existe pas en soi », Henry Cabot Lodge. Citation *in* Ibidem.

'La Marche du Drapeau' citations tirées de la version du discours de Beveridge, prononcé devant le Sénat américain le 9 janvier 1900, *Congressional Record, 56th Congress, I session, pp. 704-712.*

« Si un christianisme authentique » William Jennings Bryan, discours à la Convention Nationale des Démocrates, Indianapolis, Indiana, le 8 août 1900, disponible sur le site : http://etsv.edu/cas/history/docs/bryan.htm

« Les pasteurs ont tous », Charles Francis Adams, cité par John W. Robbins dans « The Messianic Character of American Foreign Policy », *Trinity Review,* septembre-octobre 1990.

« Un Prince » Nicolas Machiavel, Le Prince, Mentor/New American library of World Literature, 1952, 94.

« Les légions », Président Calvin Coolidge, Discours inaugural, 4 mars 1925.

« La mise en garde du président Ronald Reagan revient en mémoire », cité par John W. Robbins dans « The Messianic Character of American Foreign Policy », *Trinity Review,* septembre-octobre 1990.

« Jefferson a écrit », lettre de Thomas Jefferson à Roger C. Weightman, 24 juin 1826, cité dans l'article de Wikipedia sur Jefferson, 10.

« Nous nous battrons », Président Woodrow Wilson, Discours aux deux Chambres réunies du Congrès américain, 2 avril 1917.

« Ces hommes étaient des croisés », Président Woodrow Wilson, Pueblo, Colorado, 25 septembre 1919.

« nous paierons n'importe quel prix » Président John Fitzgerald Kennedy, discours inaugural, 20 janvier 1961

« *Nous les voyons* », Robert Frost, extrait de « *For John F. Kennedy His Inauguration* », tiré de *The Poetry of Robert Frost,* édité par Edward Connery Lathem. Copyright ã 1969 by Henry Holt and Company. Copyright ã 1961, 1962 by Robert Frost. Reprinted by permission of Henry Holt and Company, LLC.

« *Se prendre pour le centre d'une politique éclairée* », George Kennan s'adressant à Richard Ullman, « *The U.S and the World : An Interview with George Kennan* », *New York Review of Books,* 12 août, 1999.

Chapitre Trois : BONNES INTENTIONS, MAUVAIS CALCULS, LE VIETNAM ET L'IRAN

« *Normalement* », Hans Morgenthau, « We Are Deluding Ourselves in Vietnam », *New York Times Magazine,* 18 avril, 1965.

« *Danger sérieux* », John Kerry, Discours à la cérémonie de fin d'études, Université de Yale, New Haven, Connecticut, mai 1966. (Recopié à partir du texte original.)

« *La mauvaise guerre* » Morris K. Udall, Représentant au Congrès américain, « Vietnam, This nation is Caught on a Treadmill », Magazine *Reveille,* juillet 1967, 12.

« *Chaque jour* », Reverend Martin Luther King, Jr. «Beyond Vietnam ». Discours prononcé devant le groupe *Clergy and Laity Concerned about Vietnam,* Riverside Church, New York, 4 avril, 1967. Reprinted by arrangement with the heirs to the Estate of Martin Luther King Jr., aux bons soins de *The Writers House*, agissant au nom des ayants-droit, New York, New York.

« Confiants dans notre propre avenir », Président Jimmy Carter, discours (commencement address) à University of Notre Dame, South Bend, Indiana, 22 mai 1977.

« *Comme conséquence* », Gary Sick, *All Fall Down,* Random House, New York, 1985, 54-55

« *Le monde occidental, à quelques exceptions près* », Bernard Lewis, *Babel to Dragomans : Interpreting the Middle east,* Oxford University Press, New York, 2004, 285.

« *Pour l'administration Carter* », conversation téléphonique entre l'auteure et Jimmy Carter, 15 mars 2005.

Chapitre Quatre : LA QUESTION DE CONSCIENCE

« *Les lâches posent la question* » cette citation apparaît, avec quelques variantes, dans maints textes, dont « Remaining Awake Through a Great Revolution », un sermon prononcé par Docteur Martin Luther King à la National Cathedral à Washington D. C., le 31 mars 1968, moins d'une semaine avant son assassinat. La citation en anglais est reproduite avec la permission des héritiers du fonds Martin Luther King Jr., par l'intermédiaire de *The Writers House*, agissant au nom des ayants-droit, New York, New York.

« *Beaucoup de problèmes* », Dean Acheson, « *Ethics in International Relations Today », Amherst Alumni News,* Hiver 1965 ; cité dans « Morality in Foreign Policy », edité par Michael Cromartie, *Might and Right after the Cold War : Can Foreign Policy Be Moral ?* Ethics and Public Policy Center, Washington, D.C., 1993, 38.

« *Les intérêts nationaux d'une société », George F. Kennan,* « Morality and Foreigh Policy », *Foreign Affairs, Winter 1985-1986, 206*

« *Un jour, quand il était encore jeune avocat* », J.G. Holland, *The Life of Abraham Lincoln,* Samuel Fowles and Company, Springfield, Massachusetts, 1866, 78-79.

« *Il y a plus de dix ans* », voir trois livres de Joseph S. Nye, Jr. : *Bound to Lead : The Changing Nature of American Power* (Basic Books, 1990) ; *The Paradox of American Power : Why the World's Only Superpower Can't Go It Alone* (Oxford University Press, 2002) ; et *Soft Power : The Means to Success in World Politics* (Public Affairs, 2004).

« *Le premier devoir d'un pays* », *Michael Walzer,* « Religion and American Foreign Policy : Prophetic, Perilous, Inevitable », Brookings Institution, Washington, D.C., 5 février, 2003 (Table Ronde).

« *Dans mon autobiographie, Madeleine Albright, Madame Secretary : A Memoir, Miramax », New York, 2003, 146-155.*Traduction française chez Albin Michel *Madame Le Secrétaire d'État*, Paris, octobre 2003.

« Tout sauf honorable », Stanley Hauerwas, « That Last Word : What Does Madeleine Albright's Address Say about the Character of Contemporary Christianity ? » *Reflections* magazine, Yale Divinity School, Automne 2004, 53-54.

Le Président Masaryk déclara passionnément, Tomas Garrigue Masaryk, cité dans Joseph Korbel, *Twentieth-Century Czechoslovakia :*

The Meanings of Its History, Columbia University Press, New York, 1977, 15.

Quand les leaders civils de la Serbie (note de bas de page), Tim Judah, *Kosovo : War and Revenge,* Yale University Press, New Haven, Connecticut, 2000, 26.

Havel le caractérisait en ces termes, Vaclav Havel, « Kosovo and the end of The Nation-State », *New York Review of Books*, Vol. 46, N° 10, 10 juin 1999.

Chapitre Cinq : FOI ET DIPLOMATIE

« *Vingt fois* », John Adams, cité dans *Works of John Adams*, de Charles Francis Adams, *Vol. 10,* Little, Brown, Boston, Massachusetts, 1856, 254.

« *Trop de gorges* », I.F. Stone, *The Truman Era,* Random House, New York, 1953, 218.

« *On pense qu'il* », Bryan Hehir, en réponse à Terrorism Forum Series, John F. Kennedy Library and Foundation, Boston, Massachusetts., 22 octobre, 2001. (Transcription.)

« *Les membres du gouvernement, alarmés* », citations prises dans 'The Talk of The Town : Comment, John Paul II', David Remnick, *New Yorker*, 4 avril, 2005.

« *En parlant à Mary* », 'Religion and Security : The Next Nexus', Pew Forum on Religion and Public Life, Washington, D.C., 10 novembre 2004. (Minutes de la table ronde).

« *La mission de son armée* », Richard Petraitis, 'Joseph Kony's Spirit War'. Disponible sur : http://www.infidels.org/library/modern/Richard_Petraitis/spirit_war.shtml, 17 janvier 2003.

« *C'est une occasion* », Conversation téléphonique entre Jimmy Carter et l'auteure, 15 mars 2005.

« *Si vous avez à faire à des gens* », Interview avec Bill Clinton, Chappaqua, New York, 27 septembre 2005.

Chapitre Six : LE DIABLE ET MADELEINE ALBRIGHT

« *Tout simplement des gens ordinaires* », James Dobson, émission *Larry King Live*, CNN 6 mai 1998.

« *Dans les vingt-cinq dernières années plus particulièrement* », Jesse Helms, When Free Men Shall Stand, Potomac, 1976 (édition révisée en 1994), 16.

« *Depuis les deux derniers siècles* » Pat Robertson, *The New World Order,* Word, Dallas, 1991,92.

« *Notre conception du mariage* », rapport du Independent Women's Forum cité dans « Women Riled by 'Gender' Agenda », Washington Times, 24 juillet 1995.

« *La plus grave menace* », James Dobson, cité dans Larry Stammer, « Religious Right Challenges 'Anti-Family' Beijing Agenda », *Chicago Sun-Times,* 10 septembre 1995

« *Hillary Rodham Clinton* », Concerned Women for America, 'Feminism at the Helm of U.S. Foreign Policy', 12 mai 1997. (Article de presse.)

« *L'atout de Satan* », James Dobson, cité dans Stammer, *op. cit.*

« *Le dessein de Dieu* », Cité dans la plupart des anthologies de citations de Oliver Wendell Holmes. Il s'agit de Holmes senior, le père du juge à la Cour Suprême des États-Unis.

« *Nous ne sommes pas* », Richard D. Land, réponse à l'essai 'Morality and Foreign Policy', de James Finn dans l'édition de Michael Cromartie, *Might and Right after the Cold War : Can Foreign Policy Be Moral ?*' Ethics and Public Policy Center, Washington, D.C. 1993, 65.

Chapitre Sept : « PARCE QUE C'EST JUSTE »

L'économiste Jeffrey Sachs fait remarquer [note de bas de page], cite dans 'Can Extreme Poverty Be Eliminated ?' de Jeffrey Sachs, *Scientific American,* septembre 2005, 60.

« *Notre but* », Président Harry S. Truman, discours inaugural, Washington, D.C. 20 janvier 1949.

« *Les peuples qui vivent* » Président John F. Kennedy, discours inaugural, Washington, D.C., 20 janvier 1961.

« *avait contribué à acheter un yacht de 2 millions de dollars* », Ronald W. Reagan, discours télévisé diffusé au niveau national américain, 27 octobre 1964. www.Reaganfoundation.org/reagan/speeches/rendezvous.asp

J'avais le sentiment', Jesse Helms, cité par Carl Hulse, dans 'In Memoir, Jesse Helms Says He Was No racist', *New York Times,* 31 août 2005.

« *Elle conduit sa politique étrangère comme elle dirigerait un bureau d'assistance sociale* », Michael Mandelbaum, 'Foreign Policy as Social Work', *Foreign Affairs,* janvier-février 1996.

'humblement et avec sagesse', Sénateur Sam Brownback, cité par Peter Waldman dans 'Evangelicals Give U.S. Foreign Policy an Activist Tinge', *Wall Street Journal,* 26 mai 2004.

Dans un village, Ambassadeur Robert A. Seiple, 'Trip Notes', Laos, 2005.

'rendre à chacun ce qu'il possédait', Livre du Lévitique 25,10.

'Nous combattons la pauvreté', Président George W. Bush cité par Robin Wright dans ' Aid to Poorest Nations Trails Global Goal', *Washington Post,* 15 janvier 2005, 18.

'Nous devrions nous en remettre davantage', Ronald Reagan, remarques à la 'Oxford Union Society, Londres, 4 décembre 1992.

Chapitre Huit : CONNAÎTRE L'ISLAM

Massacre de 70 000 chrétiens, Internet Medieval Source Book, Paul Halshall, Fordham University, 1996.

« *énoncent fermement que même si* », Khaled Abou el Fadl, 'Conflict Resolution as a Normative Value in Islamic Law', Douglas Johnson ed., *Faith-Based Diplomacy : Trumping Realpolitik,* Oxford University Press, New York 2003,192.

'Gardez-vous de toute agression contre autrui', Prophète Mohammed, cité par Susan Tyler Hitchcok avec John L. Esposito, *National Geographic Geography of Religion,* National Geographic, Washington D.C. 2004, 346.

« *Il est vrai* », ibidem.

'Peu d'Occidentaux', La reine Nour de Jordanie, 'Security through Dialogue', dans Akbar Ahmed and Brian Forst, eds., *After Terror : Promoting Dialogue among Civilizations,* Polity, Maldem, Massachusetts, 2005, 122.

'L'islam ouvrait une vaste porte', H.G. Wells, *'The Outline of History'*, Garden City Publishing, Garden City, N.Y. 1920, 581.

'Aujourd'hui la majorité des Musulmans', 'Itjihad : Reinterpreting Islamic Principles for the Twenty-first Century', United States Institute of Peace, Special Report 125, août 2004.

'Certains spécialistes de l'islam', 'Revisiting the Arab Street : Research from Within', Center for Strategic Studies, University of Jordan, février 2005, 52.

'Je suis l'Amérique'. Cette citation est en général attribuée à Ali, y compris sur les sites internet contrôlés par Wikipedia, Brainquote et Infoplease.

'Il y a ceux qui affirment', Président William J. Clinton, discours au Parlement de Jordanie, 26 octobre 1994.

'Ne pensez pas que ceux', Matthieu 10, 34.

'Certains juristes', Khaled Abou el Fadl, op. cit. 194.

Chapitre Neuf : À QUI APPARTIENT LA TERRE SAINTE ?

Lettre signée par le Secrétaire du British Foreign Office, Lettre de Arthur James Balfour à Lord Rothschild, 2 novembre 1917. Sur le site http://www.Yale. edu/lawweb/avalon/mideast/balfour.htm

'Le Sionisme est enraciné', David Balfour, cité par Margaret MacMillan dans *Paris 1919,* Random House, New York 2001, 422.

'Ne nous mêlons pas', ibidem.

'Faire payer l'ennemi et l'oppresseur', Ibn Saoud, cité par Dennis Ross dans *The Missing Peace : The Inside Story of the Fight for Middle East Peace,* Farrar, Straus and Giroux, New York 2004, 34. (Le livre de l'Ambassadeur Ross fournit une excellente histoire du conflit israélo-arabe, ainsi qu'un récit complet des efforts déployés pour arriver à un accord négocié.)

'Aucune action ne sera engagéee', lettre du Président Roosevelt, citée dans une interview de Hermann F. Eilts, émission télévisée *Frontline*, PBS, 23 juin 2003.

'Béguin, accompagné d'autres leaders politiques, rendit grâce et pria en ces termes', Prière de Menahem Begin, juin 1967, publiée dans le *Jerusalem Post* Édition Internet, 13 septembre 1998.

'Jérusalem est pour nous' Saladin et Richard Cœur de Lion sont cités par James Reston dans *Warriors of God : Richard the Lionheart and Saladin in the Third Crusade,* Doubleday, New York 2001, 230-231.

'Combattez pour la cause de Dieu', Coran 2, 190-191.

'La Rédemption du monde entier', Rabin Eleazar Waldman, cité par Karen Armstrong dans *The Battle for God,* Knopf, New York 2000, 286.

'L'idée du Grand Israël', Leon Wieseltier, 'The Fall', New Republic, 5 septembre 2005.

'Quand on lui a demandé s'il avait agi seul', Sarah Coleman, 'Incitement Campaign Fueled Rabin's Assassin, Book Says', *Jewish Bulletin of Northern Californien*, 20 août 1999.

'On surestime aussi', Craig Charney et Nicole Yakatan, 'A New Beginning : Strategies for a More Fruitful Dialogue with the Muslim

World', Council of Foreign Relations, mai 2005. (Reportage special.)

'Selon une étude récente', Center for Strategic Studies, University of Jordan, 'Revisiting the Arab Street : Research from Within', février 2005, 63.

'Une série de romans à succès', 'Left Behind' : Livres de Jerry Jenkins et Tim LaHaye, publiés par Tyndale House.

'L'homme rationnel', George Bernard Shaw, *Man and Superman : A Comedy and a Philosophy – Maxims for Revolutionists*, University Press, Cambridge, Massachusetts, 1903, Bartleby, New York, 1999.

'Ce jour-là', Isaïe 19, 24-25. Pour un essai provocateur sur ce sujet, voir : Manfred T. Brauch, 'Choosing Exclusion or Embrace : An Abrahamic Theological Perspective', Eds. Robert A. Seiple and Dennis R. Hoover, *Religion and Security : The New Nexus in International Relations*, Rowman and Littlefield, Lanham, Maryland. 2004.

'Ils puiseront aux mêmes sources spirituelles', Yitzhak Rabin, Premier Ministre d'Israël, cérémonie commémorative de la paix entre Israël et la Jordanie, 27 octobre 1994.

'Si l'ennemi se tourne vers la paix', Coran 8, 61.

Chapitre Dix : « LE PLUS GRAND DJIHAD »

'Criez fort', Premier Livre des Rois 1, 18-27.

'Dieu continue', Jerry Falwell, cité par John F. Harris dans « God Gave U.S. 'What We Deserve' » *Washington Post*, 14 septembre 2001.

'Victoire aussi décisive', retranscription d'une réunion filmée entre Oussama Ben Laden et un cheikh saoudien non identifié, rendue publique par le Pentagone le 13 décembre 2001. Les citations sont les mots du cheikh saoudien.

'Si vous obéissez en tout', Exode 23, 22.

'La 'Foi' est une belle invention', Emily Dickinson, « Faith is a Fine Invention ». Voir site internet : http://www.poetseers.org/themes/poems_ about_faith

'Je ne vois aucun signe', Remarques de l'auteure, House of Hope Presbyterian Church, Saint Paul, Minnesota, 30 septembre 2001.

'Soixante intellectuels, réunis en un groupe', 'What We're Fighting For : A Letter from America', février 2002.

'Quand Gore Vidal', Gore Vidal, 'The Enemy Within', *The Observer* (London), 27 octobre 2002.

'Le seul châtiment', Alice Walker, cité dans *Village Voice, 9 octobre* 2001.

'En février 1998', 'Djihad against Jews and Crusaders ', déclaration faite par par le World Islamic Front au nom de Cheikh Oussama Ben Mohammed Ben Laden, Ayman Al-Zawahiri, émir du Groupe Djihad d'Égypte, Abou Yasser Rifa'i Ahmed Taha, Groupe Islamique Égyptien ; Cheikh Mir Hamzah, secrétaire du Jamiat-oul-Ulema-e-Pakistan ; et Fazlour Rahman, émir du Djihad Movement au Bengladesh, 23 février 1998.

'Les prétentions de Ben Laden mises à part, il n'a aucune autorité', United Press International, 'Taliban Annuls Ben Laden Fatwas against U.S.', 17 juin 1999.

'Des dons magnanimes', CBS News Report, 6 juillet 1999.

'Saladin', Henri Gouraud, cité par James Reston Jr. dans *Warriors of God : Richard the Lionheart and Saladin in the Third Crusade,* Doubleday, New York, 2005, xvi.

« Le temps viendra peut-être », Coran 60, 7-8.

Chapitre Onze : « DIEU VEUT QUE JE SOIS PRÉSIDENT »

'à un certain moment', Président George W. Bush, cité par Bob Woodward dans *Bush at War,* Simon and Schuster, New York, 2002, 81.

'car on s'aperçoit dans les études faites', Robert A. Pape, 'Blowing up an Assumption', *New York Times,* 18 mai 2005.

'En deux ans', Pew Global Attitudes Project, Pew Research Center for the People and the Press, études publiées en juin 2003 et juin 2005.

'Un groupe de recherche du Département d'État', Glenn Kessler et Robin Wright, 'Report : U.S. Image in Bad Shape', *Washington Post,* 25 septembre 2005.

'Vous savez, ce n'est pas à lui qu'il faut que je m'adresse en matière de force. Il y a un Père plus haut placé, à qui je peux faire appel', cité par Bob Woodward dans *Plan of Attack,* Simon and Schuster, New York, 2004, 421.

'Je crois que Dieu', interview avec Richard Land, Directeur de la Southern Baptist Convention, 'The Jesus Factor', *Frontline,* National Public Broadcasting, 29 avril 2004.

'Pourquoi m'appelles-tu bon ?' Marc 10,18.

'le bien tel que Dieu', Président Abraham Lincoln, Deuxième Discours inaugural, Washington, D.C. 4 mars 1865.

'Je dis ceci', remarques de l'auteure à Yale Divinity School, 30 mars 2004.

'chanter Kumbaya', Jed Babbin, ancien vice sous-Secrétaire à la Défense, Sean Hannity's show, 'Is Albright Right That Iraq War Is Making the World Hate Us ?', 31 mars 2004.

'GOP veut dire', Leon Mosley, cité par Michelle Crowley, « Press the Flesh », *New Republic,* 13-20 septembre 2004, 11.

'le bouclier de Dieu', Thomas Edsall, « College Republicans' Fundraising Criticized », *Washington Post,* 26 décembre 2004, A5.

'Quand les États-Unis ont été fondés', discours du vice-président Richard Cheney devant la Convention Nationale du Parti Républicain, New York 1er septembre 2004.

'Comme les gouvernements qui nous ont précédés', discours du Président George W. Bush devant la Convention Nationale du Parti Républicain, New York, 2 septembre 2004.

'Il est vital que vous sachiez ce à quoi vous croyez', remarques du Président George W. Bush à Westlake, Ohio, 28 octobre 2004.

Chapitre Douze : LES CONSÉQUENCES INATTENDUES DE LA GUERRE D'IRAK

'Les causes des guerres',Saint Augustin d'Hippone, 'Contre Faustus le Manichéen XXII', Michael W. Tkacz et Douglas Kries, trad., et Ernest L. Fortin et Douglas Kries, éditeurs, *Augustine Political writings,* Hackett, Indianapolis, Indiana, 1994. Édition française par Goulven Madec dans l'Institut d'Études Augustiniennes diffusé par Éditions Brepols Turnhout, Belgique.

'La guerre améliorera la situation', Président George W. Bush cité par Bob Woodward dans *Plan of Attack,* Simon and Schuster, New York 2004, 332.

'même s'il y avait une raison juste', remarques de l'auteure à Columbia University, New York, 4 mars 2003.

'il pensait franchement que les sanctions avaient joué un rôle efficace', Secrétaire d'État Colin Powell, Conférence de Presse au Caire en Égypte, 24 février 2001.

'L'évêque méthodiste', cité par Susan B. Thistlewaite, 'Just and Unjust Wars in the Christian Tradition : What Does History Teach Us ?',

Sermon pronouncé à Saint Peter's United Church of Christ, Elmshurst, Illinois, 23 février 2003.

Petros VII, Susan Sachs, 'Petros VII, Top Patriarch Who Sought Religious Dialogue, Dies', *New York Times,* 13 septembre 2004.

'action militaire', Executive Committee, World Conference on Religion and Peace, 'The Crisis in Iraq : The Need for Common Security, Common Responsibility, and Common Action', 14 février 2003.

'Un réseau protestant', Jim Wallis, *God's Politics : Why the Right Gets It Wrong and the Left Does Not Get It,* Harper San Francisco, 2005, 45-55.

'L'absence de preuves' Donald Rumsfeld, Secrétaire d'État à la Défense, conférence de presse au Pentagone, Washington D.C., 5 août 2003.

'Bush voulait', mémorandum de Matthew Rycroft à Sir David Manning (Tous deux conseillers en politique étrangère auprès de Tony Blair) à propos d'une réunion avec le Premier ministre au sujet de l'Irak, 23 juillet 2002. Le mémorandum libellé « Secret et Exclusivement personnel », fut rendu public par le *Sunday Times* de Londres au printemps 2005.

'Nos armées' Sir Frederick Stanley Maude, Proclamation of Baghdad, 19 mars 1917. www.lib.byu./rdh/wwi/1917/probaghdad.html

*'Il faut d'abord',*Aparisim Gosh, 'Inside the Mind of an Iraqi Suicide Bomber', magazine *Time*, 4 juillet 2005.

Mustafa Jabbar, Somini Sengupta, 'The Reach of War', *New York Times,* 10 juillet 2004.

'C'est pour cette raison', pour lire un article provocant, voir Seymour Hersh, 'Did Washington Try to Manipulate Iraq's Election ?', *New Yorker,* 18 juillet 2005.

'Au cours d'une visite', rencontre entre l'auteure et le Roi Abdallah de Jordanie, Washington D.C., 15 mars 2005.

'l'Irak deviendra le centre', Kyle Fisk, cité par Katharine T. Phan, 'Evangelical Missionaries Rush to Win Iraq as Middle East Mission Base', *Christian Post,* 2 juin 2004.

'La façon dont les prédicateurs sont arrivés', l'Évêque Jean Sleiman, cité par Caryle Murphy dans 'Evangelicals Building a Base in Iraq', *Washington Post,* 25 juin 2005.

'la menace terroriste contre l'Amérique', Président George W. Bush, discours à la nation, Washington D.C., 17 mars 2003.

Chapitre Treize : FAIRE FACE À AL-QAÏDA

'Les valeurs culturelles islamiques'. Ces conclusions sont le résultat d'une étude faite en Jordanie, en Syrie, en Égypte, au Liban, et auprès de l'Autorité Palestinienne. 'Revisiting the Arab Street', Center for Strategic Studies, Université de Jordanie, février 2005.

'la Suède par exemple', Oussama Ben Laden, déclaration publiée par la chaîne de télévision Al Jazira, le 29 octobre 2004. English.aliazeera.net/NR/exeres/79CGAF22-98FB-4AIC-B21F-2BC36E87F61F.htm

'En 2004, un des comités du Conseil du Département de la Défense', cité par Michael Getler dans 'What Readers Saw and Didn't See', *Washington Post,* 5 December 2004, B6.

'l'attaque sainte', citation d'un site Internet djihadiste, cité par Susan B. Glasser, 'Martyrs' in Iraq Mostly Saudis', *Washington Post,* 15 mai 2005, I.

'la fréquence des attaques-suicides', Remarques du Docteur Bruce Hoffman, expert sur le terrorisme, in table ronde proposée par Rand Foundation : 'Suicide Terrorism : How Should the United States Combat This Growing Threat ?', organisée par le Center for American Progress, Washington D.C. 7 août 2005.

'Oh, mon frère moudjahid', citation tirée du premier numéro de *Muaskas al-Battar, (Camp de l'Épée)* publié par la branche d'Arabie Saoudite d'Al-Qaïda, cité par Steve Coll et Susan B. Glasser, 'TerroristsTurn to the Web as Base of Operations', *Washington Post,* 7 août 2005.

'Si les terroristes sont occupés jour et nuit', President George W. Bush, discours à la FBI Academy, Quantico, Virginie., 11 juillet 2005.

'Selon un rapport de la CIA', Douglas Jehl, 'Iraq May Be Prime Place for Training of Militants, CIA Report Concludes', *New York Times,* 22 juin 2005, A10.

'Il se prépare sans doute', Claude Moniquet, cité par Roula Kalaf et Jonathan Guthrie, 'Europe's Radical Young Muslims Turn to Violence', *Financial Times,* 11 juillet 2005.

'On ne peut pas savoir', Secrétaire à la Défense, Donald Rumsfeld, 'The Global War on Terrorism', 16 octobre 2003. (Mémorandum aux hauts fonctionnaires du Département de la Défense) www.Foxnews.com/story/ 0,2933,100917,00.html

'D'une part', Colonel Charles P. Borchini, USA (en retraite), retranscription du forum, 'Religion and Security : The New Nexus in

International Relations', Pew Forum on Religion and Public Life, Washington D.C., 10 novembre 2004.

'le problème crucial', rapport du *Defense Science Board,* cité par Thom Shanker dans 'U.S. Fails to Explain Policies to Muslim World, Panel Says', *New York Times,* 24 novembre 2004.

'Une offense contre Dieu', Archevêque Giovanni Lajolo, interview avec la presse italienne, 11 mai 2004, cité dans 'Abou Ghraïb Torture and Prisoner Abuse', Wikipedia.

'La coutume barbare', Napoléon Bonaparte, lettre à Berthier, 11 novembre 1798. Voir : http ://www.military_quotes.com/ Napoleon.htm

'Où Sont Les Hommes', Neil MacFarquhar, 'Lebanese Would-Be Suicide Bomber Tells How Volunteers are Waging Djihad in Iraq', *New York Times,* 2 novembre 2004, A10.

'Ben Laden et ses hommes de main', National Commission on Terrorist Attacks against the United States, *The 9/11 Commission Report,* Norton, New York 2004, 362.

'Le plus grand théologien', ibidem, 251-252

'Au Yémen depuis 2002', Brian Michael Jenkins, 'Strategy : Political Warfare Neglected', *San Diego Union-Tribune,* 26 juin 2005.

' Si l'on étudie le terrorisme', Hamoud al-Hitar, cité par James Brandon dans 'Koranic Duels Ease Terror', 7 mars 2005, Interfaith Cooperation blog. Voir http://daga.dhs.org/icp/blog.html

'Le communisme n'a pas été vaincu', Vaclav Havel, *The Art of the Impossible : Politics as Morality in Practice,* Knopf, Toronto and New York 1997, 90.

Chapitre Quatorze : LE DILEMME SAOUDIEN

'J'ai très peur', Mona Eltahawy, The Wahhabi Threat to Islam', *Washington Post*, 6 juin 2004, B7.

'Mon royaume survivra', Ibn Saoud, cité par Sandra MacKey dans *The Saudis : Inside the Desert Kingdom,* Norton, 2002, 371 (dernière édition).

'Nous sommes partie intégrante de ce monde', Le Roi Fahd, déclaration publiée par le gouvernement de l'Arabie Saoudite, 20 mai 2004. www.Saudiembassy.net/ Reportlink/Extremism-Report-January-2005.pdf

'non-islamique', Ayatollah Khomeini, cité par Fawaz A. Gerges, dans *America and Political Islam : Clash of Culture or Clash of Interests ?* Cambridge University Press, Cambridge 1999,44.

'transforma l'Arabie Saoudite en un État-providence par excellence', Information tirée des remarques de Charles W. Freeman, ancien ambassadeur américain en Arabie Saoudite, lors du New Republic Symposium on Public Policy, 'Political Reform in Saudi Arabia: Examining the Kingdom's Politica 1 Future', Washington D.C., 2 octobre 2003.

'Les revenus du pétrole', Jad Mouawad, 'Saudis Shift toward Letting OPEC Aim Higher', *New York Times,* 28 janvier 2005, C1-2.

'aucune personne', National Commission on Terrorist Attacks against the United States, *The 9/11 Commission Report,* Norton, New York 2004,330.

'y compris aux 210 centres islamiques', Statistiques prises dans le site Internet officiel du Roi Fahd, www.kingfahdbinabdulaziz.com

'Le directeur d'un quotidien', Khaled Batarfi, 'The Problem Lies with Those Who Misinterpret History in Order to Serve Self-Interest', Middle East Research Institute, Special Dispatch Series, N° 830, 17 décembre 2004. (Dr. Batarfi est le directeur du quotidien saoudien *Al Medina.).*

'C'est un fait certain', Abdel Rahman al-Rashad, 'A Wake-Up Call: Almost All terrorists Are Muslims', *Arab News,* 9 septembre 2004.

'un crime global perpétré', Prince héritier Abdallah, Conférence Internationale sur la Lutte Anti-Terroriste, Riyad, Arabie Saoudite, février 2005. www.Saudiembassy.net/2005news/statements/State Detail.asp?cIndex=498

'un sondag, conduit de manière privée', cité par Fareed Zakaria, 'The Saudi Trap', *Newsweek* 28 juin 2004.

'On ne peut s'étonner', Susan B. Glasser, « 'Martyrs' in Iraq Mostly Saudis », *Washington Post* 15 mai 2005, A1.

'J'ai eu l'opportunité au cours de ma visite', Conversation avec le Prince héritier Abdallah, Riyad, Arabie Saoudite, 22 février 2005.

'Il a alloué 3,3 milliards de dollars', Edward S. Walker, 'Islam's Battle within Itself, *Baltimore Sun,* 12 octobre 2005.

'un peuple au cœur', Max Rodenbeck, 'Unloved in Arabia'. *New York Review of Books*, 21 octobre 2004. (Rodenbeck décrit une perception générale).

Chapitre Quinze : LES ARABES ET LA DÉMOCRATIE

'Le grand ennemi de cette force' Sénateur John Fitzgerald Kennedy, cité par Thurston Clarke dans *Ask Not : The Inauguration of John Fitzgerald Kennedy and the Speech That Changed America,* Holt, New York 2004, 83.

le qualifiant de 'terrible', ibidem, 83.

'La stabilité', Président George W. Bush, discours devant le *National Endowment of Democracy,* Washington D.C., 6 novembre 2003.

'Des recherches et des sondages ont conclu, qu'en général, les populations arabes musulmanes', Pew Global Attitudes Project, 'Views of a Changing World', juin 2003.

'un système d'élections', Le Roi Fahd, cité par John L. Esposito, *The Islamic Threat : Myth or Reality ?* Oxford University Press, New York, 1999, 242.

« *Avant de s'affirmer 'laïque'* », Abdou Filali-Ansary, 'Muslims and Democracy'. *Journal of Democracy,* juillet 1999.

'Si vous demandez si des musulmans', Seyyed Hossein Nasr, Professeur d'Etudes Musulmanes à l'université George Washington, cité par Osman Bin Bakar dans ' Pluralism and the People of the Book', Seiple, Robert A. and Dennis R. Hoover, eds., *Religion and Security : The New Nexus in International Relations,* Rowman and Littlefield, Lanham, Maryland, 2004.

'Les États-Unis et le Royaume Uni', Ateif Ebeid, Premier ministre, cité par David Remnick, 'Going Nowhere', *New Yorker,* 12 et 19 juillet 2004.

'Quand j'étais au Département d'État', 'Interview avec James A. Baker III', *Middle East Quarterly,* Vol. 1, N° 3, septembre 1994, 83.

'Même les plus modérés', F. Gregory Gause III s'adressant au 'Council on Foreign Relations Independent Task Force Special Report N° 54 (coprésidé par Vin Weber et Madeleine K. Albright). 'In Support of Democracy : Why and How'.

'Quant à ces islamistes', Orhan Pamuk, *Snow,* Knopf, New York, 2004, 26. Orhan Pamuk, *Neige*, Gallimard, Paris, septembre 2005.

'Peut-être que certains diront', Président George W. Bush, cité par Michael Hirsch et Dan Ephron, « Can Elections Modify the Behavior of Islam's Militant Groups Fighting Occupation ? » *Newsweek,* 20 juin 2005.

'Du premier jour de notre fondation', Président George W. Bush, Discours Inaugural, Washington D.C., 20 janvier, 2005.

Chapitre Seize : L'ISLAM DANS LES PAYS OCCIDENTAUX

'Les pays d'Europe', Docteur Gerhard Ludwig Müller, cité par Elyse Schneiderman et Caroline Vasquez dans « Immigration and Its Discontents », *Yale Globalist*, octobre 2004, 13.

[1] *Les bombes qui ont explosé à Londres*, (note de bas de page), *Voice of America*, éditorial, 'Muslim Leaders Confront Terrorism', 13 septembre 2005.

'la police espagnole a saisi', Elaine Sciolino, 'Spain Continues to Uncover Terrorist Plots, Officials Say', *New York Times*, 13 mars 2005, 11.

'la police française et la police allemande ont démantelé des cellules', Elaine Sciolino, ' France Seizes 11 Accused of Plotting Iraq Attacks', *New York Times*, 27 janvier 2005, A8.

'Des agents d'Abou Moussab al-Zarquaoui, tête d'une organisation terroriste', Craig Whitlock, 'In Europe, New Force for Recruiting Radicals', *Washington Post Foreign Service*, 18 février 2005.

'Les officiels britanniques estiment', agents officiels de la lutte anti-terrorisme cités anonymement, ibidem.

'Il y a une partie de la population musulmane', Interview avec le Premier Ministre Tony Blair, Londres, 17 octobre 2005.

'Dans ces quartiers', ibidem.

'Venir habiter dans ce pays implique un devoir', Tony Blair cité par Irshad Manji, 'Why Tolerate the Hate ?' *New York Times*, 9 août 2005 (Op-ed article).

'Je me refuse à croire', Kemal Atatürk, cité par Margaret MacMillan in *Paris 1919*, Random House, New York 2001, 370.

'À une période de l'histoire', Abdullah Gül, cité par Amer Tahiri, dans 'Turkey's Bid to Raise Its Islamic Profile and Court Europe May Backfire', *Arab News*, 6 octobre 2004.

'Moderniser un pays islamique', Joschka Fischer, cité par David Masci, dans « An Uncertain Road : Muslims and the Future of Europe », Pew Forum on Religion and Public Life, Pew Research Center, décembre 2004.

'un revenu par habitant', *World development Indicators*, Banque Mondiale, 2003.

Le Premier Ministre Silvio Berlusconi. Les citations de Silvio Berlusconi et de Valéry Giscard d'Estaing sont prises dans Masci op. cit.

'la Turquie a toujours représenté', Cardinal Joseph Ratzinger, cité par Ian Fisher dans ' Issue for Cardinals : Islam as Rival or Partner in Talks', *New York Times,* 12 avril 2005.

'il est certain que très peu de pays', Interview avec le Premier Ministre Tony Blair, Londres, 17 octobre 2005.

'40 pour cent des Turcs', sondage cité par Karl Vick, dans 'in Many Turks' Eyes, US Remains the Enemy', *Washington Post,* 10 avril 2005.

'un exemple magnifique d'architecture' Vincent Boland, 'Faith, Hope, and Parity', *Financial Times Weekend,* 27-28 août 2005.

Chapitre Dix-Sept : LA COURSE AUX ÂMES EN AFRIQUE

'Nous allons vers', Andrew Rice, 'Evangelicals versus Muslims in Africa', *New Republic,* 9 août 2004.

'C'est une course', ibidem.

'Sur les hauts plateaux du Centre du Nigéria', Somini Sengupta, 'Where the Land Is a Tinderbox', *New York Times International,* 16 juin 2004, A4.

'Nous n'avons pas vu le chaos venir', Ben Okri, *Songs of Enchantment,* Cape, London, 1993.

Chapitre Dix-huit : NUL NE DÉTIENT TOUTE LA VÉRITÉ

'Des études sur ce sujet' Center For Strategic Studies, University of Jordan, 'Revisiting the Arab Street : Research from Within', février 2005, 46. (Étude.)

Robertson a déclaré à un auditoire (note de bas de page), Pat Robertson, site Internet, www.PatRobertson.com/speeches

'Une pluralité d'opinions', sondage, Pew Forum on Religion and Public Life, Pew Research Center for the People and the Press, juillet 2005.

'Selon une étude qui a été conduite conjointement', 'An Arab-American Relationship for the Twenty-First Century ', Rapport du Middle East Institute, Washington D.C. ; et l'Al Ahram Center for Political and Strategic Studies au Caire, avec le Soutien et la Participation de la Ford Foundation, mars 2005.

'Une seconde étude', Pew Global Attitudes Project, ' Unfavorable Image of U.S.Is Largely Unchanged', Pew Research Center for the People and the Press, Washington D.C., juin 2005.

'toutes les agences gouvernementales et tous les départements', Président George W. Bush, U.S. Department of State, 9 septembre 2005.

'Certains sont réellement convaincus', Craig R. Charney et Nicole Yakatan, 'A New Beginning : Strategies for a More Fruitful Dialogue with the Muslim World', Council on Foreign Relations, mai 2005.

'L'Ambassade d'Arabie Saoudite à Washington' (note de bas de page) cité par Jessica Stern, *Terror in the Name of God : Religious Militants Kill,* HarperCollins, New York 2003, 49.

'Il devrait y avoir une distinction claire', Sayed Mohammed al-Moussaoui, cité par Mona Eltahawy, 'After London, Tough Questions for Muslims', *Washington Post,* 24 juillet 2005.

'Clausewitz avait raison', Carl von Clausewitz, *De la Guerre*, (1832), Éditions de Minuit, Paris 1955 ; cité dans l'article 'Fog of War' de Wikipedia.

'Il m'a répondu', Conversation téléphonique entre l'auteure et Bill Clinton, 17 août 2005.

'Pour le temps présent, je vois au travers d'un verre sombre' Première Epître de Saint Paul aux Corinthiens 13,12.

'Si l'on accepte que l'on ne connait pas tout', Interview de Bill Clinton, Chappaqua, New York, 27 septembre 2005.

'Rivalisez de bonnes œuvres entre vous', Coran 5, 48.

'Si Allah ne se servait pas' Coran 2, 251.

'Partenaires à part entière dans le développement de la civilisation humaine', Message du Roi Abdallah, Amman, Jordanie, 9 novembre 2004, voir : http://www.kingabdullah.jo/body.php?page_id=464&menu_id=&lang_hmkal=1

Chapitre Dix-Neuf : INVOQUONS LES ANGES

'Les chrétiens et leurs ennemis', C.S.Lewis, The World's Last Night (1960) (chapitre 6), cité dans Clyde Kilby, ed., *'A Mind Awake : An Anthology of C.S.Lewis,* Harcourt, 1968, 226.

'Le doute n'est pas l'antithèse', cet aphorisme de Tillich est présent dans maintes anthologies de citations, y compris dans Brainyquote, Tentmaker Quotes, et sur le site internet Use Wisdom.

'Le conflit social', Reinhold Niebuhr, *Moral Man and Immoral Society,* Scribner, 1932.

'en réponse à une vocation', Président George W. Bush, Discours à la Convention Nationale Républicaine, New York, 2 septembre 2004.

'Qu'y a-t-il de mal à dominer', William Kristol, cité par Jim Wallis dans *'God's Politics : Why the Right Gets It Wrong and the Left Doesn't Get It'*, Harper San Francisco, 2005, 138.
'L'offrande la plus agréable', Benjamin Franklin, *The Autobiography of Benjamin Franklin*, Washington Square, New York, 1975, 99.
'Selon un poème de Yeats', William Butler Yeats, 'The Second Coming', *Selected Poems and Two Plays of William Butler Yeats*, Collier Books, New York, 1962, 91.

INDEX GÉNÉRAL

H

I

J

Remerciements

Au printemps 2004, la Faculté de théologie de l'Université de Yale m'invita à faire une conférence. Clyde Tuggle, un ami et un ancien élève de cette faculté, avait été à l'origine de cette idée. Depuis que j'avais quitté le gouvernement, je m'étais adressée à des groupes de toutes appartenances, et je suis rarement en mal de choses à dire, mais cette fois je ne me sentais pas sûre de captiver l'attention de ces pasteurs et théologiens en herbe. Premier bon principe pour commencer un discours : ne pas partir sur un ton trop sérieux. En suivant cette règle j'ai ressorti de mon répertoire la seule histoire que je connaisse qui mette en scène Dieu et un ancien Secrétaire d'État.

> Un homme meurt et va au ciel. Aux portes du paradis, il dit à Saint Pierre combien il est heureux d'être là parce qu'il a toujours voulu rencontrer Henry Kissinger. Saint Pierre lui répond que le Docteur Kissinger est toujours en vie et que l'on ne s'attend pas à le voir arriver. Déçu, l'homme entre au paradis, mais ressort très vite, tout excité. « Saint Pierre », s'exclame-t-il, « Henry Kissinger est bien ici ; je viens de le voir. Il fait les cent pas, les mains derrière le dos, en ruminant quelques propos sur le Moyen-Orient. » Saint Pierre secoue la tête d'un air triste et lui dit : « Non, malheureusement vous vous trompez. Ce n'était pas Henry Kissinger, c'était Dieu. Il se prend pour Henry Kissinger. »

Mais une histoire ne va pas bien loin. Pour les besoins de la promotion de la conférence, Yale s'enquit du titre que je donnerais à ma présentation. Et c'est de cette requête que le livre *Dieu, l'Amérique et le monde* est vraiment né. Mes propos furent bien reçus, mais je me rendis compte à cette occasion que j'avais à peine gratté la surface de ce sujet dont l'importance et la profondeur semblaient sans limites.

Quand j'étais étudiante, j'avais travaillé au journal de l'université et j'avais songé à devenir journaliste. Ce livre *Dieu, l'Amérique et le monde* me donna l'occasion de jouer les reporters. J'ai commencé mes interviews par deux personnes dont les qualifications me paraissaient uniques en matière de religion et de politique étrangère, les deux anciens présidents Jimmy Carter et Bill Clinton. Ces deux hommes ont des agendas extrêmement chargés, mais malgré cela, ils ont tous les deux accepté de partager leurs vues avec moi et mon livre en a été immensément enrichi. Je veux remercier particulièrement le Président Bill Clinton qui m'a fait l'honneur d'écrire une si remarquable avant-propos à l'édition américaine. Je suis aussi reconnaissante au Premier ministre Tony Blair, au Roi Abdallah d'Arabie Saoudite, au Roi Abdallah de Jordanie et à l'ancien président Vaclav Havel de la République Tchèque, pour m'avoir permis de discuter ce projet avec eux et pour m'avoir fait bénéficier de leur expérience et de leurs pensées.

Au début de ma carrière, j'ai vite appris la valeur de la sagesse populaire qui met en garde contre les dangers d'un savoir superficiel. En écrivant ce livre je savais que je toucherais à des sujets en évolution. Je craignais de mal représenter les croyances religieuses, de mal interpréter certaines périodes historiques, d'offenser des gens à mon insu, ou simplement de ne pas poser les bonnes questions. Autrement dit, j'avais besoin de me faire aider. Je me suis donc tournée vers des amis de longue date et d'autres récemment rencontrés. Bob Seiple, ancien ambassadeur américain pour la Liberté Religieuse Internationale, fut le premier à porter ses yeux d'expert sur une première version de ce texte. Je lui suis reconnaissante pour son soutien si fort à ce projet et pour ses nombreuses suggestions judicieuses. L'ambassadeur Seiple et moi-même ne voyons pas tous les problèmes de la même manière, mais nous sommes absolument d'accord sur le lien très étroit qui existe entre la connaissance de la religion et la protection de la sécurité internationale.

J'ai ensuite contacté l'imam Abdul Feisal pour sa sagesse et sa capacité à lire la première mouture du texte du point de vue d'un musulman. Quand j'ai sollicité son aide, il a répondu à ma demande en libérant son planning pour lire le livre en entier, commenter chaque chapitre en profondeur, corrigeant ma ponctuation et offrant une bénédiction pour moi et tous mes proches, le tout en quatre jours. Lui non plus n'est pas d'accord avec tout ce que j'ai écrit dans ces pages, mais grâce à ses contributions ce volume est de meilleure qualité (et grammaticalement plus correct) qu'il ne l'aurait été sans lui.

Aussi incroyable que cela m'ait paru, le rabbin David Saperstein, directeur du Centre d'Action Religieuse pour la Réforme du Judaïsme, a mis autant d'énergie et de soin à relire le premier texte que l'imam Feisel. Ses commentaires, page à page, sur des questions grandes et moins grandes, étaient tous d'une aide précieuse, malgré la difficulté à les déchiffrer. Le mémo qui accompagna ses commentaires, heureusement dactylographié, contenait une source précieuse de suggestions. J'ai envers lui une dette de reconnaissance.

Pendant les dix-huit mois au cours desquels ce livre a évolué, je suis devenue experte pour récolter les idées de tous les cerveaux autour de moi, butinant, sans états d'âme, dans les plus brillantes têtes que je connaissais. Parmi ceux qui se sont soumis volontiers (ou tout au moins, poliment) à ce traitement, je dois nommer Zbigniew Brzezinski, mon ancien chef au Conseil National de Sécurité ; la révérende Susan Thistlewaite du Séminaire Théologique de Chicago ; Elaine Page, professeur à l'Université de Princeton ; le sénateur Sam Brownback du Kansas ; Walter Isaacson, président de l'Aspen Institute ; Fareed Zacharia ; Vin Weber, président du Fonds National pour la Démocratie ; le révérend Donald Argue, ancien président de l'Association des Chrétiens Evangéliques ; le père Alexander Karloutsos de l'Archidiocèse Grec Orthodoxe d'Amérique ; le docteur Richard Land de la Convention Baptiste du Sud ; Le rabbin Michael Melchior, vice-ministre pour la Société Israélite et la Communauté Juive Internationale ; le docteur Mustapha Ceric, Grand Mufti de Bosnie ; John Podesta, président du Centre pour le Progrès Américain ; et Douglas Johnston, président du Centre International pour la Religion et la Diplomatie.

À cause de mes autres activités, j'avais aussi besoin de me faire aider dans ma recherche. En passant dans son bureau au cours de l'année écoulée, j'ai pu voir les livres sur le bureau de Bill Woodward s'accumuler en une pile qui se transforma sous mes yeux comme en une chaûne montagneuse dont les pics portaient des noms tels Armstrong, Novak, Neibuhr, Esposito, Benjamin, Weigel, Wallis, Reston, MacKey, Ross, et King James. Dans les crevasses on pouvait apercevoir des papiers chiffonnés sur des études de centres de recherche, des coupures de journaux déchirées, une lettre d'une femme du New Jersey qui donnait une explication de Satan, et une brochure intitulée « Êtes-vous en bonne voie pour aller au ciel ? » dont l'auteur est un homme qui a fait des travaux dans ma ferme. Bill qui écrivait mes discours quand j'étais au gouvernement, a fait une grande partie du travail de fond dans ce livre, il m'a aidée dans la rédaction, il m'a poussée à approfondir ma pensée, et il a partagé avec moi maintes de ses propres réflexions.

Elaine Shocas, mon ancienne chef de cabinet au Département d'État, m'a apporté une aide incomparable par ses multiples relectures du manuscrit qu'elle a faites avec soin ; je tiens aussi à la remercier pour ses suggestions et ses conseils prodigués après mûre réflexion. Elaine m'a aidée à décider ce qu'il convenait de dire, et ce qui est encore plus important, elle m'a aidée à éliminer ce qu'il valait mieux passer sous silence.

Au cours de ma préparation à la publication de mes mémoires *Madame le Secrétaire d'État,* J'ai fait ma première expérience de travail avec une race de magiciens d'un certain genre, appelés correcteurs professionnels. J'eus la chance de tomber sur l'élite de cette race, et de travailler à nouveau avec elle pour mon second livre. Richard Cohen, un merveilleux auteur lui-même, est expert en la matière quand il s'agit de réécrire des phrases (ou des chapitres entiers), d'éliminer le verbiage de certains passages, et de trouver le ton juste. J'ai aussi bénéficié de mon passage dans un monastère bénédictin dans ma jeunesse, et ce que j'y avais appris m'a évité de commettre involontairement au moins une hérésie. C'est un plaisir pour moi de compter Richard et sa femme de talent Kathy Robbins parmi mes bons amis.

Parmi ceux qui méritent encore d'être remerciés pour leurs lectures des épreuves, et pour leurs commentaires, je dois nommer mon frère et ma sœur, John Korbel et Kathy Silva ; l'ambassadeur Wendy Sherman, une partenaire du Groupe Albright et ma conseillère au Département d'État ; Evelyn Lieberman, ancienne sous-Secrétaire d'État pour la diplomatie publique ; l'ambassadeur Denis Ross ; Jamie Rubin, ancien porte-parole du Département d'État ; Susan Rice, ancienne vice-Secrétaire pour les affaires africaines ; Toni Verstandig, ancien sous-Secrétaire d'État pour les affaires du Moyen-Orient ; Suzy George, mon chef de personnel actuel ; Jamie Smith, mon directeur de communication ; et Thomas Oliphant, journaliste au Boston Globe. Je dois aussi mentionner tout particulièrement Dan Consolatore, qui, aux premières heures de ce projet, m'a aidée par son intuition créatrice à ébaucher ma recherche et à tracer les grandes lignes thématiques. Mes collègues Carol Browner, Jim O'Brien, Diana Sierra, Margo Morris, Amy McDowell, Laurie Dunden, Drew McCracken et Anna Cronin-Scott m'ont fourni leur indispensable aide quotidienne que j'ai tant appréciée.

Il n'est de secret pour personne que je suis allée frapper à la porte de Harper et Collins à cause d'une personne : cet homme est Jonathan Burnham. En tant que vice-président et éditeur, Jonathan m'a conseillée, et m'a donné un ancrage solide qui m'a guidée pendant que j'écrivais ce livre. Dans mes mémoires, publiées en 2003, je l'ai décrit comme « cet homme rare, à la fois élégant et modeste ». Il n'est peut-être pas infaillible, mais n'essayez pas de me le prouver ; il ne m'a jamais conduite que dans la bonne direction.

Je suis reconnaissante à Jane Friedman, présidente et PDG de Harper et Collins, et à Michael Morrison, Président et Editeur du groupe Harper/Morrow Division, pour m'avoir accueillie si chaleureusement au sein de la famille HarperCollins. Eux et tous les membres de cette maison d'édition légendaire m'ont apporté une somme remarquable d'encouragements et je les en remercie tous. Tim Duggan, éditeur en chef, m'a conduite pas à pas à travers chaque étape de la publication et de la production et m'a prodigué ses bons conseils, en faisant preuve de patience et d'amitié à mon égard. J'ai eu la chance de travailler à nouveau avec la vice-présidente et éditrice associée Kathy Schneider et tous les membres de l'équipe commerciale qui forment un groupe dont l'enthousiasme est communicatif. Robert de Vicq, vice-président et directeur artistique, a su produire une couverture magnifique, ce qui n'est un mince exploit quand Dieu est dans le titre. Tina Andreadis, vice-présidente et directrice de la publicité, a beaucoup travaillé pour que ce livre soit un succès. Je tiens à remercier spécialement Caroline Clayton et Allison Lorentzen de HarperCollins pour leur assistance quelle que soit l'heure où nous les sollicitions. Timothy Greenfield Sanders est un photographe extraordinaire ; une séance dans son studio est toute une aventure. Je le remercie pour avoir, cette fois encore, fait de son mieux avec le sujet devant son objectif.

Depuis trente ans, Bob Barnett est un ami proche, un compagnon de route politique et un expert juridique. Il m'a toujours bien conseillée, dans les meilleurs moments comme dans les épreuves. Je le remercie ainsi que son collègue remarquable Deneen Howell du cabinet d'avocats Williams et Connolly, pour m'avoir guidée dans ma nouvelle carrière en tant qu'auteure, dans le labyrinthe fascinant qu'est le monde de l'édition.

Je ne pourrais pas clore ces remerciements sans exprimer ma reconnaissance à tous les membres de ma famille, devenue désormais très nombreuse, qui m'entourent si chaleureusement de leur affection. Je sais que leur présence dans ma vie est une bénédiction.

TABLE

TROISIÈME PARTIE
RÉFLEXIONS FINALES

ANNEXES

Cet ouvrage a été composé
par Atlant'Communication
aux Sables-d'Olonne (Vendée).

Achevé d'imprimer en France
en août 2008
sur les presses de
Corlet Imprimeur

Dépôt légal : août 2008
N° d'imprimeur : 114754